Organizadores:
Acácio Alexandre Pagan
Luiz Caldeira Brant de Tolentino-Neto

DESEMPENHO ESCOLAR INCLUSIVO

EDITORA CRV

ACÁCIO ALEXANDRE PAGAN
LUIZ CALDEIRA BRANT DE TOLENTINO-NETO
(Organizadores)

DESEMPENHO ESCOLAR INCLUSIVO

EDITORA CRV
Curitiba - Brasil
2015

Editor-chefe: Railson Moura
Diagramação e Capa: Editora CRV
Revisão: Os Autores

CIP-BRASIL. CATALOGAÇÃO-NA-FONTE
SINDICATO NACIONAL DOS EDITORES DE LIVROS, RJ

D486

Desempenho escolar inclusivo / organização Acácio Alexandre Pagan, Luiz Caldeira Brant de Tolentino-Neto. - 1. ed. - Curitiba, PR: CRV, 2015.
222 p.

Inclui bibliografia
ISBN 978-85-444-0509-3

1. Educação especial. 2. Educação inclusiva. 3. Inclusão escolar. I. Pagan, Acácio Alexandre. II. Tolentino-Neto, Luiz Caldeira Brant de.

15-24424 CDD: 371.94
CDU: 376.43

Este livro apresenta alguns dos resultados do projeto Desempenho Escolar Inclusivo na Perspectiva Multidisciplinar, financiado pelo Programa Observatório da Educação, com recursos da CAPES/INEP através do Edital 38/2010.

2015
Foi feito o depósito legal conf. Lei 10.994 de 14/12/2004

Editora CRV
Tel.: (41) 3039-6418
www.editoracrv.com.br
E-mail: sac@editoracrv.com.br

SUMÁRIO

PARTE 1 – DESEMPENHO ESCOLAR INCLUSIVO: análises

PARTE II DESEMPENHO ESCOLAR INCLUSIVO: rupturas

PARTE 1

DESEMPENHO ESCOLAR INCLUSIVO: análises

DESEMPENHO ESCOLAR INCLUSIVO: construindo um projeto em parceria

Acácio Alexandre Pagan
Jaiane de Moraes Boton

1. Introdução

O Instituto Nacional de Estudos e Pesquisas Educacionais Anísio Teixeira (INEP) tem conduzido oficialmente as avaliações do desempenho escolar no Brasil através de um conjunto de testes padronizados que são aplicados em formato de questionários para a população escolar nos diferentes níveis de ensino. Esses testes buscam compreender preferencialmente os níveis de proficiência discente sobre Língua Portuguesa e Matemática. No segundo ano de escolarização o teste denomina-se Provinha Brasil e, aos alunos de 5º ao 9º ano, aplica-se a Prova Brasil. Esta última compõe, juntamente com os dados do rendimento escolar, os indicadores de qualidade educacional, que aliados a outros dados formam o Índice de Desenvolvimento da Educação Básica (IDEB).

O IDEB representa o estado geral do desempenho do alunado, no entanto, o mesmo não é sensível a algumas especificidades psíquicas e culturais discentes, que provavelmente interferem na relação do respondente com os testes de desempenho. Dentre as mais importantes que têm sido apontadas nos debates acadêmicos, podemos destacar as especificidades de ordem cultural e aquelas relacionadas ao desenvolvimento cognitivo.

No primeiro aspecto, consideramos, por exemplo, a dificuldade que comunidades quilombolas e indígenas tem tido de se adaptar à lógica positivista cartesiana dos testes padronizados, considerando que seus sistemas de reconhecimento de mundo e de sociedade não são construídos no mesmo compasso que a visão de mundo da ciência ocidental. No segundo caso, destacamos que crianças com desenvolvimento diferenciado de estruturas neurológicas, têm dificuldades na leitura e compreensão das questões. Geralmente esse desenvolvimento diferenciado está relacionado com distúrbios de aprendizagem como a Dislexia e o Transtorno do Déficit de Atenção e Hiperatividade (TDAH).

Dentre as várias causas que explicam a origem dos distúrbios, o estado nutricional deficiente da mãe durante a gestação pode ser um importante indicador. Partindo desse argumento, provavelmente os testes padronizados sejam menos sensíveis aos dados provenientes de locais onde há diversidade cultural e pobreza.

No projeto "Desempenho Escolar Inclusivo na Perspectiva Multidisciplinar" juntamente com pesquisadores de seis instituições de quatro regiões brasileiras, como as universidades: Federal de Santa Maria (UFSM), Federal de Mato Grosso

(UFMT), Federal de São Paulo (UNIFESP), Universidade de São Paulo (USP) e Federal de Sergipe (UFS), esta última com a coordenação geral; em parceria com o Instituto de Pesquisas e Desenvolvimento Tecnológico (IPTI), buscou-se empreender tecnologias e conhecimentos para reflexões sobre elaboração de testes de desempenho que sejam sensíveis à diversidade de modos de aprender.

O projeto foi organizado em quatro linhas de pesquisa, que resumimos aqui:

Linha 1: Estimativa da Influência dos Distúrbios de Aprendizagem nos Índices de Desempenho Escolar em Língua, Matemática e Iniciação à Ciência

A dificuldade de aprendizagem da leitura e escrita e da matemática, experimentada por crianças em idade escolar, pode ter, dentre outros fatores, uma origem biológica. As suas conexões neurais podem não se organizar adequadamente durante o desenvolvimento neurológico desde a formação do feto até a idade atual da criança por causa de fatores genéticos ou ambientais ligados a condições nutricionais ou psicológicas da mãe e da criança.

Dessa forma, foi proposto neste projeto a realização de estudos que correlacionem os resultados das Provas Brasil e Saeb, bem como dados sobre estabelecimentos, matrículas, funções docentes, movimento e rendimento escolar, com o desenvolvimento neurocognitivo dos alunos efetuando-se na programação de novas atividades educativas seguindo como modelo os testes utilizados pelo INEP.

Linha 2: Estudo da Influência da Tecnologia dos Meios de Testagem no Resultado Final de Testes de Desempenho em Língua, Matemática e Iniciação à Ciência - Influência da Tecnologia em Testes de Avaliações Padronizadas

As avaliações em massa, padronizadas, e os testes de lápis e papel, tornam-se cada vez menos relevantes se considerada a relação custo-benefício. Uma solução apontada para a redução de gastos e o aumento da eficiência desses testes é a utilização mais ampla da tecnologia de comunicação e informação (computadores e internet), que não exige muitas mudanças na forma de avaliação em grande escala. da era do lápis e papel (KIKIS-PAPADAKIS e KOLLIAS, 2009).

Testamos a inclusão de testes padronizados com auxílio do computador ao longo do desenvolvimento desse projeto, mas com atenção ao impacto das Tecnologias da Informação e da Comunicação (TIC) no desenvolvimento dos alunos que realizam provas com auxílio de computadores. Comparamos os resultados do teste informatizado, com os de provas em papel. Além disso, queríamos conhecer quais habilidades se potencializam com o uso da informática e como elas repercutem no aperfeiçoamento do aprendizado da Língua Portuguesa, da Matemática e da Iniciação à Ciência.

Linha 3 Estudo da Correlação entre o Desempenho Escolar em Língua e Matemática e Iniciação à Ciências - Estudo da correlação entre Desempenho escolar e Livro Didático. Nesta linha buscamos relacionar a influência do PNLD no processo de avaliação educacional.

Investigar a relação entre os dados resultantes destes dois importantes programas do Ministério da Educação, um envolvendo a avaliação de livros didáticos do Ensino Fundamental (PNLD) e outro que monitora o desempenho de alunos (Prova Brasil) foi o centro desta linha de pesquisa.

Outra perspectiva desta linha foi comparar se o desempenho discente em leitura e matemática é equivalente ao de Ciências. Considerando que aprender ciências também é um processo de enculturação que envolve buscar novas formas de ler, escrever e pensar sobre o mundo, nós questionamos se maior ou menor desempenho em língua portuguesa e matemática são fatores que influenciam no aprendizado de ciências.

Linha 4 Produção de Materiais Formativos e Instrucionais que contemplem o Enfrentamento das Dificuldades de Aprendizagem, como Dislexia, Discalculia, Déficit de Atenção e Hiperatividade no processo de formação do professor pesquisador.

Mediante a publicação de regulamentações que visam integrar a dimensão técnico-científica e a formação de professores, bem como apresentar uma perspectiva mais humanista aos cursos de bacharelado, o Conselho Nacional de Educação tem buscado alternativas para superar uma concepção fragmentada de universidade que desvincula o ensino, a pesquisa e a extensão. Contudo, na prática, vários cursos continuam estruturados de modo a conceber momentos de ensino, vinculados às disciplinas; momentos de pesquisa, desenvolvida nos laboratórios e momentos de extensão, geralmente incipientes (AYRES, 2005).

Esse projeto buscou, pela parceria de professores da Educação Básica, bolsistas no desenvolvimento de atividades de pesquisa, estabelecer uma tentativa de contextualizar o trabalho desses profissionais, mostrando conforme apresenta Monteiro (2005) que os mesmos constroem saberes próprios, complexos, que são mobilizados no decorrer das situações de ensino-aprendizagem nas quais estão envolvidos.

Assim, as atividades de pesquisa, especialmente neste eixo temático, se colocaram em dois caminhos. Através daquela desenvolvida por alunos de graduação em cursos de licenciatura e, também, pela atividade de investigação de professores em exercício. Buscou-se através da investigação de objetos de ensino-aprendizagem sobre as diferentes formas de desenvolvimento cognitivo dos alunos, a criação de atividades e recursos didáticos que pudessem ser testados e aplicados na prática.

Os trabalhos coletivamente desenvolvidos buscaram abarcar essas quatro linhas de pesquisa, de modo que nas instituições envolvidas há maior ou menor predileção de cada grupo de pesquisadores por alguma delas.

Para o fechamento desta introdução, ressaltamos que as parcerias firmadas foram importantes para a constituição do Grupo Interinstitucional Desempenho Escolar e Inclusão Acadêmica (IDEIA), que se mostra como um ponto de sustentabilidade e continuidade do trabalho coletivo no campo que atualmente buscamos fortalecer a partir desse projeto financiado pelo Programa Observatório da Educação.

Neste capítulo, portanto, apresentamos um esforço de reflexão sobre as práticas que construímos no projeto Desempenho Escolar Inclusivo na Perspectiva Multidisciplinar, do Grupo IDEIA. Essa síntese deve ser somada a outros capítulos deste livro sobre o processo de elaboração e testagem de um teste de desempenho escolar que se propõe à inclusão de alunos com distúrbios de aprendizagem.

2. Metodologia

Foram analisados os resumos dos trabalhos de pós-graduação que têm sido desenvolvidos neste projeto, bem como as publicações produzidas e encaminhadas como anexos aos relatórios de pesquisa anualmente entregues para a agência financiadora. A intenção foi categorizar os trabalhos quanto ao tema de estudos, fontes de dados e as principais metodologias empregadas, relacionando tais categorias com a dinâmica da participação dos pesquisadores envolvidos para o alcance de cada uma das quatro linhas de pesquisa apresentadas na introdução deste trabalho.

O conjunto de pesquisadores deste projeto é composto por bolsistas e voluntários com o seguinte perfil: cinco coordenadores de núcleo (C), dois Doutorandos (D), dez Mestrandos (M), dezoito Professores da Educação Básica (P) e vinte alunos de Iniciação científica (IC). As categorias temáticas foram construídas a posteriori a partir da leitura dos resumos dos trabalhos produzidos no projeto, de maneira não exclusiva: um mesmo trabalho com diferentes enfoques compôs mais de uma categoria temática.

3. Resultados

O projeto analisado apresenta parcerias não apenas interinstitucionais, mas também entre pesquisadores com diferentes perfis e preocupações, alguns já amadurecidos no ramo da pesquisa, outros recém-doutores iniciando suas carreiras, todos em diálogo no processo de orientação e administração de projetos. Também, encontramos aqueles que estão em processo de formação mais ou menos adiantados e, todos buscando ressignificar suas práticas docentes a partir da pesquisa em Educação e Ensino. Esta parceria também adquire contornos interdisciplinares à medida que envolve profissionais formandos na Educação Científica (química, física, biologia), Educação Matemática e Língua Portuguesa, além de neurocientistas, estatísticos, psicólogos, pedagogos e profissionais do ramo da informática.

As atividades organizam-se dentro de núcleos em cada localidade do país, havendo também momentos de encontros coletivos: 1) virtuais, através de uma lista de discussão, redes sociais, e-mails e uma plataforma no moodle e; 2) presenciais, especialmente organizados em formato de reuniões de trabalho e eventos científicos, como os Encontros Nacionais Sobre Distúrbios de Aprendizagem que aconteceram em Itabaiana (SE) e Santa Maria (RS).

Nos parágrafos seguintes apresentamos alguns dos dados tabulados que nos auxiliaram na compreensão desse processo de construção de conhecimento.

Na tabela 1 foram apresentadas as temáticas investigadas nas diferentes pesquisas e sua relação com o envolvimento dos diferentes pesquisadores bem como seu alcance em cada linha de investigação no projeto geral.

Os valores que aparecem no tópico "membros envolvidos" das tabelas 1 a 3 se referem ao número de participações daquele tipo de pesquisador em cada categoria.

Por exemplo, se em um mesmo artigo haviam dois co-autores com o perfil "alunos de iniciação científica (IC)", contávamos duas vezes para esse perfil nas categorias em que o artigo foi enquadrado. No caso da categoria "linha de pesquisa", os valores mostrados se referem à presença ou ausência da categoria para a linha estudada. Se o artigo ou o resumo da dissertação tratasse de livro didático e formação de professores, era contado de maneira não exclusiva, uma vez na linha 3 e uma vez na linha 4.

Tabela 1 objetos de pesquisa investigados e sua relação com os diferentes perfis de pesquisadores (C= coordenadores, M/D= mestrandos e doutorandos, P = professor da Educação Básica, IC = Alunos de Iniciação Científica) e linhas de pesquisa do projeto geral

Categoria OBJETO DE PESQUISA	Membros Envolvidos					Linha de pesquisa abordada				
	C	M/D	P	IC	Total	1	2	3	4	Total
Alfabetização e letramento (português, matemática e ciências)	02	06	04	02	14	03	01	05	03	12
Distúrbios ou Dificuldades de aprendizagem	09	11	07	10	37	06	0	03	04	13
Critérios de escolha e avaliação de livros didáticos	01	01	01	01	04	01	01	02	02	06
Tecnologias de elaboração testes e avaliação de desempenho	14	12	08	18	52	09	06	06	06	27
Influências do enfoque CTSA no e/a	0	02	0	0	02	02	0	0	0	02
Formação docente	0	01	0	0	01	01	0	0	01	02
TOTAL	**26**	**33**	**20**	**31**	**-**	**22**	**8**	**16**	**16**	**-**

A tabela 1 permite perceber que os esforços dos pesquisadores do projeto analisado estão relacionados especialmente com a construção de referenciais sobre os distúrbios de aprendizagem e as tecnologias de elaboração e avaliação de desempenho. A maior parte do grupo é composta por pesquisadores ou estudantes que trabalham com educação científica e a necessidade maior é a leitura dos referenciais dessas duas categorias contextualizando no campo da educação científica.

Se comparados o número de pesquisadores pós-graduandos com os de iniciação científica e professores, é possível perceber que os primeiros têm tido um papel de forte protagonismo no projeto.

Há esforços dos professores da Educação Básica em contextualizar e dar sustentabilidade às atividades de pesquisa desenvolvidas. Por exemplo, os professores da Educação Básica do núcleo de Sergipe submeteram propostas próprias aos editais de financiamento de pesquisa do Estado. Eles tratam de necessidades que partem de suas práticas e que se vinculam à temática geral deste projeto. Solicitam bolsas de iniciação científica júnior para seus alunos de educação básica, bem como recursos de capital e custeio para investigações qualitativas integradas à prática pedagógica.

Devido à dificuldade de adequar os diferentes processos de produção dos pesquisadores que estão em pós-graduação, que têm dedicação exclusiva ao trabalho de pesquisa e os professores da Educação Básica, que precisam adequar sua carga horária de docente com o trabalho, estes últimos estão buscando alternativas baseadas nas necessidades próprias, o que indica, conforme autores como Tardif (2000), que há uma epistemologia própria que deve ser considerada na pesquisa dos docentes da Educação Básica.

As maiores frequências relacionadas à linha de pesquisa 1, podem estar relacionadas aos esforços de inovação, na construção das atividades de avaliação de desempenho que foram aplicadas através de um *software* e também em papel.

Na tabela 2 apresentamos as categorias relacionadas com as principais fontes de dados utilizadas nas publicações ou dissertações. Ressaltamos que a maior parte dos trabalhos tem focado na investigação de referenciais teóricos sobre os temas do projeto, especialmente por se tratar de uma relação ainda inovadora no campo da Educação Científica. Houve uma intensa participação de discentes em processo de iniciação científica nesse tipo de pesquisa neste projeto.

Em segundo lugar, apontamos que os alunos do Ensino Fundamental foram os mais consultados nas pesquisas, especialmente pela tentativa de aproximarmos nossas propostas de testagem de desempenho com outras avaliações já existentes nesse nível de ensino.

Tabela 2 sujeitos e fontes de coleta e sua relação com envolvimento de diferentes perfis de pesquisadores (C= coordenadores, M/D= mestrandos e doutorandos, P = professor da Educação Básica, IC = Alunos de Iniciação Científica), bem como seu alcance nas linhas de pesquisa do projeto geral.

Categoria SUJEITOS E FONTES INVESTIGADAS	Membros Envolvidos					Linha de pesquisa abordada				
	C	M/D	P	IC	total	1	2	3	4	total
Alunos de séries iniciais do Ensino Fundamental	06	09	09	05	29	10	02	06	04	22
Alunos de séries finais do Ensino Fundamental	06	06	05	03	20	07	01	03	03	14
Alunos Ensino Superior	02	06	04	02	14	03	0	0	02	5
Documentos (livros didáticos, legislação, publicações)	13	09	02	18	42	04	04	02	03	13
Pesquisadores do projeto	0	02	0	0	2	02	0	0	02	4
Professores	01	03	03	0	7	02	0	0	02	4
TOTAL	**28**	**35**	**23**	**28**	**-**	**28**	**7**	**11**	**16**	**-**

A tabela 3 mostra que os professores participaram especialmente de atividades que envolveram enfoques reflexivos, sobre a elaboração de atividades didáticas ou de testagem de desempenho e sua influência na construção do conhecimento e repensar sobre a práxis pedagógica. O maior número de trabalhos baseados na aplicação e análise de questionários mostra que o grupo ainda segue o padrão dos testes nacionais que são constituídos nessa perspectiva. Entretanto, os esforços em inovar se processam na análise sobre as diferentes formas de perguntar que se mostrem mais eficazes ao reconhecimento de especificidades apresentadas pelos alunos com desenvolvimento cognitivo alternativo, manifestados em distúrbios de aprendizagem.

Tabela 3 sujeitos e fontes de coleta e sua relação com envolvimento de diferentes perfis de pesquisadores (C= coordenadores, M/D= mestrandos e doutorandos, P = professor da Educação Básica, IC = Alunos de Iniciação Científica), bem como seu alcance nas linhas de pesquisa do projeto geral.

Categoria TECNICAS DE COLETA E ANÁLISE DOS DADOS	Membros Envolvidos					Linha de pesquisa abordada				
	C	M/D	P	IC	Total	1	2	3	4	total
Observação participante	0	01	0	0	01	01	0	0	01	02
Entrevistas/análise de conteúdo	0	02	0	0	02	02	0	0	0	02
Análise documental ou estado da arte	13	10	14	09	46	06	04	04	02	16
Questionário e estatística descritiva	02	10	08	0	20	09	02	04	02	17
Enfoque experimental	02	04	02	02	10	01	0	03	01	05
Enfoque reflexivo	08	06	08	06	28	04	0	0	05	09
TOTAL	25	33	32	17	-	23	6	11	11	-

4. Conclusão

Considerando a análise dos dados tabulados a partir da avaliação dos resumos de teses e dissertações desenvolvidas por pesquisadores do grupo IDEIA, bem como dos trabalhos que têm sido publicados, todos no âmbito do projeto coletivo “Desempenho Escolar Inclusivo na Perspectiva Multidisciplinar”, percebemos que nossa preocupação estava centrada especialmente na construção de referenciais teóricos sobre a relação entre testes de desempenho, distúrbios de aprendizagem e Educação Científica, posto a pequena produção científica que envolve essas áreas.

Os trabalhos têm sido encabeçados pelos alunos de pós-graduação, considerando especialmente as dificuldades de integração entre os horários dos professores da Educação Básica no desenvolvimento das atividades didáticas e de pesquisa. Por outro lado, é perceptível que os professores têm buscado integrar a pesquisa nas brechas que encontram dentro do sistema educacional do qual fazem parte, muitas vezes, engessados por políticas públicas que não incentivam a prática reflexiva, autônoma e protagonista.

A necessidade da determinação da influência dos distúrbios de aprendizagem nas respostas aos testes de desempenho se mostrou como a maior preocupação nos resultados das pesquisas. Houve também um processo reflexivo em paralelo que contempla as necessidades da linha 4, sobre formação de professores e de materiais didáticos, culminando em críticas apresentadas na segunda parte deste livro.

REFERÊNCIAS

KIKIS-PAPADAKIS, K.; KOLLIAS, A. Reflections on Paper-and-Pencil Tests to eAssessments: Narrow and Broadband Paths to 21st century Challenges. In: SCHEUERMANN, F.; BJÖRNSSON, J (org.). **The Transition to Computer-Based Assessment:** New Approaches to Skills Assessment and Implications for Large-scale Testing. Itália: European Communities, 2009, p. 99-103. Disponível em:< http://crell.jrc.ec.europa.eu/RP/reporttransition.pdf>. Acesso em: 10/08/2010.

AYRES, A. C. M. As tensões entre a licenciatura e o bacharelado: a formação dos professores de biologia como território contestado. In: SELLES, S. E.; SERRA, M.; AMORIM, A. C. **Ensino de biologia:** conhecimentos e valores em disputa. Niterói: Eduff, 2005. p. 182-196.

MONTEIRO, A. M. Formação Docente: território contestado. In: SELLES, S. E.; SERRA, M.; AMORIM, A. C. **Ensino de biologia:** conhecimentos e valores em disputa. Niterói: Eduff, 2005. p. 153-170.

TARDIF. M. Saberes profissionais dos professores e conhecimentos universitários. **Revista Brasileira de Educação**. Jan/Fev/Mar/Abr 2000.

O TRABALHO COLABORATIVO E A ELABORAÇÃO DE UM TESTE DE DESEMPENHO EM CIÊNCIAS PARA O ENSINO FUNDAMENTAL

Marcela Santos de Almeida
Acácio Alexandre Pagan

1. Introdução

O presente capítulo buscou descrever e analisar o processo de elaboração de um teste de desempenho em Ciências que foi construído por um grupo de pesquisa multidisciplinar denominado Grupo Interinstitucional Desempenho Escolar e Inclusão Acadêmica (IDEIA), durante a execução do projeto Desempenho Escolar Inclusivo na Perspectiva Multidisciplinar.

Tratou-se de um trabalho colaborativo que conforme Pinheiro (2002); Sepulveda et al (2012) se caracteriza pelo envolvimento de um conjunto de pessoas com tarefas baseadas na participação ativa, esforço contínuo e na interação dos participantes para a execução de um objetivo comum. Ele pode envolver professores-investigadores, pesquisadores universitários e alunos que procuram não manter uma relação hierarquizada, na qual cada pessoa é responsável por uma parte do desenvolvimento do objetivo, sendo que ocorre o compartilhamento das ideias de todos pelo grupo.

O grupo IDEIA é formado por educadores das disciplinas de Português, Matemática, Ciências, Química, Biologia e Física; alunos de iniciação científica de Português, Matemática, Química e Biologia; mestrandos em Ensino de Ciências e Matemática; doutorandos em Educação, linguistas; um neurocientista; um psicólogo; e professores universitários.

Essa equipe está alocada em cinco núcleos de pesquisa, que integram diferentes instituições, a saber: Universidade de São Paulo (USP), Universidade Federal de São Paulo (UNIFESP), Universidade Federal de Santa Maria (UFSM), Universidade Federal de Mato Grosso (UFMT) e Universidade Federal de Sergipe (UFS). Cada núcleo do projeto Desempenho Escolar Inclusivo, portanto, conta com pesquisadores graduandos, pós-graduandos, doutores e professores de Educação Básica que se reuniam presencialmente periodicamente, ou interagiam por meio de uma lista de discussões, por uma plataforma *on-line* do *Moodle* e na troca de e-mails.

O projeto "Desempenho Escolar Inclusivo na Perspectiva Multidisciplinar" pretendeu desenvolver um sistema informatizado com um questionário eletrônico para registro das informações do histórico de desenvolvimento e do comportamento do aluno e um banco de questões eletrônicas, que foram aplicadas como testes de desempenho para avaliar o rendimento em Matemática, Português e Ciências de uma amostra de alunos da Educação Básica que estavam cursando o 2º, o 5º e o 9 º ano do Ensino Fundamental. A escolha dos três anos da Educação Básica selecionados para as coletas, deve-se ao fato de que nessas fases os estudantes geralmente estão finalizando o primeiro ciclo de alfabetização, no 2º ano; e terminando as últimas etapas do Ensino fundamental menor e maior, no 5º e 9 º ano.

Antes da aplicação do teste de desempenho produzido neste projeto, foi realizado um teste piloto com questões selecionadas e aplicadas tanto em forma eletrônica como em papel, em cinco cidades localizadas nos estados de São Paulo, Sergipe, Mato Grosso e Rio Grande do Sul, com o intuito de validação do instrumento.

No desenvolvimento deste capítulo focamos no processo de trabalho do núcleo de Sergipe para elaboração desse instrumento pré-teste, pois os dados coletados partem do olhar de uma pesquisadora que atuava nesse núcleo e seu orientador de mestrado.

A análise do processo de construção do teste de desempenho em Ciências, neste grupo pôde nos mostrar elementos que agregaram maior contextualização aos testes padronizados, devido à participação de professores da Educação Básica e licenciandos no diálogo com pesquisadores acadêmicos.

É relevante comentar que o interesse pelo estudo das atividades do IDEIA partiu da nossa participação no mesmo, e da possibilidade em tornar visível a organização e os procedimentos metodológicos realizados pelos membros, bem como as tensões e dificuldades ocorridas durante o processo de construção das questões para o teste.

Diante desse contexto, presente trabalho teve como objetivo descrever e analisar o processo de elaboração de um banco de questões de Português, Matemática e Ciências a fim de constituir um teste de desempenho, que se insere na abordagem de uma proposta de trabalho colaborativo desenvolvido por um grupo de estudo multidisciplinar. As seguintes perguntas nortearam as reflexões: Como ocorreu a organização das atividades e divisão de tarefas do grupo IDEIA? Que desafios foram encontrados no processo de construção das questões?

2. *Design* instrucional e o desenvolvimento de um teste de desempenho em ciências

Para o auxílio na compreensão do processo de elaboração do teste de desempenho em Ciências construído pelo trabalho colaborativo, utilizamos *Design Instrucional* como referencial teórico (FILATRO, 2008; 2010). O processo foi descrito e analisado conforme as fases de: análise, *design*, desenvolvimento e execução.

A criação de atividades eletrônicas por um grupo multidisciplinar requer o domínio de saberes técnicos, pedagógicos e planejamento. As novas tecnologias de informação e comunicação oferecem ferramentas variadas de mediação, não só para a prática docente, como também para a atividade humana. Nesse sentido, o *Design Instrucional* pode contribuir com metodologias e ferramentas que apontam uma forma interativa e multidisciplinar de planejar e refletir sobre o processo de elaboração de questões em projetos educacionais (REISER, 2001; FILATRO, 2008; 2010; PIMENTA, 2012).

Para compreender o conceito do *Design Instrucional*, parte-se do pressuposto que *design* é o resultado de um processo, com objetivos e intenções bem definidos sobre uma situação didática. E a instrução está relacionada com a atividade de ensino, que utiliza a comunicação para facilitar a aprendizagem (FILATRO, 2008; 2010).

Design instrucional é definido como

> [...] ação intencional e sistemática de ensino que envolve planejamento, desenvolvimento e aplicação de métodos, técnicas, atividades, materiais, eventos e produtos educacionais em situações didáticas específicas, a fim de promover, a partir dos princípios de aprendizagem e instrução conhecidos, a aprendizagem humana [...] (FILATRO, 2008, p. 3).

De acordo com Filatro (2010) atualmente vêm surgindo várias pesquisas que buscam modelos alternativos de *Design Instrucional* adaptáveis ao contexto de aprendizagem.

De forma geral, as etapas do *Design Instrucional* são:

- Fase de análise: busca compreender o problema educacional e projetar uma solução. Isso é feito através da análise do contexto, por meio do levantamento das necessidades educacionais, caracterização do aluno e verificações de limites que precisam ser aprimorados paralelamente à participação dos membros.
- Fase de *design:* consiste no planejamento da situação didática, através do mapeamento e sequenciamento de conteúdos, na definição das estratégias e atividades de aprendizagem, na seleção de mídias e ferramentas mais adequadas à realidade. A comunicação das decisões de *design* é feita por meio de documentos de especificação que orientam a fase por meio de roteiros que são ferramentas para a criação de soluções homogêneas e focadas no alcance dos objetivos educacionais.
- Fase de desenvolvimento: ocorre a produção e adaptação de recursos e materiais didáticos impressos e digitais e a preparação de suporte pedagógico, tecnológico e administrativo. Esta fase pode ser realizada internamente, quando a instituição ou o indivíduo dispõe de competências multidisciplinares internas, ou pode ocorrer externamente, pela contratação de pessoas especialistas na produção de mídias.
- Fase de implementação: acontece a aplicação da proposta de *design*. Durante a execução, os alunos realizam as tarefas, interagem com os professores, conteúdos e com ferramentas utilizadas.
- Fase de avaliação: abrange as considerações sobre os resultados e revisão das estratégias propostas. Por último pode ocorrer a reflexão da adequação do *Design Instrucional*.

Filatro (2010) aborda três tipos de *Design Instrucional*: fixo ou fechado, aberto e contextualizado, que são observados em projetos educacionais de cursos presenciais, semipresenciais e à distância.

O *Design* Instrucional Fixo (ou fechado) é também considerado como "modelo de engenharia ou pré-engenharia". A ênfase desse modelo é na produção de objetos informacionais de aprendizagem e recursos digitais.

O *Design* Instrucional Aberto envolve um conjunto de atividades artesanais e flexíveis, que privilegiam mais os processos de aprendizagem do que os produtos. O foco desse modelo é a interação entre professores e alunos.

O modelo de *Design* Instrucional Contextualizado (DIC) considera central a atividade humana, pois aborda a importância de todos os participantes envolvidos no contexto de instrução, uma vez que podem influenciar o cenário e também conhecer a necessidade de mudanças durante a execução.

3. Metodologia

Os sujeitos do presente estudo compreendem todos os envolvidos no processo de elaboração do teste de desempenho em Ciências realizado por um grupo multidisciplinar, o IDEIA. No entanto, os dados coletados partem do olhar de uma pesquisadora que atuava no núcleo de Sergipe e seu orientador, de modo que os dados de observação foram centrados especialmente nos pesquisadores desse Estado. Os demais dados obtidos sobre outros núcleos, se fundamentaram em análises de e-mails, fóruns de discussão na plataforma *Moodle*, Google Doc's, ferramenta on-line colaborativa para elaboração de trabalhos; ou presenciais, nas reuniões e eventos científicos promovidos pelo grupo.

As coletas de campo foram realizadas uma vez por mês, nas reuniões presenciais do núcleo de Sergipe, no período de janeiro de 2012 a março de 2013, totalizando 12 observações. Não houve um lugar fixo para as reuniões do grupo de pesquisa, e a coleta de dados foi realizada onde as atividades dos participantes aconteciam, como em salas de universidades, laboratórios de ensino e escolas.

Foi utilizado como instrumento de coleta de dados: o caderno de anotação, o gravador e um manual de procedimentos para elaboração de questões. Este abrange um roteiro de elaboração de questões, um formulário geral de elaboração de questões e um formulário de parecer.

A técnica de coleta de dados foi a observação-participante. Essa consiste na inserção do pesquisador no interior do grupo observado, a fim de se tornar parte do objeto estudado e interagir por longos períodos com os sujeitos. A mesma requer tempo e envolvimento, além de uma descrição abrangente dos fatos e atitudes, uma vez que este método de coleta não tem como pretensão a mudança da realidade analisada. (LIMA; ALMEIDA; LIMA, 1999; SILVEIRA, 2003; FLICK, 2009).

4. Resultados e discussões

As anotações no caderno de campo e os demais dados coletados, foram organizados em categorias definidas a priori, partindo-se das fazes do *Design Instrucional*, entretanto neste capítulo apresentamos apenas as fazes de Análise, Design e desenvolvimento, tecendo comentários sobre as demais.

4.1Análise

A preparação do projeto "Desempenho Escolar Inclusivo na Perspectiva Multidisciplinar", ocorreu a partir de reuniões com os coordenadores dos núcleos de cada instituição, para definir objetivos, plano de execução e cronograma de atividades, com a proposta de desenvolvimento do projeto em quatro anos (48 meses), com início no primeiro semestre de 2011.

No começo eram quatro universidades participantes no projeto, e apenas no segundo ano de desenvolvimento a UNIFESP entrou para a equipe. Nesse período de avaliação foram vislumbradas as atividades que seriam desenvolvidas. Nós as apresentamos na figura 1, a partir das etapas do *Design Instrucional*.

Figura 1 - Fluxograma das fases do projeto geral.

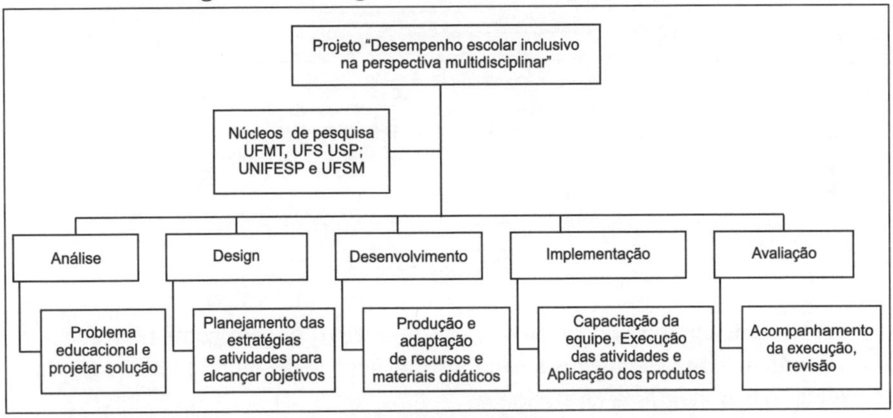

Fonte: Próprio do Autor

A partir da figura 1, as fases do projeto "Desempenho Escolar Inclusivo na Perspectiva Multidisciplinar" são descritas da seguinte maneira:

Análise: caracterizou-se por apresentar os problemas educacionais que os coordenadores queriam investigar a fim de projetar soluções e objetivos.

Design: planejamento das atividades para alcançar objetivos traçados na fase anterior.

Desenvolvimento: produção e adaptação de recursos e materiais didáticos por meio de reuniões presenciais e comunicação via e-mail.

Implementação: capacitação da equipe por meio de um minicurso, a execução das atividades para a criação das questões de Português, Matemática e Ciências e aplicação do teste de desempenho escolar.

Avaliação: caracterizou-se pela coleta de dados e análise dos resultados do teste piloto.

Partindo desse panorama, percebemos que o processo de construção das questões para o teste de desempenho ocorreu em 3 níveis de organização do grupo IDEIA (FIGURA 2).

Figura 2 Fluxograma dos níveis do processo de elaboração do teste de desempenho escolar produzido pelo grupo IDEIA

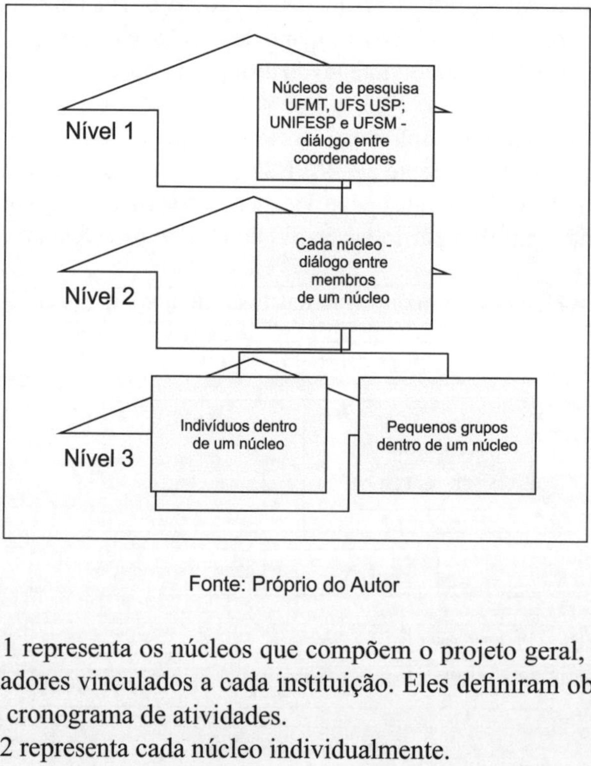

Fonte: Próprio do Autor

O Nível 1 representa os núcleos que compõem o projeto geral, representados pelos coordenadores vinculados a cada instituição. Eles definiram objetivos, plano de execução e cronograma de atividades.

O Nível 2 representa cada núcleo individualmente.

O Nível 3 abrange os pequenos grupos inseridos num contexto de trabalho colaborativo. No caso no núcleo de Sergipe, a equipe se dividiu em pequenos grupos, sendo que cada um ficou responsável para a elaboração de questões para um ano específico, uma vez que se pretendeu construir questões para o 2º Ano, o 5º Ano e o 9º Ano.

4.2 Design

Os bolsistas de cada núcleo, nas cinco universidades participantes, foram selecionados pelos próprios coordenadores e foram utilizadas análises dos currículos e/ ou entrevistas feitas por membros da equipe.

A organização do núcleo de Sergipe para a elaboração das questões foi realizada a partir de subdivisão do grupo. Foi sugerido que cada subgrupo focasse na elaboração de questões para um determinado ano escolar, o 2º, o 5º e o 9º anos. A construção das questões nesse núcleo foi iniciada com a realização de um minicurso, em que foram propostos um roteiro e um manual de procedimentos para elaboração de questões.

O minicurso foi apresentado por um dos coordenadores, especialista em neurociências e criador do programa informatizado "Enscer" no qual as questões seriam inclusas.

O manual de procedimentos consiste numa proposta de construção de rotina de atividades divididas em duas partes. A primeira, no âmbito local, que abrange a forma que cada núcleo considera melhor para o desenvolvimento das atividades. A segunda, uma parte coletiva, com uma rotina em comum para a produção das questões seguindo um cronograma com as atividades que precisariam ser realizadas e os prazos para uma melhor organização e planejamento das ações e procedimentos para os componentes, além de um formulário de descrição das questões.

A partir da elaboração do Manual de procedimentos, foi construído um cronograma organizado de maneira que toda semana tínhamos uma atividade para executar, com o objetivo de criar questões de múltipla escolha com um enunciado e suas alternativas. Essas instruções e os prazos que se ligavam a cada atividade, também abrangeram os demais núcleos. Desse modo, a comunicação entre os subgrupos de Sergipe com os outros núcleos acontecia pelo menos uma vez por semana quando recebiam um e-mail com lembretes da programação da semana, elaborada a partir de um cronograma de tarefas que todos tinham conhecimento.

A fim de que cada membro da equipe assumisse um papel, que se tratava da função do mesmo nos pequenos grupos, o manual de procedimento dava as seguintes instruções: (1) um subgrupo constituído pelo professor da educação básica, juntamente com uma aluna de iniciação científica e uma mestranda elaboram as questões durante uma semana; (2) encaminham as mesmas para a lista de e-mails do grupo a fim de serem avaliadas pelos pequenos grupos do próprio núcleo, que elaboram um parecer para cada questão. (3) As questões avaliadas são enviadas para os pequenos grupos fazerem as alterações sugeridas caso concordarem. (4) As mesmas são apresentadas e discutidas durante reuniões presenciais com todos os pequenos grupos em cada núcleo. (5) As questões discutidas e reformuladas são cadastradas no fórum de discussões do *Moodle*, para que todos os outros núcleos possam ter acessos às questões elaboradas e possam contribuir com opiniões e sugestões. (6) Reavaliadas as atividades, estas são cadastradas no *software* do projeto pelas alunas de iniciação científica.

4.3 Desenvolvimento

A construção das questões aconteceu durante os meses de janeiro a outubro de 2012, em quatro etapas:

1) Estudo das diretrizes da prova Brasil. Realizamos o estudo sobre as matrizes de referência para as áreas de Português e Matemática da Prova Brasil, a fim de conhecer os temas abordados e identificar a estrutura das questões. Analisamos os referenciais utilizados pelo Programa Internacional para Avaliação de Alunos (PISA), as Diretrizes e Parâmetros Curriculares Nacionais (PCN), livros didáticos, revisões bibliográficas, além da experiência docente em sala de aula para a construção das questões de Ciências, pois esta disciplina até 2012 não era mensurada na Prova Brasil.
2) Elaboração das questões e questionário. Nesse momento, aconteceu a elaboração dos testes de desempenho em Português, Matemática e Ciências, compostos por questões dessas áreas, elaboradas por grupos constituídos por professores da educação básica, alunos de iniciação científica e mestrandos. Também, foi feita a adaptação do questionário sobre o Histórico de Comportamento do aluno construído por mestrandos e docentes doutores que serviu para informar sobre a relação do desempenho escolar e o perfil do comportamento do discente.
3 Discussão e definição das questões. Realizamos reuniões de preparação, discussão e seleção das questões. Os professores doutores, docentes de educação básica, mestrados e alunos de iniciação científica selecionaram as atividades, com auxílio de um "formulário dos revisores" que abrangia um parecer sobre as questões a partir dos critérios: correção gramatical, conceitual, adequação da atividade ao grau de complexidade proposto, adequação da linguagem ao período de escolarização (referência aos termos técnicos e textuais de acordo com aspectos de transposição didática necessária para o período de escolarização), adequação da imagem ao texto, atendimento ao objetivo proposto, clareza da justificativa apresentada, pertinência da justificativa apresentada, adequação à diversidade étnica e de gênero (verificação da atividade não ferir ou criar algum preconceito relacionado à diversidade étnica ou de gêneros). Os quesitos foram julgados como adequados ou inadequados.
4) Adequação para versão eletrônica. Criamos uma nova versão do *software* Enscer para atender os objetivos do projeto geral. Todas as questões selecionadas foram digitalizadas, e quando necessário, agregadas ilustrações e os enunciados foram adequados ao formato de áudio para que os alunos pudessem ouvir os questionamentos e os distratores das respostas.

Durante o processo de elaboração das questões de Ciências, percebemos três pontos importantes em nossa metodologia: a criação de pequenos grupos com diferentes níveis de formação e áreas; a inclusão do professor de educação básica como protagonista na criação das questões; e o uso de alguns elementos do modelo do *Design* Instrucional Contextualizado.

É relevante destacar que buscamos criar nos subgrupos uma organização, de maneira que pessoas com diferentes níveis de formação e áreas pudessem dialogar e trazer seus pontos de vista. Por exemplo, o mestrando com uma visão mais acadêmica, o professor da Educação Básica com o conhecimento empírico, e o aluno de graduação com os ideais inovadores poderiam, através da troca de referenciais e tensões, construir novas formas de questionar por meio de uma proposta de trabalho colaborativo.

Sepúlveda et al. (2012) abordou uma proposta de modelo de pesquisa colaborativa em que os grupos envolviam professores-investigadores, pesquisadores universitários e alunos que procuraram manter uma relação não hierarquizada, o que pode provocar o estreitamento da relação entre pesquisa e prática na educação. As atividades colaborativas pressupõem estruturas baseadas na participação ativa e na interação dos participantes para a consecução de um objetivo comum. Estas estruturas podem ser grupos de pessoas discutindo assuntos específicos ou genéricos.

Boavida e Ponte (2002) comentam que a utilização do termo colaboração é adequada nos casos em que os diversos intervenientes trabalham conjuntamente, não numa relação hierárquica, mas numa base de igualdade de modo a haver ajuda mútua e atingirem objetivos que a todos beneficiem.

Loiola (2005) diz que o trabalho colaborativo entre docentes se constitui em excelente espaço de aprendizagem, permitindo a identificação de suas forças, fraquezas, dúvidas e necessidades de reconstrução. A socialização de conhecimentos, a formação de identidade grupal e a transformação de suas práticas pedagógicas.

Boavida e Ponte (2002) afirmam que quanto mais diversificada for a equipe, maior esforço e mais tempo são necessários para que funcione com êxito, devido à variedade de linguagens, e estilos de trabalho dos seus membros. Deste modo, os autores comentam que um trabalho em colaboração não envolve apenas uma aprendizagem relativamente ao problema em questão, também há uma autoaprendizagem e uma aprendizagem acerca das relações humanas.

A formação dos pequenos grupos do Núcleo de Sergipe foi realizada conforme a afinidade do professor com a disciplina e com o ano escolar para o qual deveria criar as questões.

Por essa divisão não ser heterogênea, percebemos alguns pontos negativos e positivos, que podem ter influenciado no diálogo e interação entre pequenos grupos. Como ponto negativo, destaca-se que ocorreu maior comunicação dentro dos pequenos grupos, sendo que a troca de informação com os outros pequenos grupos ocorreu com menos intensidade.

Positivamente, nos momentos de reuniões presenciais, foram apontados caminhos para possíveis soluções diante de dúvidas e dificuldades que surgiram ao longo dos encontros para debate das questões elaboradas.

A respeito da inclusão do professor de Educação Básica como protagonista na elaboração das questões, sabemos conforme Locatelli (2002) e Katrine (2007) que a elaboração das questões dos testes nacionais geralmente não é realizada realizada em conjunto por pesquisadores acadêmicos e docentes de Educação Básica como ocorreu no nosso estudo. Este fato poderia estreitar o distanciamento com relação às avaliações externas e às realidades das escolas.

Nossas questões estão mais próximas do discurso dos professores e licenciandos, enquanto que a Prova Brasil tem mais influência de técnicos especialistas em avaliação e estatística (KLEIN, R.; FONTANIVE, 1995; LOCATELLI, 2002; KATRINE, 2007).

Em nosso estudo, conforme Camargo (1995) e Wechsler (2000), também não buscamos avaliar o desempenho escolar e, sim mensurar o quanto um aluno consegue acompanhar os conteúdos propostos para o ano escolar que pertence.

O IDEIA não se interessou pela periodicidade do teste de desempenho, uma vez que observamos que a intenção do grupo não foi a construção de um novo teste, mas a elaboração de novas formas de questionar, que contemplassem a contextualização de temas e maior simplicidade para facilitar também a leitura de alunos com dificuldade de aprendizagem.

Nossa matriz de elaboração se diferencia daquela da Prova Brasil posto que ela leva em conta as preocupações de professores com experiência em sala, as preocupações de alunos de graduação e, também a de pesquisadores, mestrandos e doutores. Esse diálogo entre as diferentes abordagens torna nossa matriz original.

Ao conversar com alguns professores, destacamos que além de utilizarem a Prova Brasil, PCN e experiências de sala de aula, também se basearam em dúvidas frequentes abordadas e discutidas, críticas mútuas, reflexões e conhecimentos experienciais para a produção das questões. Podemos perceber que as questões surgiram de várias fontes, e que as de Ciências não partiram diretamente de uma Matriz de Referência nacional.

O processo de elaboração dessas questões abrangeu reflexão dos professores sobre os próprios comportamentos frente aos desafios do cotidiano escolar, à medida que eles relacionaram a experiência escolar com o processo de pesquisa.

Observando a forma colaborativa de divisão do grupo, a necessidade de estar sempre revendo o que já foi realizado nas fases anteriores e os momentos de reflexão de alguns membros, acreditamos que o tipo de *design* instrucional que mais o grupo se aproximou foi o DIC, visto que esse considera central a atividade humana, pois considera a importância de todos os participantes envolvidos no contexto de instrução, uma vez que podem influenciar o cenário e também reconhece a necessidade de mudanças durante a execução das atividades (FILATRO, 2010).

Ao observar as estratégias instrucionais em uma proposta de DIC, pode-se prever a possibilidade de flexibilização dos componentes, pois ocorre uma maior preocupação com a situação prática do cotidiano, e com as atividades de interação e discussão que para Filatro (2010) constituem a base do processo de ensino-aprendizagem.

Neste projeto, houve uma preocupação com a formação do grupo de pesquisa, além da busca de resultados. O que pode ter proporcionado maior reflexão ao processo de elaboração dos instrumentos didáticos.

Um ponto positivo do DIC é poder levar em consideração o contexto, além de adicionar passos, pois coloca em prática novas formas de planejar e implementar situações de ensino-aprendizagem. As operações de analise, *design* e desenvolvimento ocorrem ao longo de todo o processo de concepção e execução das atividades do grupo para que sejam aprimoradas (FILATRO, 2010).

5. Algumas considerações

O trabalho colaborativo deste grupo de estudo multidisciplinar apresentou potencial para enriquecer a maneira de pensar, agir e resolver problemas, criando possibilidades de sucesso na proposta de desenvolver um conjunto de questões didáticas para serem inseridas em um programa de avaliação de desempenho em Ciências. Além disso as relações estabelecidas entre estudantes de graduação, professores atuantes e pós-graduandos, enriqueceu o processo de construção de questões, bem como se apresenta como uma inovação nessa atividade. Além disso, a maior participação de docentes na construção de questões para testes nacionais foi significativa para a formação dos professores envolvidos.

Apontamos que são necessárias novas pesquisas a respeito de medidas de avaliação do desempenho escolar na área de Ensino de Ciências, uma vez que avaliação é um processo que precisa ser considerado como contínuo, que aborde aspectos tanto quantitativos como qualitativos.

REFERÊNCIAS

BOAVIDA, A M.; PONTE, J. P. Investigação colaborativa: Potencialidades e problemas. In GTI (Org.), **Refletir e investigar sobre a prática profissional** (pp. 43-55). Lisboa: APM. 2002.

CAMARGO, D. A. F. Avaliação do rendimento escolar: estudos e concepção. **Paideia:** Ribeirão Preto, n. 8-9, ago. 1995.

FILATRO, A. **Design instrucional na prática**. São Paulo: PEARSON, 1 ed. 2008. ISBN: 978-85-7605-188-6.

FILATRO, A. **Design instrucional contextualizado:** educação e tecnologia. São Paulo: SENAC, 3 ed. 2010. ISBN: 978-85-7359-932-9.

FLICK, U. **Uma introdução à pesquisa qualitativa.** 3 ed. Trad. COSTA, J. E. Porto Alegre: Artmed, 2009.

KATRINE, G. **Teoria de resposta ao Item na avaliação de qualidade de vida idosos**. Dissertação (Mestrado em Epidemiologia). Universidade do Rio Grande do Sul, Porto Alegre, 2007.

KLEIN, R.; FONTANIVE, N. S. Avaliação em larga escala: uma proposta inovadora. **Em Aberto**, Brasília, ano 15, n.66, abr./jun. 1995.

LIMA, M. A. D. S.; ALMEIDA, M. C. P. A.; LIMA, C. C. Utilização da observação participante e da entrevista semiestruturada na pesquisa em saúde. **R. Gaúcha Enferm.**, Porto Alegre, v.20, p.130- 142,1999.

LOCATELLI, I. Construção de instrumentos para a avaliação de larga escala e indicadores de rendimento: o modelo Saeb. **Estudos em Avaliação Educacional**, São Paulo, n. 25, jan./jun. 2002.

LOIOLA, L. J. S. L. Contribuições da pesquisa colaborativa e do saber prático contextualizado para uma proposta de formação continuada de professores de educação infantil. In*:* **REUNIÃO ANUAL DA ANPED**, Caxambu. p. 1-16. 2005.

PIMENTA, B. S. Processo de elaboração de um ambiente virtual de aprendizagem usando o Moodle: desafios e reflexões. IN: **IX Encontro Virtual de Documentação em Software Livre e VI Congresso Internacional de Linguagem e Tecnologia Online (EVIDOSOL/CILTEC-ONLINE)**, v. 1, n. 1, 2012, p. 1-9. Disponível em: <http: /papers.textolivre.org/upload/artigos/99.pdf>. Acesso: 27 de junho de 2012.

PINHEIRO, M. A. **Estratégias para o Design Instrucional de Cursos pela Internet: Um Estudo de Caso.** 2002. Dissertação (Mestrado em Engenharia de Produção). Universidade Federal de Santa Catarina, Florianópolis.

REISER, R. A. A history of Instructional Design and Technology. **ETR&D**, vol. 49, nº. 2, p. 57–67, 2001. Disponível em:<www.capella.edu/IDOL/HistoryofIDTPartI.pdf>. Acesso: 27/07/2012.

SEPULVEDA, C. A. S. et al. Inovando o ensino de biologia através do trabalho colaborativo de pesquisadores educacionais e professores-investigadores. **Estudos IAT,** Salvador, v.2, n.1, p. 119-137, jan./jun., 2012.SILVEIRA, I. S. Observação participante: um olhar encantador. **Lato & Sensu**, Belém, v. 4, n. 1, p. 3-5, out, 2003.

WECHSLER, S. M. Criatividade e desempenho escolar: Uma síntese necessária. **Linhas Críticas,** vol.8, 2002, p.179- 188.

A CONSTRUÇÃO DE TESTES DE DESEMPENHO DE CIÊNCIAS NATURAIS PARA O 2º ANO DO FUNDAMENTAL A PARTIR DOS DESCRITORES DA PROVINHA BRASIL DE PORTUGUÊS[1]

Hélio Magno Nascimento dos santos
Ana Paula Vieira dos Santos
Micaela Oliveira de Menezes

1. Introdução

A educação escolar pública ofertada à população brasileira nas três últimas décadas, está associada a diversos aspectos como a expansão do ensino, a criação e/ou organização do sistema educacional em diversas modalidades, a construção e inserção de documentos norteadores do processo de ensino em geral, destacando-se os Parâmetros Curriculares Nacionais (PCN) e as Diretrizes Curriculares Nacionais para Educação Básica (DCN) dentre outros.

Em face destas transformações, visando uma análise deste sistema, em especial, sobre o desenvolvimento das habilidades e competências dos alunos diante do processo de ensino e aprendizagem, que consiste na abordagem dos conteúdos científicos transmitidos em sala de aula, surge a necessidade de se construir testes de avaliação de desempenho, que possam demonstrar como está o cotidiano desse processo.

Em razão desses fatos, constitui-se como algo essencial aos profissionais da educação, o processo de formação que lhes permita acompanhar o desenvolvimento do sistema educacional, e também o desenvolvimento pelo qual passa a sociedade constantemente, visto que estas transformações são determinantes para o andamento do processo educacional, e por consequência, acabam por ser responsáveis pelo surgimento de diversos projetos de pesquisa nas universidades, que buscam compreender as relações entre as práticas pedagógicas e a aprendizagem dos alunos; entre os materiais didáticos e as necessidades específicas das diversas comunidades estudantis e entre a relevância das avaliações em larga escala e os indicadores de qualidade da educação e etc.

Assim, o processo de ensino e aprendizagem na Educação Básica vem sendo trabalhado a cada dia buscando organizar uma base comum de conhecimentos, na qual possam ser averiguados os diversos fatores que constituem-se determinantes

1 Agência Financiadora: Observatório de Educação/ CAPES/ INEP.

para a educação escolar dos alunos e alunas, incluindo-se os fatores socioculturais, econômicos e científicos, envolvendo o conhecimento da leitura, da escrita, o trabalho com cálculos e as ciências naturais.

Ao tentar avaliar o desempenho escolar dos alunos, deve-se compreender as concepções prévias dos mesmos, além de estruturar as atividades de maneira coerente com as condições que lhes são oferecidas, incluindo nestas atividades os conteúdos científicos pertinentes e estruturados em textos que utilizem uma linguagem clara, pois como é citado por Junior (2010),

> [...] O texto deve propiciar ao educando não só a leitura da palavra a partir de sua experiência histórico-social (leitura de mundo) como também a possibilidade de reescrever seu mundo, transformando, ao mesmo tempo, sua leitura da palavra inicial. Nesse sentido, a leitura escolar precisa ser modificada, sobretudo em termos da relação dos educandos com o texto [...] (JUNIOR, 2010, p. 221).

Faz-se necessário avaliar constantemente o cotidiano do processo de ensino realizado nas instituições escolares, visto que, a partir da compreensão de como se realiza o ensino nas salas de aulas, será possibilitada a avaliação do nível de aprendizagem que os alunos atingiram em determinados períodos de frequência escolar, e por consequência ter-se-á condições de se estabelecer metas para o avanço do processo de construção dos conhecimentos científicos escolares.

Para atingir tal meta em ciências, vem sendo desenvolvidos projetos avaliativos, dentre outros, como o *The relevance of Science education / A relevância do Ensino de Ciências* **(ROSE)** e o Programa para Avaliação Internacional de Estudantes **(PISA).**

O ROSE (The Relevance of Science education / A relevância do Ensino de Ciências) é um projeto de pesquisa internacional que busca esclarecer os fatores vistos pelos estudantes como importantes no aprendizado de Ciências e Tecnologias. Este programa não tem por meta testar os alunos e alunas em relação ao conhecimento, mas abrir discussão sobre o ensino de ciências.

O PISA que é o "Programa Internacional de Avaliação de Proficiência Educacional" tem por objetivo pesquisar a nível internacional o processo educacional, medindo o conhecimento e as habilidades de alunos de 15 anos de idade. Este programa foi lançado oficialmente em 1997.

No Brasil este processo é avaliado por alguns programas do governo federal como o Sistema Nacional de Avaliação da Educação Básica (SAEB); o Exame Nacional do Ensino Médio (ENEM); e "a Prova Brasil que objetiva oferecer a todas as escolas públicas brasileiras uma avaliação mais detalhada de seu desempenho, em complemento à avaliação já feita pelo Saeb" (CASTRO, 2009, p. 11); além da Provinha Brasil que é uma avaliação diagnóstica do nível de alfabetização das crianças matriculadas no 2º ano de escolarização das escolas públicas brasileiras (BRASIL, 2011, p. 07).

É necessário ressaltar que analisar o desempenho dos educandos no transcorrer do desenvolvimento das ações pedagógicas, nas várias modalidades educacionais vigentes em nosso país, irá contribuir para que os docentes tenham uma noção do que deve ser feito visando facilitar o relacionamento professor-aluno e, com isso, se tenha um diálogo mais aberto entre os mesmos, envolvendo principalmente questões ou situações socioculturais de cada elemento deste processo.

Portanto, todo o processo de ensino e aprendizagem deve estar pautado na relação dialógica entre professor e alunos, logo, a partir do momento em que as práticas pedagógicas são realizadas por profissionais conhecedores do ambiente e das características da população que frequenta a escola, ter-se-á uma possibilidade maior da realização de um trabalho especifico e também a escola o fará de maneira autônoma, fazendo com que o ensino seja significativo, e por consequência o desempenho dos alunos seja avaliado, por meio das habilidades e competências desenvolvidas.

Considerando a relevância do processo em seu conjunto, se faz necessário entender que para haver uma avaliação consolidada, que possa aferir o nível individual de aprendizado dos alunos, e não apenas o conjunto de aprendizado, é preciso que se deem as condições para que estes alunos aprendam a aprender, e não apenas acumulem informações científicas, que posteriormente não terá sentido na vida dos mesmos (MIRANDA, 2006).

Ao considerar os fatores supracitados como intrinsecamente determinantes ao processo educacional do país, a construção do questionário a ser discutido nesta pesquisa, baseia-se na análise dos programas de avaliação realizados em larga escala, e também tem por base os principais referenciais teóricos recomendados pelos órgãos que regem a educação no Brasil, como os Parâmetros Curriculares Nacionais (PCNs), as Diretrizes Curriculares Nacionais (DCNs) além de uma prévia analise dos principais livros didáticos aprovados pelo Programa Nacional do Livro Didático (PNLD), utilizados no 2º ano do fundamental na região agreste de Sergipe.

Este processo de construção é parte do projeto "Desempenho Escolar Inclusivo na Perspectiva Multidisciplinar" vinculado ao Observatório da Educação (OBEDUC) financiado pela Coordenação de Aperfeiçoamento de Pessoal de Nível Superior (CAPES), que visa analisar quais as principais barreiras que interferem na aprendizagem dos alunos e alunas, além de, dentre outros objetivos, procurar entender qual a noção que os alunos têm sobre os conteúdos de ciências trabalhados em sala de aula e qual a relação destes conteúdos com o seu cotidiano.

O fato de relacionar a construção das questões de ciências aos descritores da provinha Brasil de português, se dá em razão da intrínseca relação entre o processo de ensino dos conteúdos com o desenvolvimento da leitura e da escrita, principalmente em séries iniciais como o segundo ano do fundamental. Por isso Paula e Lima (2007) afirmam que,

> [...] Em todas as áreas de conhecimento, em todas as disciplinas, os alunos aprendem através de práticas de leitura e de escrita: em História, em Geografia, em Ciências, mesmo na Matemática, enfim, em todas as disciplinas, os alunos aprendem lendo e escrevendo [...] (PAULA, LIMA, 2007, p. 08).

Portanto, associar o desenvolvimento intelectual dos alunos e alunas com suas habilidades na leitura e escrita é fundamental para que o profissional da educação alcance os objetivos de sua prática pedagógica, e assim, possa identificar possíveis problemas de aprendizagem do aluno que às vezes não está nos conteúdos de ciências ou mesmo na forma como estão sendo trabalhados e sim, podem estar ligados a problemas no processo de letramento da criança.

Desta maneira, a construção das questões de ciências procurou associar em seus objetivos específicos não apenas a finalidade do conteúdo de ciências, mas sim, revestiu-se no propósito de entender em qual nível encontram-se os alunos e alunas em relação ao desenvolvimento das habilidades na área da leitura e interpretação de textos e imagens, visto que, as questões elaboradas estão vinculadas a pequenos textos contendo um máximo de três orações com figuras que reforçam o sentido do texto.

Sendo assim, este trabalho configura-se como uma ferramenta para área da educação básica no ensino fundamental, considerando que, se faz necessário inserir no processo educacional instrumentos avaliativos que possam averiguar o desenvolvimento de habilidades em nossos alunos e alunas não apenas em termos quantitativos, mas também qualitativos e, sobretudo relacionando as possíveis dificuldades psicopedagógicas que interferem neste sistema.

Portanto, o objetivo geral deste trabalho é descrever o método utilizado para construção de um questionário que busca medir o desempenho de alunos de segundo ano em Ciências.

2. Delineamento Metodológico

Este trabalho é resultado de pesquisas e discussões realizadas a partir de nossa participação no projeto “Desempenho Escolar Inclusivo na Perspectiva Multidisciplinar”, o qual se propõe elaborar e aplicar testes de desempenho escolar de português, matemática e ciências, através de meios eletrônicos e em papel. Este projeto foi desenvolvido nos seguintes estados: Sergipe, São Paulo, Mato grosso e Rio Grande do Sul nas respectivas instituições: Universidade Federal de Sergipe (UFS), Universidade de São Paulo (USP), Universidade Federal de Mato Grosso (UFMT) e Universidade Federal de Santa Maria (UFSM).

Buscando adequar o processo de construção dos questionários sobre os conteúdos de ciências à visão multidisciplinar do projeto supracitado, esta versão do questionário ao qual tal projeto se propunha a realizar foi elaborado por dois professores da Educação Básica da rede pública de Sergipe, um licenciado em Química e outro em Biologia.

Como estratégia para desenvolver as questões, observaram-se os conteúdos em seus diferentes aspectos e contextos sociais, e a maneira como os mesmos eram distribuídos nos livros, no intuito de analisar o grau de dificuldade de cada tema científico, o que nos possibilitou uma visão mais aprofundada sobre o ensino de ciências no segundo ano do Ensino Fundamental.

Também destacamos que tal estratégia em observar os conhecimentos científicos escolares transmitidos nas práticas pedagógicas, e a avaliação de alguns materiais didáticos, por meio de critérios estabelecidos pelos órgãos educacionais, permitiu distinguir o que necessariamente o aluno é capaz de absorver em termos de conhecimento, e consequentemente se ter uma visão das habilidades e competências desenvolvidas ao longo de cada etapa de ensino.

Destacamos ainda que os professores envolvidos no projeto foram selecionados através de entrevista, e após algumas reuniões com a coordenação, passaram a se reunir pesquisando dentre os referenciais teóricos sugeridos, quais deles iriam dar subsídio à construção dos questionários. Através destas pesquisas, diversos materiais didáticos foram selecionados e utilizados como fundamentação teórica para realização das atividades.

Dentre os materiais incluem-se os parâmetros curriculares nacionais para o ensino fundamental, os descritores da provinha Brasil de português e os seguintes livros didáticos aprovados pelo programa nacional do livro didático (PNLD): Porta Aberta- Ciências, da editora FTD; Projeto Prosa, da editora Saraiva; Brincando com ciências, da editora Brasil; Guia de Recursos Didáticos para o Professor, da editora Moderna; Coleção “Agora é hora – Ciências” da editora Base Editorial; Ciências, da editora ática; e o livro do Projeto Pitanguá – Ciências, da Editora Moderna.

Após a escolha da base teórica, os professores identificaram os principais conteúdos trabalhados no segundo ano do ensino fundamental de acordo com a ordem das unidades didáticas de cada livro, visto que, estes professores não haviam lecionado nesta série de ensino, e a partir daí, foram desenvolvidos pequenos textos que pudessem servir de referencial para construção das questões de ciências.

A partir dos textos elaborados, e fazendo uma analise das habilidades avaliadas através dos descritores da provinha Brasil de português, foram sendo desenvolvidas as questões de ciências, sendo que, os descritores (D) da provinha tomados por base, compõe os descritores/habilidades ligados ao eixo leitura como segue: D 4: Ler palavras; D 5: Ler frases; D 6: Localizar informação explicita no texto; D 7: Reconhecer assunto de um texto; D 8: Identificar a finalidade do texto; D 9: Estabelecer relação entre partes do texto; D10: Inferir informação (GONTIJO, 2012, p.615).

Seguindo o objetivo das habilidades a serem desenvolvidas pelos alunos, os professores foram adaptando os conteúdos de ciências do segundo ano a estes descritores. Para cada grupo de unidades de ensino a ser trabalhado, os professores criavam um texto e um grupo de oito a dez questões, que eram posteriormente analisadas por toda a equipe de professores participantes do projeto.

Tal análise ocorria quando toda a equipe elaborava as questões referentes a cada série de ensino, visto que além do 2º ano, também se trabalhava o 5º e o 9º ano. A cada grupo de questões construídas, os professores se reuniam semanalmente com a mestranda em educação científica e a aluna de iniciação compondo o pequeno grupo, responsável pelas questões do 2º ano de ciências, para que fossem feitas as possíveis correções e para que as mesmas pudessem contribuir, sugerindo a inclusão ou retirada de termos tanto nos textos como nas questões, que pudessem interferir nos resultados observados após a aplicação destes testes.

Após esta etapa, os professores de todas as áreas integrantes do projeto, português, matemática e ciências naturais se reuniam com as mestrandas, alunas de iniciação e os coordenadores do projeto, compondo o grande grupo, para que fossem feitas as analises das questões de todas as áreas e das diferentes series de ensino incluindo aí o segundo, quinto e nono ano do fundamental, onde todos, através de críticas construtivas, pudessem contribuir na elaboração final das questões.

3. Análises e Discussões

Após diversas analises e correções das questões de ciências do segundo ano, elaboradas pelo pequeno grupo, são apresentados um relato descritivo de algumas questões que irão compor o conjunto de atividades do projeto.

Estas questões são compostas de frases curtas, posto que houve a preocupação de trabalhar com linguagem técnica adequada ao nível de escolaridade dos alunos e alunas que irão respondê-las, levando em consideração os aspectos sociais e regionais do Brasil.

Procurando estimular a atenção dos alunos e alunas, o pequeno grupo optou por incluir imagens nas questões elaboradas, visto que, com base nos referenciais teóricos utilizados, os PCNs (BRASIL, 1997, p. 45) citam que "[...] o desenho é considerado uma importante possibilidade de registro de observações compatível com esse momento da escolaridade, além de um instrumento de informação da própria Ciência [...]".

Em virtude de os professores responsáveis pela elaboração das questões não terem a experiência didática nesta serie de ensino, a elaboração se baseou nos descritores da provinha Brasil de português, portanto as questões, como seguem no quadro abaixo, estão intrinsecamente relacionadas às habilidades da escrita e leitura.

Quadro 1: questões elaboradas para software

1 - Qual é o animal aquático?

2 - O que a mãe de Laura evita lavando as frutas antes de comê-las?

Diarreia Tosse Coceira Ferida

3 - Na aula sobre os seres vivos e o ambiente, a professora Maria escreveu no quadro alguns dos fatores não encontrados na natureza.

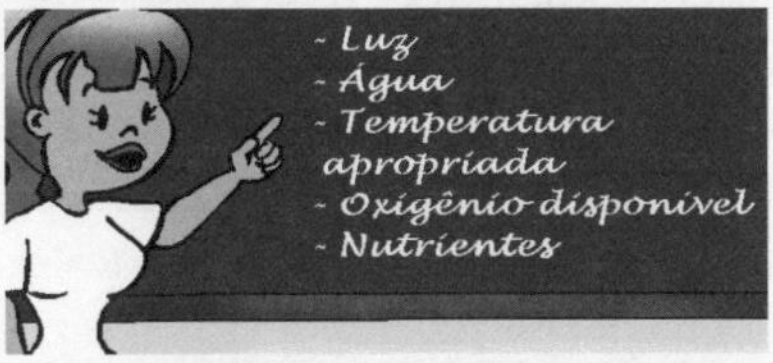

Qual deles é o gás utilizado em nossa respiração?

Luz Temperatura Oxigênio Nutrientes

4 – Os seres vivos podem se reproduzir, ter filhotes. Aqueles que nascem de ovos são chamados de ovíparos. Qual animal abaixo é ovíparo?

5 – A onça só come carne. Então, ela é um animal:

Carnívoro Herbívoro Onívoro

6 – Qual dos sentidos Laura utiliza para sentir o sabor da fruta?

Paladar Visão Audição Tato

A atividade nº1, que é trabalhada na terceira unidade dos livros didáticos de ciências, foi construída visando à habilidade analisada no descritor quatro da provinha Brasil de português, que procura avaliar o aluno em relação à desenvoltura no reconhecimento de palavras a partir da leitura, ou mais especificamente tem por objetivo perceber se o aluno é capaz de identificar a escrita de uma palavra seja ela ditada ou ilustrada, sem que a mesma esteja explicita em um único fonema ou uma única silaba.

A partir desta atividade, e de seu objetivo específico, ressaltamos a fundamental participação do professor no cotidiano da sala de aula, e as estratégias por ele utilizadas para abordar os conteúdos, pois, o processo de ensino corresponde a todo um conjunto de táticas criadas no sentido promoverem uma educação de qualidade, sendo que pra se alcançar esse objetivo, todas as atividades realizadas em sala de aula devem ser organizadas, planejadas e coordenadas pelo professor a fim de que seus alunos atinjam um desempenho satisfatório nos testes realizados pelo próprio professor e também o aluno consiga manter um nível razoável nas avalições externas, no caso do segundo ano a Provinha Brasil.

A avaliação de determinada habilidade por parte do aluno seja ela positiva ou negativa, na atividade 1, deve servir para que professores e equipe pedagógica revejam suas ações, e assim não se direciona a análise do resultado apenas como um problema de aprendizagem, pois, o problema pode estar no processo de ensino, exigindo que o mesmo possa também ser refletido buscando a correção das falhas, o aprimoramento dos acertos e a inclusão de novas técnicas de acordo com o nível de desenvolvimento científico e social dos alunos.

Portanto, partindo desta necessidade, dentre as operações didáticas realizadas pelo professor deve ser destacado como a primeira e principal delas, a elaboração de um planejamento em que o foco principal seja os alunos.

Entendemos desta forma que a elaboração de testes de desempenho, e de qualquer que seja a avaliação deve começar a partir do planejamento das ações realizadas antes do ato avaliativo. Planejamento este, que deve incluir os objetivos gerais e específicos, a seleção e articulação dos conteúdos e métodos a serem utilizados para abordar os mesmos, e a direção do processo de ensino e aprendizagem, pois a ação pedagógica se configura, sobretudo como um ato político, e por fim a avaliação.

Dessa forma, ao construir um teste de desempenho ou avaliação, se faz necessário observar e refletir sobre a atividade do educador, não como um trabalho qualquer, mas como um ato extremamente dinâmico e suscetível as diversas mudanças no transcorrer do processo, e por esse motivo é fundamental para o desempenho dos alunos e alunas que os professores compreendam o real sentido de organizar suas atividades, a fim de estabelecer uma relação entre o que se planeja e as habilidades e competências a ser desenvolvidas, já que em muitos casos da prática docente atual, as escolas se utilizam de um formulário pré-estabelecido que o professor preenche e devolve a secretaria da escola meramente como um ato burocrático realizado em todo inicio de ano letivo.

A atividade nº 2, que é trabalhada em sala de aula no primeiro ciclo dos livros didáticos utilizados como referencial teórico, procurou através da relação entre texto e imagem, fazer com que o aluno identificasse a doença causada pela falta de higiene com os alimentos, esta atividade visa à habilidade analisada no descritor cinco da provinha Brasil de português, que busca avaliar os alunos em relação leitura de frases.

Esta atividade irá avaliar de acordo com os critérios da provinha se o aluno é capaz de "localizar informações em enunciados curtos e de sentido completo, sem que isso seja possível a partir da estratégia de identificação de uma única palavra que liga o gabarito a frase".

Nesta perspectiva, compreendemos que tal atividade, irá exigir habilidades específicas dos alunos, sendo que tais habilidades para serem desenvolvidas requerem uma contínua atividade pedagógica que deve ocorrer no transcorrer do ano letivo, sendo efetivamente elaboradas através do planejamento de ensino. Portanto, a estruturação do processo de ensino constitui-se como o instrumento que direciona toda a linha de ação na sala de aula, envolvendo os diversos elementos que compõem o processo educacional, como: os alunos, o professor, as atividades educacionais, os conteúdos e a avaliação, que de forma conjunta irão determinar a partir de uma visão coerente do professor, quais são as prioridades básicas de cada grupo de alunos.

Por essa razão, é fundamental que o ato de avaliar seja um processo constante no cotidiano escolar, exigindo uma tomada de decisão que visa a racionalização do professor e do aluno, possibilitando melhores resultados e, em consequência, o alcance de uma maior produtividade tanto no que se refere ao ensino como na aprendizagem dos alunos.

Sendo assim, ao considerar que a organização do trabalho pedagógico é fator determinante para melhorar o desempenho escolar dos alunos, é preciso levar em consideração o nível de conhecimento dos mesmos e a realidade destes numa perspectiva de contextualizar o ensino, fazendo com que os alunos tenham seus olhares voltados para a cidadania. Além disso, todo o processo deve estar articulado com os demais setores, no sentido de que haja uma inter-relação entre os aspectos das ciências, tecnologia, ambiente e sociedade, favorecendo o desenvolvimento dos educandos, visando sua participação de forma concreta diante dos problemas sociais existentes e possibilitando aos mesmos a tomada de decisões que venham a solucionar estes problemas.

Por isso, antes do momento da sala de aula o processo avaliativo já deve ser posto em prática, sendo que, cabe ao professor entender que a sua pratica deve estar relacionada a uma serie de fatores que envolvem a escola e seu contexto, os alunos com suas vivências, as dificuldades frequentes da sala de aula, além de todo um conjunto de artifícios oferecidos pela mídia e pelo desenvolvimento das tecnologias que se apresentam mais atrativos ao olhar do aluno, fazendo-o caracterizar a sala de aula como um ambiente muitas vezes monótono e, sobretudo sem o sentido prático pra vida cotidiana dos alunos, desestimulando os mesmos e aumentando a evasão escolar.

A atividade nº 3 foi desenvolvida a partir da habilidade analisada no descritor seis da Provinha Brasil, procurando avaliar os alunos em relação à localização de informações explícitas em textos, onde de forma mais detalhada pelo descritor da provinha, o objetivo é avaliar se o aluno consegue "localizar informações em diferentes tamanhos e estruturas e com distintos graus de evidencia da informação, exigindo, em alguns casos, relacionar dados do texto para chegar à resposta correta".

Portanto, para que os alunos e alunas possam atingir um desempenho satisfatório nesta atividade, faz-se necessário que as ações pedagógicas possam inseri-los em contextos em que haja uma reprodução de situações, nas quais as discussões sobre os conteúdos científicos sejam-lhes significativas, ou seja, que os alunos consigam associar o conteúdo com as atividades extraescolares.

Nestas possíveis ações pedagógicas a serem realizadas, o professor precisa refletir sobre suas ideias no sentido de que as mesmas possam de fato desenvolver nos alunos as habilidades e competências, mas não apenas isto, é necessário o desenvolvimento de diferentes estratégias de ensino que: motivem e desenvolvam o interesse dos alunos; ampliem sua capacidade de observação e de tomada de decisão, os preparem para solução de problemas de maneira sistematizada, auxiliando o próprio professor na interação professor-aluno-professor durante o processo de ensino, proporcionando desta maneira uma aprendizagem que aproxime os alunos e alunas da sua realidade social, estimulando o desenvolvimento da capacidade da crítica.

Neste sentido as ações idealizadas na preparação da proposta de trabalho e documentadas no plano de ensino, precisam se estruturar em atitudes que propiciem a participação efetiva dos alunos no processo educacional, fazendo com que eles percebam a relevância que esta atitude propicia a sua formação enquanto cidadão. Dentre as ações destacam-se: debates em sala de aula; jogos didáticos; leitura, análise e discussão de textos que envolvam temas sociais do cotidiano dos alunos; visitas técnicas; desenvolvimento de projetos; utilização de vídeos e softwares computacionais.

Ao refletir sobre o processo de ensino e aprendizagem e diante das diversas problemáticas que surgem como obstáculo nas salas de aulas em geral, é importante que os profissionais responsáveis pelo processo educacional, professores, equipes de apoio pedagógico e as direções das escolas estejam diretamente envolvidas a fim de buscar as soluções que minimizem ou mesmo resolvam determinadas situações as quais nos deparamos no dia a dia, visto que, como é do conhecimento de todos, a sala de aula é um ambiente dinâmico e marcado pela incerteza e singularidade, exigindo decisões urgentes que são tomadas de forma emergencial, mas que, tendo um planejamento previamente elaborado, este ira permitir uma ação mais equilibrada.

A atividade nº 4, construída de acordo com as habilidades analisadas nos descritores sete e oito da matriz de referencia para avaliação da alfabetização e letramento inicial da provinha Brasil, que busca avaliar os alunos em relação ao D7 – reconhecer assunto de um texto e D8 – identificar a finalidade do texto.

Procurando associar o conteúdo trabalhado na questão com as habilidades a serem avaliadas segundo os descritores anteriormente citados, o pequeno grupo procurou instigar nos alunos a habilidade detalhada pela matriz de referencia que neste caso objetivava compreender a finalidade do texto com base no suporte ou nas características gráficas do gênero.

Desta maneira, deve haver uma preocupação maior na preparação das atividades pedagógicas, no sentido de que a formulação das atividades avaliativas, que é a etapa posterior à estruturação dos planos de ensino, se caracterize pela efetivação clara de atitudes que ultrapassem a formalização dos planos já pré-estabelecidos, e que se possa dar um novo significado aos elementos curriculares básicos que são: os objetivos da educação, os conteúdos científicos, os métodos e a avaliação.

A partir daí, subentende-se que é imprescindível o desenvolvimento da habilidade da leitura e interpretação de texto, por parte dos alunos, pois, não como haver um entendimento de qualquer que seja a disciplina ou conteúdo, sem que antes o aluno consiga mostrar independência na escrita e leitura. Portanto, a fim de suprir possíveis deficiências neste aspecto, faz-se necessário rever o planejamento da escola, dando uma nova visão ao processo educacional.

Em um sentido mais amplo, a revisão do que se propõe para a sala de aula, deve favorecer o trabalho do professor na reflexão de sua própria prática pedagógica, e atingindo a ideia de planejamento sugerida por Celso dos Santos Vasconcellos que engloba as seguintes dimensões da ação humana consciente: a realidade, a finalidade e a mediação, onde o conhecimento da realidade lhe propicia usufruir ou a tentativa de transformá-la de acordo com os seus objetivos gerais, já através da finalidade o professor chegará ao propósito futuro, àquilo que se almeja com o processo de ensino e aprendizagem, e por fim a mediação que se reflete no conjunto de métodos e estratégias utilizadas pelo professor para realização efetiva de seu planejamento de ensino.

A atividade nº 5, construída pelos professores a partir do descritor nove que visa estabelecer relação entre partes do texto, e que de acordo com a matriz de referencia da provinha Brasil, tem por objetivo "Identificar repetições e substituições que contribuem para a coerência e a coesão textual". Nesta atividade busca-se fazer com que o aluno possa associar o termo carne a carnívoro, sendo esta ideia reforçada pela imagem da questão.

E finalizando a atividade nº 6, esta relacionada à habilidade analisada no descritor dez da provinha Brasil, avaliando a capacidade do aluno em inferir informações, desta forma esta atividade tem por objetivo instigar os alunos a distinguirem a partir das imagens e informações descritas na questão qual dos cinco sentidos eles irão utilizar para degustação dos alimentos.

4. Considerações Finais

Para que aconteça uma transformação no processo educacional que seja perceptível aos olhos da sociedade, é fundamental que os professores busquem e sejam instigados a aprimorar seus conhecimentos, por meio da participação em trabalhos que estejam diretamente voltados a sua realidade e a realidade dos alunos.

Neste sentido, o presente trabalho abordou as experiências de professores da educação básica e estudantes vinculados à universidade, na realização de uma pesquisa diretamente ligada ao ensino fundamental, onde se relacionou os fundamentos da leitura para trabalhar conteúdos de ciências.

Logo, projetos educacionais como o "Desempenho Escolar Inclusivo na Perspectiva Multidisciplinar", contribuem para reflexões sobre algumas atitudes, praticadas constantemente em sala de aula, e possibilita que os profissionais da educação percebam o processo de ensino e aprendizagem como algo interligado, onde o desempenho positivo ou negativo de um irá refletir de forma positiva ou negativa no outro.

REFERÊNCIAS

BRASIL. Ministério da Educação. **PDE:** Plano de Desenvolvimento da Educação: Prova Brasil: ensino fundamental: matrizes de referência, tópicos e descritores. Brasília: MEC, SEB; Inep, 2011. 200 p.

BRASIL. Secretaria de Educação Fundamental. **Parâmetros curriculares nacionais:** ciências naturais / Secretaria de Educação Fundamental. – Brasília: MEC/SEF, 1997. 136 p. 1. Parâmetros curriculares nacionais. 2. Ciências naturais: Ensino de primeira à quarta série. I. Título.

Câmara de Educação Básica do Conselho Nacional de Educação. Parecer n. 04/98 de 29 de janeiro de 1998. **Diretrizes Curriculares Nacionais para o Ensino Fundamental.** Relatora: Regina Alcântara de Assis. Brasília, 1998.

CASTRO, M. H. G. **Sistemas de avaliação da educação no Brasil**: avanços e novos desafios. São Paulo em Perspectiva, São Paulo, Fundação Seade, v. 23, n. 1, p. 5-18, jan./jun. 2009. Disponível em: <http://www.seade.gov.br>; <www.scielo.br>. Acesso em: 25/03/2013

GONTIJO, C. M. M. Avaliação da alfabetização: Provinha Brasil. **Educação e Pesquisa**, São Paulo, v. 38, n. 03, p. 603-622, jul./set. 2012.

JUNIOR. W. E. F. Estratégias de Leitura e Educação Química: Que relações? **Química Nova na Escola**, São Paulo, Vol. 32, N° 4, 2010, p. 220 – 222.

PAULA, H. F. e LIMA, M. E. C. de C. Educação em ciências, letramento e cidadania. **Química Nova na Escola**, São Paulo, n. 26, 2007. p. 3-9.

TECNOLOGIAS DIGITAIS: possibilidades para a realização de testes de desempenho em matemática[2]

Juliana Batista Pereira dos Santos

O contínuo avanço das tecnologias digitais e a sua forte presença nos contextos escolares sinalizam para um novo modo de uso do computador neste ambiente. Tradicionalmente, a tecnologia digital é utilizada no ambiente escolar como uma fonte de buscas e pesquisas e, além disso, como um recurso metodológico alternativo e de produção (textual, imagética etc.). Mais especificamente no ensino de matemática, o uso do computador se faz cada vez mais presente, através de softwares matemáticos. Nos dias de hoje existem softwares voltados aos mais diversos campos da matemática, com destaque para a álgebra e a geometria, que permitem ao aluno uma interação dinâmica com o conteúdo estudado, contribuindo assim, para um aprofundamento da sua aprendizagem.

Entretanto, para além desse uso, o texto que segue se propõe discutir o uso do computador como base para a realização de testes de desempenho, especificamente na disciplina de matemática. As pesquisas nesse campo são recentes, em especial no cenário brasileiro, como constataram Oliveira et al. (2011, p. 5) e Santos; Tolentino-Neto (2014, p. 85).

A primeira avaliação digital em grande escala, que se tomou conhecimento no Brasil, foi a aplicação do Programa Internacional de Avaliação de Estudantes (PISA) em 2012. A avaliação do PISA é produzida por uma organização internacional (Organização para a Cooperação e Desenvolvimento Econômico/OCDE), e aplicada a cada três anos em diferentes países, podendo-se comparar os desempenhos obtidos pelos alunos nos diferentes países particiantes.

Há alguns anos o PISA vem testando as possibilidades do teste digital em sub-amostras dos alunos avaliados. O Brasil foi incluído na sub-amostra em 2012, ano em que a disciplina de matemática esteve em evidência na avaliação[3]. Segundo o Relatório Nacional PISA 2012/Resultados Brasileiros (PISA, 2013a), a realização do teste em formato digital permite que as questões sejam apresentadas de forma mais interativa, por meio de gráficos e movimentos, ambas ferramentas que auxiliam na compreensão.

---

2 Texto baseado na dissertação de mestrado "SANTOS, J. B. P. dos. **TESTES EM PAPEL *VERSUS* TESTES EM COMPUTADOR: O MEIO DE REALIZAÇÃO INFLUENCIA O DESEMPENHO DOS ALUNOS?**", defendida junto ao Programa de Pós-Graduação em Educação em Ciências: química da vida e saúde, da Universidade Federal de Santa Maria.

3 O PISA aborda as disciplinas de Língua Portuguesa, Matemática e Ciências, sendo que, a cada edição da avaliação, uma das disciplinas recebe maior destaque, especialmente quanto ao número de itens .

Foram produzidas questões de matemática especialmente para o teste em computador, a partir de três aspectos. O primeiro deles relaciona-se aos conhecimentos e habilidades necessárias ao uso das Tecnologias de Informação e Comunicação (TIC) - como o manuseio do mouse e teclado –, as competências relacionadas a interação das TIC com a resolução das questões – como fazer gráficos a partir de dados e coletar os dados a partir de uma planilha – e, por fim, o conteúdo matemático. (PISA, 2013a).

Em relação aos procedimentos metodológicos para a aplicação da avaliação, destaca-se que todas as escolas que participaram da avaliação no formato digital, também participaram no formato em papel. Fato esse que permitiu uma consistente comparação dos resultados alcançados por cada aluno. A fim de complementar as informações relacionadas à tecnologia, os alunos responderam um questionário sobre sua familiaridade com o computador, porém a aplicação desse instrumento não foi obrigatória.

Os resultados obtidos pelos alunos do Rio Grande do Sul, especificamente em matemática, apontaram para um melhor desempenho na avaliação em computador. A média alcançada no teste digital foi de 444 pontos, caracterizado como nível 2[4], enquanto que no teste realizado em sua versão tradicional, a média alcançada foi de 407 pontos, nível 1. Quanto à distribuição dos alunos em relação aos seis níveis de desempenho da avaliação, a maior concentração de alunos no teste em computador encontra-se no nível 2, enquanto no papel encontra-se no nível 1. O maior nível alcançado pelos alunos que participaram do teste coincidiu nas duas versões realizadas, nível 5.

Em consonância aos resultados acima, o desempenho da amostra brasileira na avaliação de matemática foi superior em computador, cuja média alcançou 421 pontos (nível 2), 30 pontos acima da média em papel, de 391 pontos (nível 1). Já quanto à distribuição dos alunos em relação aos níveis, constata-se que, no computador, a maior concentração se encontra no nível 1, enquanto no papel está no nível abaixo de 1. Por outro lado, diferentemente do alcançado pelos alunos do Rio Grande do Sul, o desempenho de alguns alunos da amostra brasileira do teste em computador, chegou ao nível 6, enquanto no papel, o maior desempenho alcançado refere-se ao nível 5.

Segundo o Instituto Nacional de Estudos e Pesquisas Educacionais Anísio Teixeira (INEP) a edição de 2015 do PISA será 100% digital. Por influência – ou não – desse novo modo de realização do PISA, o Ministério da Educação (MEC), por meio do seu até então ministro Cid Gomes, confirmou que pretende tornar o Exame Nacional do Ensino Médio (ENEM) uma avaliação digital. Esse fato confirma a hipótese levantada por Santos e Tolentino-Neto (2014, p. 79) de que

4 Os resultados do PISA são expressos por uma média de pontos, associada a um nível que, por sua vez, apresenta uma descrição das habilidades matemáticas esperadas. Os níveis variam de 1 a 6 e são caracterizados pela dificuldade crescente das habilidades matemáticas. Cada um dos seis níveis apresenta um valor de média como um limite inferior, de maneira que, para que determinado grupo se encaixe em um nível, sua média deve ser superior ao valor limite. Quando a média do grupo avaliado não alcança o limite mínimo para estar no nível 1 (357,8 pontos), o grupo é classificado como pertencente ao nível 'abaixo de 1' e, nesse caso, não há a descrição das habilidades.

> A inclusão de testes em computador (CBT) no PISA pode sinalizar que, em breve, os programas de avaliação em larga escala, produzidos e realizados no Brasil pelo Instituto Nacional de Estudos e Pesquisas Educacionais Anísio Teixeira (INEP), incorporem o uso de computadores em seus testes.

Diante disso, o capítulo que segue objetiva aprofundar a discussão nesse campo, apresentando as contribuições encontradas na literatura dessa área, bem como, os resultados obtidos com a realização de um teste digital de matemática, ambos frutos da minha dissertação de mestrado. O que se pretende investigar é se há diferenças no desempenho em matemática, quando as atividades são realizadas no computador (CBT) ou em papel (PPT). Além disso, objetiva-se sinalizar caminhos para a construção das avaliações digitais a fim de contribuir para a construção do ENEM digital.

1. Testes digitais de matemática: contribuições da literatura

Como mencionado anteriormente, as pesquisas nesse campo são recentes, especialmente no Brasil. Consequentemente, a literatura da área, além de escassa quando o foco está na matemática, apresenta-se toda em inglês. De qualquer forma, todos os textos encontrados têm o mesmo objetivo: comparar os resultados obtidos em um teste de matemática, realizados em papel (PPT) e computador (CBT).

Bennett et al (2008) afirmam que poucos estudos analisam a influência da familiaridade dos alunos com o computador sobre o desempenho em testes digitais de matemática. Dessa forma, além de analisar as diferenças de desempenho entre CBT e PPT, os autores se propõem a verificar se a familiaridade com o computador influencia no desempenho do aluno.

Participaram dessa pesquisa estudantes de oitava série, que foram amostrados considerando as escolas públicas, privadas, primárias e secundárias dos Estados Unidos. Antes da aplicação dos testes em CBT e PPT, todos os participantes receberam um bloco com 20 questões de múltipla escolha de matemática, para serem resolvidas no papel, a fim de observar se os participantes possuíam o mesmo nível de proficiência em matemática.

Os autores disponibilizaram aos participantes do teste digital um tutorial sobre o funcionamento do teste, assistido antes da realização dos testes. Posteriormente, realizaram-se os testes em CBT e PPT e, por fim, todos os alunos responderam um questionário sobre a sua familiaridade com o computador.

A estrutura dos testes em CBT e PPT foi construída de forma idêntica quanto ao conteúdo, porém com diferenças mínimas na construção do enunciado. Em ambos os testes, os elaboradores determinaram o tempo para a resolução e disponibilizaram papel, lápis e calculadora.

Na análise dos resultados, também foram consideradas as diferenças de CBT e PPT quanto ao gênero, raça, nível de educação dos pais, localização e tipo de escola. O questionário sobre a familiaridade com o computador identificou que a maioria dos alunos tem acesso a computador e internet em casa, bem como na escola. Dentre os usos, destacam-se a realização de trabalhos escolares, jogos e para se comunicar.

Ao analisar a pontuação dos alunos nos dois testes, verificou-se que as médias totais de desempenho não foram estatisticamente diferentes, porém, o desempenho em papel foi superior em relação ao computador. Esse fato se intensifica ao analisar questão por questão, em cada um dos formatos, concluindo assim que os itens em computador estavam mais difíceis. Em relação à familiaridade e o desempenho no teste digital, pode-se verificar que os alunos que utilizam o computador com mais frequência alcançaram um desempenho maior no teste digital, em comparação aos alunos igualmente proficientes em matemática.

Do teste em computador emerge um problema específico: transcrever as informações do rascunho. Isso sugere que a falta de habilidades específicas do processo de transcrição pode influenciar no resultado final da questão e, consequentemente, no desempenho. Alguns alunos tiveram problemas relativos à internet ou ao computador, porém, na análise de desempenho, constatou-se que não houve diferenças estatisticamente significativas em relação aos que não tiveram problemas.

Como bem destacam os autores, considerando que a pesquisa foi realizada no ano de 2001, é possível que, atualmente, tais problemas possam ser contornados, dado o avanço da tecnologia. Por fim, os pesquisadores argumentam que atualmente é mais comum o uso de computadores em casa e na escola, influenciando assim na familiaridade dos alunos com o instrumento, além da tecnologia digital estar mais confiável e os desenvolvedores de testes mais preparados.

Johnson e Green (2004a) tem como pressuposto que, o uso da tecnologia para a realização de testes de desempenho contribui para o aumento da motivação dos alunos, e diminui a carga de trabalho dos professores. O objetivo dos autores com o texto foi analisar tanto o desempenho dos participantes, como o tipo de erro cometido, ao realizar as questões em CBT e PPT.

O instrumento foi aplicado a estudantes entre 10 e 11 anos de idade, em ambos os formatos. Foram construídos dois testes praticamente idênticos (A e B), cujas diferenças estavam nos números utilizados nos enunciados de cada uma das questões. Os participantes foram estimulados a mostrar suas estratégias de resolução das questões em um espaço em branco, tanto no formato digital como em papel.

Os mesmos estudantes realizaram os testes nos dois formatos, com um intervalo de uma semana, alternando tanto o teste (A ou B), quanto o formato (CBT e PPT). Desta maneira, se na primeira semana os alunos realizaram o teste A no papel, na semana seguinte, os mesmos alunos, realizaram o teste B no computador e vice-versa. Para a análise dos tipos de erro dos alunos, foram criadas categorias a partir das estratégias demonstradas na resolução de cada questão.

A análise do desempenho dos alunos em cada questão sugere que o teste em papel estava mais fácil. Além disso, verificou-se que o desempenho dos estudantes foi maior quando os mesmos apresentavam suas estratégias de resolução, independente do meio realizado. Do estudo realizado os autores apontam que o meio importa, ou seja, há diferenças no desempenho em testes em CBT e PPT, embora que a diferença encontrada pelos autores não tenha sido estatisticamente significativa.

Quanto aos tipos de erros, averiguou-se que as questões envolvendo subtração ou multiplicações longas, apresentaram erros mais frequentes no formato digital. Além disso, observou-se um tipo de erro exclusivo do instrumento em computador: problemas referentes à transcrição das informações da tela para o papel e do papel para a tela. Por fim, as questões deixadas em branco foram mais frequentes no teste em papel.

Os autores trazem considerações importantes para aprofundar as pesquisas neste campo, como o fato de que a distância, entre o local que expõe a questão (tela) para o local onde se desenvolvem estratégias para a sua realização, é longa. Disso, eles sugerem para que se pense em incorporar um local para resolução da questão, também em meio digital. Além disso, outra posição bastante presente nas discussões dos autores é a possibilidade dos alunos associarem o teste em computador a jogos on-line, fator esse que motivaria os alunos a se dedicarem mais ao teste em computador.

Com os dados obtidos, os autores conseguiram inferir uma importante diferença nas estratégias de resolução, de acordo com o meio. Segundo os autores, se a questão proposta apresenta um cálculo fácil, o participante que realiza a atividade no computador tende a resolvê-la com cálculos mentais, enquanto o participante que realizada a atividade em papel descreve seus cálculos. O mesmo não ocorre para questões de cálculos mais elaborados.

Johnson e Green (2004b) compararam o comportamento e as estratégias de resolução adotadas em cada meio avaliativo. O foco especial estava em compreender o impacto que a avaliação no computador pode trazer às estratégias de resolução e ao comportamento dos estudantes.

Os autores defendem que, ao passo que cada vez é mais frequente a transição de testes do papel para o computador, é importante que se explore a relação entre o tipo de avaliação e o comportamento do aluno que está sendo avaliado. Além disso, os autores argumentam que, questões envolvendo consciência espacial e habilidades motoras, são mais difíceis no computador (GREENWOOD et al., 2000 apud JOHNSON; GREEN, 2004b, p. 2).

Para complementar os dados de desempenho, obtidos anteriormente, foram realizadas observações sobre as estratégias utilizadas por uma sub-amostra de 8 participantes, que participaram das aplicações dos testes. Após as observações, os participantes foram entrevistados quanto às estratégias utilizadas na resolução das questões, nos dois modos. A entrevista possibilitou refutar ou confirmar as informações obtidas com a observação.

Da amostra total que participou de todo estudo, foi possível comparar as estratégias da maioria dos participantes para pelo menos uma questão nos dois modos. Destas, mais da metade trocaram suas estratégias de resolução das questões entre CBT e PPT, com destaque especial para as meninas, que trocaram mais facilmente seus métodos. O estudo revelou que, questões de adição ou subtração de dois números, bem como, de cálculo do perímetro de figuras irregulares, apresentaram métodos de resolução distintos entre CBT e PPT.

Os participantes da sub-amostra foram questionados sobre suas preferências quanto ao meio de resolução das questões. Cinco apontaram que no computador as questões pareceram ser mais fáceis do que no papel, principalmente pelo uso de ferramentas computacionais e pela possibilidade de escrever menos. Além disso, o layout das questões apresentadas na tela também foi mencionado como um determinante para a preferência no computador, pois este incluiu cores.

Quanto à preferência pelas questões em papel, dois dos oito participantes sentiram as questões em computador mais difíceis. Como justificativa principal, os participantes apontaram que, resolvendo no papel não havia necessidade de transferir a atenção da tela para o papel no momento da resolução.

Duas questões cuja preferência de resolução foi praticamente unânime a favor do papel, referem-se ao cálculo do perímetro e à medição de ângulos utilizando transferidor. Para as questões de medição de ângulo no computador, o transferidor fazia parte do software projetado, de maneira que sua utilização dava-se a partir do manejo com o mouse. Desta forma, a rotação do transferidor de maneira precisa, se mostrou como um fator de dificuldade no momento da resolução.

A observação intensa também permitiu aos pesquisadores identificar comportamentos característicos de cada modo, em especial os denominados 'off task'. Para o computador, verificou-se certa distração dos alunos enquanto aguardavam a questão carregar na tela. Para o papel, verificou-se que os participantes se distraíam com barulhos e movimentos gerados no outro lado da sala. Este tipo de distração também apareceu na resolução do teste em computador, porém não de forma tão frequente.

Percebeu-se também uma diferença na ordem de resolução das questões. Para as questões em papel, devido à flexibilidade de mover para frente e para trás as páginas das questões, a resolução não se deu em ordem. Além disso, em papel os participantes verificaram suas respostas. No computador, os participantes não puderam pular questões nem verificar a resposta dada anteriormente, pois não havia a possibilidade de pular ou voltar à questão.

De forma geral, os autores concluem que o modo de realização do teste, seja em CBT ou PPT, influencia nas estratégias de resolução. As questões propostas em meio digital parecem influenciar o caminho para a resolução, caracterizando o teste em computador como menos flexível e, consequentemente, as estratégias de resolução se mostraram mais formais. Por outro lado, as questões propostas em papel pareceram mais flexíveis e suas resoluções se caracterizaram como mais informais, permitindo estratégias alternativas de resolução.

Por fim, os autores comparam os resultados obtidos das entrevistas da sub-amostra com os dados de desempenho, apresentados em Johnson e Green (2004a). Disso, pode-se verificar que, embora os participantes sintam as questões computadorizadas mais fáceis do que em papel, suas notas sugerem que o teste em computador estava mais difícil.

Em relação a esta divergência de fatos, os autores levantam a possiblidade de que os participantes estejam associando o teste digital a jogos em computador.

A defesa deste argumento se dá na tese de que, em função disso, os participantes apresentem uma pré-disposição positiva para a resolução das questões no meio digital, percebendo-as como menos exigentes e mais motivadoras do que em papel.

Kim e Huynh (2007) também objetivaram apontar as diferenças de desempenho entre os testes de matemática realizados em CBT e PPT. Além disso, os autores destacam que quando os testes informatizados iniciaram, apresentavam uma capacidade limitada, pois os altos custos restringiam seu uso. Atualmente, estes problemas estão se minimizando, aumentando consideravelmente as pesquisas sobre a adaptação de testes ao computador.

Os participantes da pesquisa foram escolhidos a partir de 15 escolas voluntárias, sendo todos concluintes do ensino médio (15-16 anos). Foram construídos dois testes de igual dificuldade, possibilitando que todos os alunos realizassem os testes nos dois formatos, alterando apenas a ordem e a data em que os testes foram aplicados.

Não foi estipulado um tempo máximo para a realização do teste e, além disso, os alunos tiveram a possibilidade de revisar as respostas dadas, permitindo alterá-las quando necessário. Os alunos também poderiam acessar ferramentas on-line como, por exemplo, bússola, calculadora, régua e esquadro. Para isso, antes da realização do estudo, os alunos tiveram uma capacitação, com a finalidade de auxuliá-los ao uso das ferramentas.

Com a análise dos desempenhos dos alunos pode-se verificar que mais da metade dos alunos obteve pontuação melhor em PPT do que em CBT. Além disso, com análises específicas, foi possível identificar que a ordem com que os alunos responderam ao instrumento – primeiro CBT ou PPT – não influenciou nos resultados.

Verificando o desempenho dos alunos em cada uma das seções no qual o teste de matemática estava dividido, pode-se identificar que, novamente, o desempenho maior está relacionado ao teste em papel. Entretanto, as diferenças entre CBT e PPT, para cada seção, não foram estatisticamente significativas. Dentro destas informações é interessante observar que, tanto a maior quanto a menor média, obtidas nos dois formatos, referem-se à mesma seção.

Poggio et al (2005) apresentam um instrumento digital, voltado aos alunos do 7º ano, que possibilitava a revisão das questões anteriores, a marcação de uma questão para revisão posterior e o avanço para a próxima questão. Além disso, o próprio software forneceu régua, calculadora, fórmulas e um tutorial com as informações sobre o seu funcionamento, acompanhado de duas questões-modelo. Foram construídos quatro testes equiparados, de maneira que o teste realizado em papel se diferenciava minimamente do teste em computador.

Analisando o desempenho dos estudantes que realizaram os testes, observou-se que houve pouca diferença de desempenho entre a avaliação em CBT e PPT, com nota superior para o teste em papel. Dessa forma os autores concluem que não há diferenças significativas de desempenho entre o teste CBT e PPT.

Ao analisar os desempenhos referentes ao meio no qual o teste foi realizado primeiro, observa-se que independente dos alunos terem realizado a atividade primeiro em papel ou primeiro em computador, seus desempenhos foram melhores em papel.

Em relação ao gênero dos alunos observou-se que, as meninas apresentam desempenho superior aos meninos, em ambos os formatos. Por fim, tanto meninas quanto meninos se saíram melhor em PPT, ainda que a diferença de desempenho seja pequena.

Um diferencial deste estudo foi a análise dos dados de acordo com o tipo de ensino dos alunos participantes. Entre a amostra do estudo havia alunos do ensino regular, ensino para superdotados e educação especial. Os alunos do ensino regular tiveram desempenho superior no teste em papel, enquanto os alunos superdotados e da educação especial, foram superiores em CBT.

2. Testes digitais de matemática: experienciando possibilidades

As contribuições da literatura sobre a realização de testes de matemática em formato digital motivaram um aprofundamento no tema. Dessa forma, foram construídos testes, em formato digital e em papel, para alunos de 2º, 5º e 9º anos do Ensino Fundamental[5]. Os testes para cada ano escolar foram compostos pelas disciplinas de Matemática, Língua Portuguesa e Ciências e foram aplicados à estudantes de diferentes cidades brasileiras. Diante disso, os resultados aqui discutidos referem-se exclusivamente ao teste de matemática, aplicados aos alunos de 5º ano de Santa Maria (RS).

O processo de aplicação do teste, em ambos os formatos, não delimitou tempo, bem como não permitiu consultas a material externo e o uso de calculadoras. Para a aplicação em papel os alunos receberam um caderno de questões, no qual eles deveriam preencher sua idade, sexo e um código-controle fornecido pelo aplicador. Para a resolução das questões os alunos utilizaram lápis e borracha.

Na aplicação em computador os alunos realizaram um cadastro no software, informando o nome, sexo, etnia, lateralidade e o ano de nascimento. Após o cadastro, os alunos acessaram o primeiro de três blocos de questões, sendo cada bloco de uma disciplina avaliada. O acesso aos outros blocos deu-se conforme os alunos concluíam o anterior, cada um no seu tempo. Não foi permitido uso de material de rascunho para cálculo e as ferramentas do software não forneceram a possibilidade de deixar a questão em branco ou pular, necessitando responder para poder avançar.

A partir da questão norteadora do estudo, a qual pretende investigar se há diferenças no desempenho em matemática, quando as atividades são realizadas no computador ou em papel, utilizou-se o programa estatístico BioEstat, versão 5.0. Considerando que os grupos de sujeitos que realizaram o teste são diferentes, ou seja, os alunos que realizaram o teste em papel não são os mesmos que realizaram em computador, pode-se interpretar que nossas amostras são independentes. Junto à isso, avaliando que o objetivo das análises é medir a diferença entre as proporções de cada amostra, utilizou-se o Teste Binomial: Duas Proporções.

---

5 Um maior aprofundamento sobre a construção dos testes pode ser encontrado em a) SANTOS, J. B. P. dos. et al. **Elaboração de instrumentos para avaliação de desempenho escolar: processo colaborativo de criação de itens. In: Atas do IX Encontro Nacional de Pesquisa em Educação em Ciências.** Águas de Lindóia, 2013. b) SANTOS, J. B. P. dos. **Testes em papel versus testes em computador: o meio de realização influencia o desempenho dos alunos?** 2014. 131 p. Dissertação (mestrado em Educação em Ciências: Química da Vida e Saúde) - Universidade Federal de Santa Maria, Santa Maria, 2014.

O gráfico abaixo apresenta os resultados obtidos ao longo das 28 questões do teste, tanto em CBT, como em PPT. De antemão é possível destacar que houveram diferenças significativas de desempenho, sinalizadas no gráfico por * – quando a diferença significativa refere-se ao teste em CBT – e ** – diferença significativa para o teste em PPT.

Gráfico 1- Desempenho de cada questão de 5º ano, de acordo com o modo realizado

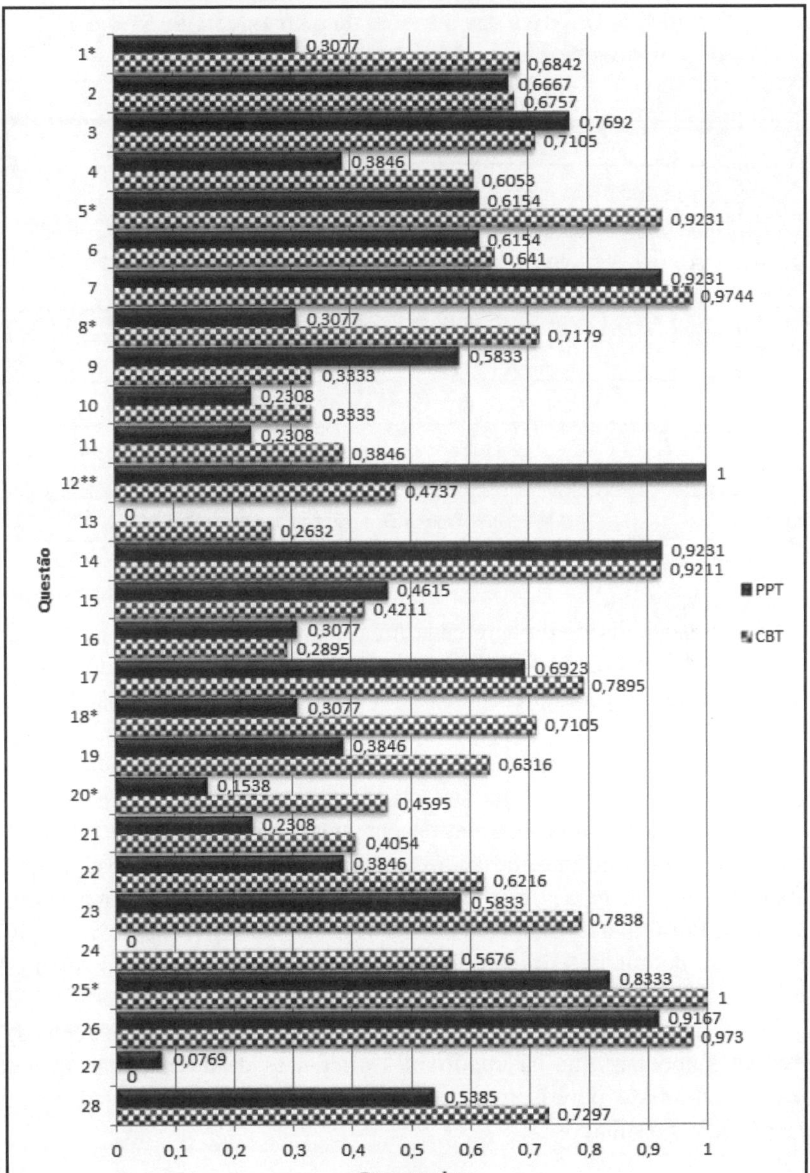

Fonte: SANTOS, 2014

Das 28 questões do instrumento de 5º ano, 21 apresentaram desempenho superior na avaliação realizada em computador. Destas, seis apresentaram diferença significativa de desempenho, favorável ao computador. Das sete questões que apresentaram desempenho superior em papel, apenas uma alcançou diferença significativa. O quadro abaixo traz os objetivos das questões em que a diferença de desempenho se mostrou significativa.

Quadro 1- Objetivo das questões do instrumento de 5º ano.
***p-valor<0,05 para CBT. **p-valor<0,05 para PPT**

Questão	Objetivo
1*	Identificar a localização de números naturais na reta numérica.
5*	Identificar a localização/movimentação de objeto em mapas, croquis e outras representações gráficas.
8*	Identificar quadriláteros observando as posições relativas entre seus lados (paralelos, concorrentes, perpendiculares).
12**	Estabelecer trocas entre cédulas e moedas do sistema monetário brasileiro, em função de seus valores.
18*	Calcular o resultado de uma subtração de números naturais.
20*	Resolver problemas com números naturais, envolvendo diferentes significados da adição ou subtração.
25*	Identificar informações apresentadas em tabelas.

Fonte: SANTOS, 2014.

Ao analisar individualmente cada uma das sete questões, observou-se que cinco delas – sendo quatro com desempenho superior em computador – necessitam da figura ou imagem apresentada para a sua resolução. Analisando este número diante das 28 questões da prova, parece ser pequeno. Porém, ao observar quais destas 28 questões necessitam efetivamente da imagem para sua resolução, chega-se à 13 questões.

Destas treze, dez apresentaram desempenho superior em computador. Este pode ser um indício de que, tratando-se de alunos de 5º ano, questões que necessitam da imagem para a resolução, apresentam desempenhos superiores em computador. Por fim, analisando os objetivos destas questões, observa-se que não há um indício de que determinado conteúdo apresente desempenho superior em um meio ou outro.

Ao aplicar o teste binomial para duas proporções ao teste todo, percebe-se que os resultados apontam que há importantes diferenças de desempenho quando se realiza o mesmo teste, porém em meios distintos (papel ou computador). O quadro 2 apresenta estes resultados.

Quadro 2 - Frequências relativas e p-valor do desempenho total no instrumento do 5º ano

Fr. Relativa PPT	Fr. Relativa CBT	p-valor
0,4777	0,6079	<0,0001

Fonte: SANTOS, 2014

Como pode-se observar, enquanto o teste em papel apresenta como resultados um desempenho inferior à 50% do teste, a versão digital ultrapassa os 60% de desempenho. Por fim, o p-valor confirma que, de fato, é significativa a diferença entre os desempenhos de 5º ano.

3. Testes digitais de matemática: as primeiras discussões

A literatura exposta na primeira seção aponta que o melhor desempenho, ao comparar os testes em PPT e CBT, compete ao teste em papel. Além disso, que esta diferença de desempenho, a favor do formato tradicional, não se mostra estatisticamente significativa em relação ao teste digital.

No entanto, diferentemente do encontrado na literatura internacional, estão os resultados do PISA 2012 - para alunos brasileiros - e do instrumento relatado na segunda seção do presente capítulo. Nestes casos, ambos concordam que o melhor desempenho cabe ao teste em formato digital.

Entende-se que esta diferença de resultados pode ser devida aos anos em que os estudos aconteceram. Isto por que, tanto a aplicação do PISA, como a experiência realizada com os alunos do Rio Grande do Sul, foram posteriores às pesquisas realizadas na literatura da área. Considerando o rápido avanço das tecnologias digitais e a forma como o computador e a internet estão cada vez mais presentes na vida dos alunos, é correto suspeitar que a familiaridade dos alunos com o computador, e consequentemente com teste digital, está maior, influenciando assim no seu desempenho.

Como apontaram Bennet et al (2008), atualmente é mais comum o uso de computadores em casa e na escola, e este fator pode influenciar na relação dos alunos com o instrumento. Além disso, a tecnologia tende a estar mais confiável, minimizando possíveis erros, bem como, os desenvolvedores de testes mais preparados. Complementando, estes mesmos autores destacam que, na sua pesquisa, os alunos que afirmaram utilizar o computador com mais frequência, obtiveram um desempenho maior no teste digital, em comparação a alunos igualmente proficientes em matemática.

Outra possibilidade para justificar estas diferenças de desempenho refere-se ao público alvo dos estudos. É possível que não haja uma unanimidade sobre o melhor desempenho e que o computador influencie de maneira distinta em alunos de diferentes nacionalidades, uma vez que os resultados brasileiros diferenciaram-se dos internacionais. Lembrando que a pesquisa relatada realizou-se com um grupo pequeno de sujeitos, que não representam uma amostra significativa dos alunos brasileiros, no entanto, coincidiu com os resultados da sub-amostra brasileira do PISA 2012.

Também é preciso salientar que nosso estudo foi uma ação isolada e que pôde, tranquilamente, influenciar no desempenho dos alunos em função da novidade proposta. Uma maneira mais sólida de confirmar a existência de diferença significativa de desempenho está em realizar avaliações digitais periódicas, até o computador não se apresentar mais como uma novidade aos alunos.

A comparação dos resultados obtidos com instrumento proposto, em especial referente às diferenças significativas de desempenho encontradas, possibilitou observar similaridades que permitem inferir justificativas para tais diferenças. Observou-se que as questões que necessitaram da análise da imagem para a resolução, apresentaram desempenhos superiores em computador. Este fato permite suspeitar que, em questões deste tipo, o meio de realização influencia no desempenho. No entanto, entende-se que para a confirmação desta hipótese, é preciso a realização de novos estudos e pesquisas, que perpassem discussões sobre a necessidade e a qualidade das imagens.

Outra observação, proveniente do padrão das questões com diferenças significativas, refere-se ao conteúdo de Geometria. Os resultados apontam que questões de 5º ano, referentes a este conteúdo, apresentam desempenho superior no teste em computador. Este fato se relaciona à presença de imagens para a resolução da questão, uma vez que nas questões de geometria existentes na avaliação proposta, as imagens são fundamentais para a resolução.

Johnson e Green (2004b) verificaram em sua pesquisa que, os alunos apresentam estratégias de resolução de questões diferenciadas em papel e computador. Os autores destacam que, seus resultados apontam, principalmente, para diferenças de resolução em questões de adição, subtração e cálculo de perímetro.

Nossos dados nos permitem concluir que há diferença de desempenho, quando o meio de aplicação do teste se modifica. Ou seja, ainda que as questões sejam idênticas, a forma de apresentação (papel ou digital) parece alterar a questão perante os olhos do aluno. No entanto, é preciso relembrar as condições metodológicas em que ambos os testes foram realizados. No teste em CBT os alunos não tiveram a opção de utilizar rascunho, bem como, de pular ou deixar em branco as questões, e este fato pode contribuir para que os alunos se motivem mais na resolução, uma vez que após assinalar uma alternativa, não havia a possibilidade de troca.

Ao tentar inferir possíveis razões que justifiquem as diferenças de desempenho estatisticamente significativas, em questões aparentemente iguais, percebe-se que os instrumentos utilizados em nossa pesquisa não contemplaram este foco. Isto porque, apenas com questionários que visam avaliar o desempenho, não se obtém informações mais específicas sobre a relação dos alunos com o computador, bem como, com a matemática.

Para embasar, de forma mais coerente e precisa nossas colocações, seria preciso um instrumento adicional, que objetivasse compreender tais questões. Além disso, compreender quais as estratégias utilizadas para responder as questões em ambos os formatos, pode auxiliar neste processo.

Os observadores que estiveram presentes no processo de aplicação do instrumento avaliativo realizaram algumas anotações sobre o andamento do processo. Entre as anotações realizadas, os observadores apontaram que, tanto na aplicação digital, quanto na aplicação em papel, o tamanho total do instrumento – que incluindo as três disciplinas se aproximou de 60 questões - assustou os alunos. Em relação ao teste em papel, já no momento em que os alunos receberam o caderno de questões, manifestaram insatisfação pelo tamanho do teste.

No teste digital, esta insatisfação demorou mais para acontecer, já que os alunos não tinham a visão do instrumento como um todo. Em relação a esta aplicação, os observadores notaram que algumas imagens não carregaram, de maneira que os alunos escolheram ao acaso uma alternativa de resposta para poder avançar no teste.

Outra observação específica da aplicação digital foi a dificuldade que alguns alunos tiveram em compreender o funcionamento do software. Ainda que o aplicador tenha explicado, alguns alunos tiveram dificuldade em entender que era preciso ler a questão, clicar em uma alternativa de resposta e, por fim, clicar na seta que avançaria para a próxima questão. Esta dificuldade poderia ser minimizada se nosso instrumento disponibilizasse aos participantes um tutorial sobre o teste em computador, como fizeram os autores Poggio et al (2005), Kim e Huynh (2007) e Bennett et al. (2008).

Alguns autores levantam a hipótese de que a atividade em computador motive mais o aluno durante o processo de resolução e talvez esteja aí a diferença de desempenho constatada nas questões de 5º ano, referente ao uso de imagens. Johnson e Green (2006) acreditam que os alunos podem associar o teste em formato digital a jogos, sentindo-se menos exigidos e mais motivados.

Nas pesquisas realizadas por estes autores, ainda que o desempenho tenha sido superior no papel, os alunos afirmaram que as questões digitais pareceram ser mais fáceis. Dessa maneira, considerando que as imagens em ambos os testes (PPT e CBT) são as mesmas, pode-se concluir que o fato da imagem ser apresentada no formato digital motive mais o aluno no momento da resolução, contribuindo para um melhor desempenho.

Em especial no nosso instrumento, em que o aluno não teve flexibilidade de se deslocar pelo teste, pulando questões ou deixando em branco, tal motivação pode ter se modificado. Devido à obrigatoriedade de responder uma questão para prosseguir no teste, os alunos podem ter se forçado a pensar sobre a questão ou, ainda, selecionar uma alternativa de resposta ao acaso.

Ao comparar o instrumento utilizado para avaliar o desempenho nesta pesquisa e os diferentes instrumentos utilizados pelas pesquisas relatadas na seção da literatura, observa-se uma série de diferenças. Como por exemplo, nosso instrumento digital não permitiu aos alunos deixar em branco ou pular questões, não disponibilizou recursos como calculadora e rascunhos e não ofereceu aos alunos um tutorial sobre o funcionamento do software.

Estas diferenças, por sua vez, parecem facilitar a resolução das questões no computador. No entanto, os resultados da literatura apontam para um desempenho superior no papel. Independente dos diferentes resultados de nossas pesquisas entende-se que o teste digital desenvolvido pode ser aperfeiçoado, com inspiração nestes outros instrumentos, e principalmente, incorporando ferramentas que são características do meio digital.

Dados todos os recursos possíveis, oferecidos pelo meio digital, manter uma prova em meio eletrônico tão quanto, ou mais, rígida que em papel parece não fazer sentido e ir de encontro ao oferecido pela tecnologia digital. A possibilidade de oferecer testes em formato eletrônico deve ser interpretada como uma oportunidade de ultrapassar a barreira do tradicional e não como uma alternativa para mascará-lo.

Finalizando, pode-se concluir que a realização de um teste em formato digital apresenta resultados diferentes do teste em papel. Não somente pelo resultado do instrumento aplicado, mas também devido a todas as pesquisas analisadas, que também sinalizaram neste sentido.

As pesquisas também apontaram que, além de desempenhos diferentes, as próprias estratégias de resolução utilizadas pelos alunos se modificam. As razões para tais diferenças podem se relacionar à motivação que a tecnologia digital parece trazer consigo e, neste sentido, o número de ferramentas que o teste digital fornecer, pode contribuir para o desempenho. Também é importante destacar que, quanto maior a familiaridade dos alunos com as tecnologias digitais, maiores serão suas habilidades e, consequentemente, maior será a sua destreza em realizar o teste.

4. Implicações para a educação

A questão que norteou o desenvolvimento desse capítulo buscou compreender se existe diferença no desempenho em matemática, ao realizar teste em meio digital ou impresso. Os dados obtidos com a aplicação do PISA, bem como a experiência realizada com os alunos do Rio Grande do Sul, sinalizam que sim. Diante desses resultados é preciso apontar e discutir as implicações desse novo modelo avaliativo em diferentes esferas, perante os alunos, as escolas e os sistemas avaliativos em geral.

Quanto às escolas, a realização de avaliações digitais pode contribuir para que o uso dos computadores torne-se uma realidade para todas as instituições, motivando para que os professores elaborem suas avaliações de forma digital. Sabendo que ao propor avaliações em computador, habilidades distintas das motivadas no teste em papel são utilizadas, uma situação a ser considerada é a realização de avaliações mistas. De forma mista, parte em papel, parte em computador, a avaliação pode ser mais completa, motivando um maior número de habilidades para a resolução do teste.

Em outra esfera, ao discutir o uso do computador exclusivamente em avaliações de desempenho em larga escala, como pretende o Ministério da Educação ao propor o ENEM Digital, torna-se evidente que o sistema avaliativo de forma geral se beneficiará. Isto porque a realização destes testes pode acelerar o retorno às escolas e sistemas sobre seus desempenhos – que atualmente demora aproximadamente um ano - possibilitando assim que modificações sejam feitas durante o próprio ano letivo. Além disso, os recursos financeiros necessários a essa aplicação são menores que os mobilizados com o modelo atual do ENEM.

No entanto, a decisão de transformar um teste de desempenho de papel para o formato digital, deve ser feita ciente de que o desempenho do aluno se modifica de acordo com o meio de realização do teste. Esse fato implica diretamente no processo de construção do instrumento avaliativo digital. As contribuições da literatura evidenciam que o teste digital não deve ser uma transcrição do teste em papel, mas sim, um teste que disponibilize aos alunos o uso das potencialidades da tecnologia, através de ferramentas de interação, cálculo, desenho e etc.

O teste a ser elaborado deve ser flexível, potencializando a relação do aluno com o teste e, consequentemente, contribuindo para o seu melhor desempenho. O uso de recursos como régua, calculadora e fórmulas também requer habilidades dos alunos e, nem sempre, facilitam a resolução da questão. É importante que o teste digital forneça aos participantes uma breve apresentação, informando seus objetivos, conteúdos envolvidos, número de questões e, principalmente, os comandos que devem ser utilizados para responder as questões.

Diante de todas essas colocações acredita-se que o teste digital é uma possibilidade, no entanto, deve ser utilizada com cautela. É visto que somente digitar o teste em papel apenas modifica o processo de aplicação e análise dos dados, além de reduzir gastos financeiros. Para que o teste digital de fato contribua na melhora do desempenho do aluno, através do uso de diferentes habilidades para sua realização, é preciso que o mesmo possibilite ao aluno interação com as potencialidades da tecnologia, através das suas mais diversas ferramentas.

REFERÊNCIAS

BENNETT, R. E.; BRASWELL, J.; ORANJE, A.; SANDENE, B.; KAPLAN, B.; YAN,F. Does it matter if I take my mathematics test on computer? A second empirical study of mode effects in NAEP. In: **Journal of Technology, Learning, and Assessment**, n. 6, v. 9, 2008. Disponível em <http://www.jtla.org> . Acesso em Jul. 2013.

BRASIL. MINISTÉRIO DA EDUCAÇÃO. **PDE-Plano de Desenvolvimento da Educação**: SAEB: ensino médio: matrizes de referências, tópicos e descritores. Brasília: MEC, SEB; Inep, 2008

JOHNSON, M.; GREEN,S. On-line assessment: the impact of mode on student performance. In: British Educational Research Association Annual Conference, 2004, Manchester. **Anais**... Manchester, Universidade de Cambridge, 2004a.

______________________. On-line assessment: the impact of mode on student's strategies, perceptions and behaviours. In: British Educational Research Association Annual Conference, 2004, Manchester. **Anais**... Manchester, Universidade de Cambridge, 2004b.

KIM, D.; HUYNH, H. Comparability of Computer and Paper-and-Pencil Versions of Algebra and Biology Assessments. In: **Journal of Technology, Learning, and Assessment**, n. 6, v. 4, 2007. Disponível em <http://www.jtla.org> . Acesso em Jul. 2013.

OLIVEIRA, G. da S.; et al. TICS em testes de desempenho escolar: um estudo da transição de testes impressos em papel para computadores. In: Seminário de Educação 2011: Educação e Relações Raciais, 2011, Cuiabá. **Anais**. Cuiabá : Editora UFMT, 2011.

ORGANIZAÇÃO PARA A COOPERAÇÃO E DESENVOLVIMENTO ECONÔMICO (OECD). **PISA 2012 Results**: What Students Know and Can Do - Student Performance in Mathematics, Reading and Science (Volume I), PISA, OECD, 2013a. Disponível em <http://dx.doi.org/10.1787/9789264201118-en>. Acesso em Dez. 2013.

ORGANIZAÇÃO PARA A COOPERAÇÃO E DESENVOLVIMENTO ECONÔMICO (OECD). **Relatório Nacional PISA 2012**:Resultados Brasileiros, PISA, OECD, 2013b. Disponível em <http://download.inep.gov.br/acoes_internacionais/pisa/resultados/2014/relatorio_nacional_PISA_2012_resultados_brasileiros.pdf>. Acesso em Jan. 2013a.

POGGIO, J.; GLASNAPP, D. R.; YANG, X.; POGGIO, A. J. A Comparative Evaluation of Score Results from Computerized and Paper & Pencil Mathematics Testing in a Large Scale State Assessment Program. In: **Journal of Technology, Learning, and Assessment**, n. 3, v. 6, 2005. Disponível em <http://www.jtla.org>. Acesso em Jul. 2013.

SANTOS, J. B. P. dos. **Testes em papel versus testes em computador**: o meio de realização influencia o desempenho dos alunos? 2014. 131 p. Dissertação (mestrado em Educação em Ciências: Química da Vida e Saúde) - Universidade Federal de Santa Maria, Santa Maria, 2014.

SANTOS, J. B. P. dos; TOLENTINO-NETO, L. C. B. de. O uso de computadores na realização de testes de desempenho em Matemática: uma nova possibilidade para a educação pública. In: CHAVES, P. M.; ROCHA, S. de F. M. **Educação Pública e pesquisa na pós-graduação: anseios e ensaios**. São Leopoldo: Oikos, 2014.

SANTOS, J. B. P. dos. et al. Elaboração de instrumentos para avaliação de desempenho escolar: processo colaborativo de criação de itens. In: **Atas do IX Encontro Nacional de Pesquisa em Educação em Ciências**. Águas de Lindóia, 2013

DESEMPENHO ESCOLAR EM CIÊNCIAS E SUA RELAÇÃO COM INDICADORES DE DISTÚRBIOS DE APRENDIZAGEM

Taciana de Lisboa Faria
Tiago Santos de Jesus

1. Introdução

Nos últimos anos, os debates sobre avaliação escolar buscam uma verdadeira definição para o seu significado, justamente porque esse tem sido um dos aspectos mais problemáticos na prática pedagógica.

Os exames tradicionais representam uma quantificação, um método avaliativo que nivela pessoas com capacidades diferenciadas de aprendizado; "tenta-se" equalizar os mesmos. Para Afonso (2005, p. 30) os exames tradicionais são "[...] fundamentalmente uma técnica de certificação para medir com pretensa objetividade (e atestar juridicamente) um nível determinado de qualificação".

O desempenho escolar é interligado a diferentes aspectos como a cognição e a afetividade. Torna-se necessário, então, abrir o leque de entendimento a respeito do tema, pois ele não está isolado; apresenta-se envolvido em contextos.

No Brasil, os instrumentos de avaliação do ensino no âmbito nacional surgiram a partir da década de 1990, promovidos pelo Instituto Nacional de Estudos e Pesquisas Educacionais Anísio Teixeira (INEP), o qual realiza levantamentos estatísticos e avaliativos em algumas etapas da educação básica. Assim como na modalidade de educação de jovens e adultos, eles são aplicados de acordo com a faixa etária dos estudantes e são compostos por questões que abordam assuntos com que o aluno supostamente teve contato em sua vida acadêmica (PDE/SAEB, 2011).

De acordo com o INEP (2011) "[...] as informações produzidas visam subsidiar a formulação, reformulação e o monitoramento das políticas na área educacional contribuindo para a melhoria da qualidade, equidade e eficiência do ensino".

Dentre os testes aplicados atualmente no Brasil, podemos citar: o Sistema de Avaliação da Educação Básica (SAEB), a Provinha Brasil e o Programa Internacional de Avaliação de Estudantes (PISA), este último de âmbito internacional.

O Sistema Nacional de Avaliação da Educação Básica (SAEB) é realizado desde 1990 e teve sua estrutura redefinida em 2005. A partir de então, o SAEB é composto por dois processos de avaliação distintos: a Avaliação Nacional da Educação Básica (ANEB); e a Avaliação Nacional do Rendimento Escolar (ANRESC) que é mais extensa e detalhada que a ANEB.

Anualmente, os alunos da rede pública de ensino, matriculados no segundo ano do ensino fundamental menor, têm a oportunidade de participar do ciclo de avaliação da Provinha Brasil com o objetivo de verificar o seu nível de alfabetização e letramento. Cada teste da Provinha Brasil é composto por 24 questões de múltipla escolha, com quatro opções de respostas para cada uma. Algumas dessas questões são lidas pelo aplicador da prova – na íntegra ou em parte – e outras são lidas apenas pelos alunos.

Além das avaliações nacionais, o Brasil participa do PISA desde sua primeira edição realizada em 2000. Esse programa é desenvolvido e coordenado pela Organização para a Cooperação e Desenvolvimento Econômico (OCDE), no entanto, em cada país participante, há uma coordenação nacional, no Brasil esse papel é desempenhado pelo INEP.

O PISA é aplicado a uma amostra de alunos com faixa etária de 15 anos, em triênios, que abrangem o conhecimento em Leitura, Matemática e Ciências. Segundo Almeida (2014, p. 53): "O objetivo principal do PISA consiste em produzir indicadores que contribuam para a discussão da qualidade da educação ministrada nos países participantes, de modo a subsidiar políticas de melhoria da educação".

Em todos os testes mencionados, os instrumentos utilizados na avaliação são cadernos de testes e questionários que visam obter, respectivamente, dados do desempenho, dados socioeconômicos e culturais dos alunos e das escolas que participam do programa (INEP, 2008). No entanto, seu caráter padronizador pode limitar o acesso de alunos com singularidades no que tange a diferentes formas de aprender por vezes relacionadas ao desenvolvimento cognitivo e neurológico diferenciado.

Se considerarmos que o ato de aprender é de plasticidade cerebral, modulado por fatores intrínsecos (genéticos) e extrínsecos (experiências), podemos afirmar então, que a aprendizagem é um processo pessoal que depende não só de fatores biológicos, como também familiares e sociais (RELVAS, 2009). O cérebro, um dos principais órgãos do corpo, está diretamente envolvido nesse processo e tem sido alvo de pesquisas nas áreas das neurociências com o intuito de compreender melhor o seu funcionamento.

Em um paradigma que patologiza as crianças que não conseguiam se desenvolver dentro do esperado para sua idade/série, acabam por afixar rótulos que os definem como incapazes e desinteressadas. De acordo com Suehiro (2006), foi a partir da década de 1960 que as pesquisas relacionadas a esse assunto começaram a utilizar a expressão dificuldades de aprendizagem. Ela ainda firma que atualmente, 15 a 30% das crianças em idade escolar enfrentam algum tipo de dificuldade.

O estudo dessa temática, "dificuldades de aprendizagens", torna-se essencial para a superação do conhecimento aparentemente limitado das mesmas que podem levar os educadores a "rotularem" os alunos com desempenhos abaixo do esperado; para a compreensão de que cada aluno tem seu tempo próprio para o aprendizado, bem como para o desenvolvimento de práticas que levem em consideração as especificidades do ensino.

Infelizmente não é tão fácil compreender as diferenças entre as definições de dificuldades e/ou distúrbios de aprendizagem, sobretudo porque de acordo com Bartholomeu et al (2006); Nepomuceno e Castro (2008), não há um consenso na literatura científica acerca de suas significações, pois estas são abordadas sob diversos enfoques: psicológico, neurológico, biológico, pedagógico e social.

Muitas vezes as nomenclaturas dificuldade de aprendizagem e distúrbio de aprendizagem são utilizadas como sinônimos para designar o problema de um aluno que não aprende. Essa imprecisão ou indefinição em relação às terminologias propicia que esses termos continuem sendo apontados inadequadamente, sendo que na maioria das vezes, isto ocorre para rotular e responsabilizar os alunos pelo seu fracasso (CAMPOS, 1997).

Ciasca e Rossini (2000) destacam a importância em discriminar esses dois termos por considerarem também a distinção de seus significados. A diferença refere-se ás características orgânicas, biológicas do distúrbio, que não caracterizam as dificuldades de aprendizagem. O termo dificuldades de aprendizagem, segundo as autoras, seria mais amplo, incluindo qualquer tipo de dificuldade apresentada durante o processo de aprender e decorrente de fatores variados, que vão desde causas endógenas e exógenas.

Rocha (2004), afirma que a disfunção neurológica é a característica fundamental que diferencia o distúrbio de aprendizagem das dificuldades de aprendizagem. Ao que Ciasca et al. (2004, p. 27) concordam:

> Definimos como distúrbio de aprendizagem sendo uma disfunção do [Sistema Nervoso Central] SNC, relacionada a uma 'falha' no processo de aquisição ou do desenvolvimento, tendo, portanto, caráter funcional: diferentemente, de dificuldade escolar que está relacionada especificamente a um problema de ordem e origem pedagógica.

Tavares (2008) realizou uma pesquisa no estado de São Paulo na qual os resultados obtidos demonstram que os distúrbios de aprendizagem de maior ocorrência referem-se à dislexia e transtorno de *déficit* de atenção e hiperatividade (TDAH).

A dislexia é distúrbio na leitura que afeta a escrita, fato em que a criança ou adolescente apresenta dificuldades para associar as letras e sílabas com seus sons correspondentes. De origem genético-neurológica, tem como característica uma alteração na parte do cérebro responsável pelo processamento da linguagem (AZEVEDO, 2013).

O TDAH é um transtorno neurobiológico, de causas genéticas, que aparece na infância e frequentemente acompanha o indivíduo por toda a vida. Ele se caracteriza por sintomas como desatenção, falta de concentração, *déficit* de memória, dificuldade na orientação temporal e espacial, dificuldade no controle dos impulsos e hiperatividade. Ele é chamado às vezes de "distúrbio do déficit de atenção" (DDA) quando o sujeito apresenta somente o sintoma da desatenção. Poderíamos dizer que é um subtipo do TDAH (TAVARES, 2008).

Nesse contexto, a importância do conhecimento sobre definição causa e adequações necessárias relacionadas às dificuldades e distúrbios de aprendizagem e outros aspectos do desempenho escolar, está na possibilidade de colaborar para a definição de políticas públicas que possam minimizar os seus efeitos negativos sobre o rendimento dos alunos.

O conhecimento acerca dessa temática pode diminuir a evasão escolar e contribuir para a inclusão. Dessa forma, a presente pesquisa objetivou identificar a relação entre o desempenho em Ciências e os possíveis indicadores de distúrbios de aprendizagem.

2. Metodologia

A pesquisa envolveu um grupo de pesquisadores brasileiros os quais utilizaram dois tipos instrumentos para a coleta de dados: a) Teste de Desempenho em Ciências e b) Questionário relacionado a indicadores de distúrbios de aprendizagem.

A aplicação dos instrumentos ocorreu no ano de dois mil e quatorze em quatro estados do Brasil: Mato Grosso – MT, Rio Grande do Sul – RS, São Paulo – SP e Sergipe – SE.

A seleção das escolas para a aplicação nos diferentes estados ocorreu obedecendo aos seguintes critérios: a) disponibilidade da aplicação da pesquisa na escola, b) presença em sua estrutura física de uma sala de computação com acesso a internet e c) vínculo com algum professor integrante da pesquisa em cada estado participante.

Para o teste de desempenho foram elaboradas 10 questões de Ciências com conteúdos do 5º e do 9º ano do ensino fundamental. Elas foram construídas a partir de estudos de Almeida (2014), Menezes (2014) e Oliveira (2014) que realizaram testes pilotos referentes a esses anos de ensino.

As questões foram elaboradas a fim de atender estudantes que apresentassem alguma dificuldade de aprendizagem. Para isso, estruturamos as questões com: a) enunciados curtos; b) ilustração nos itens e c) recursos de áudio das perguntas do teste.

Auxiliando nas análises do desempenho em Ciências foi adaptado um questionário utilizado no estudo de Rocha e Rocha (2010).

A intenção desse questionário era relacionar possíveis alterações neurofisiológicas do estudante com os índices de desempenho fornecidos nos resultados dos testes aplicados.

No total, foram aplicados 244 questionários com mães/responsáveis representando 127 questionários de estudantes do 6º Ano do Ensino Fundamental e 117 estudantes do 1º Ano do Ensino Médio. Os dados foram processados no pacote estatístico e expostos da seguinte maneira: 1) Desempenho em Ciências do 5º e 9º Anos do Ensino Fundamental e 2) Relação do desempenho e os indicadores de interferência da aprendizagem.

3. Resultados

3.1 Desempenho em Ciências 5º e 9º Ano.

Os dados do teste foram processados em programa estatístico e os resultados observados na figura 1 e 2, indicam estatisticamente que o desempenho em Ciências teve uma distribuição bem próxima do normal em ambos os níveis. Não houve variação considerável na quantidade de acertos e de erros.

Figura 1: Histograma do desempenho 5º ano

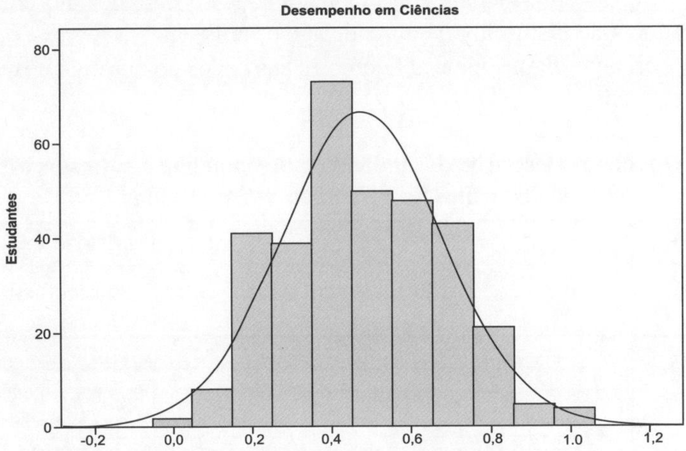

Figura 2: Histograma do desempenho 9º ano

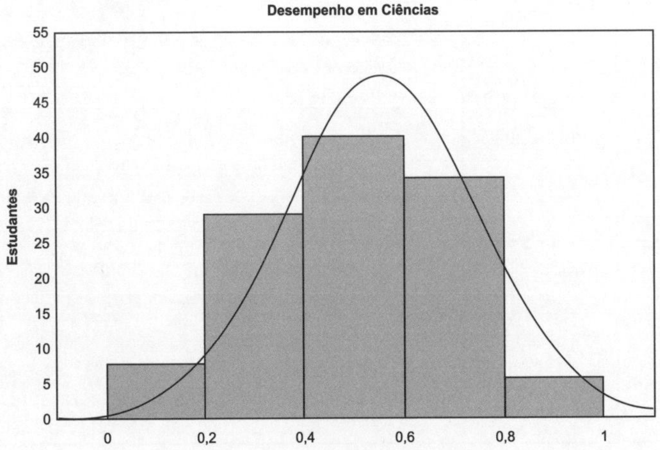

Os números dispostos no sentido horizontal dos histogramas variam de zero a um, e representam o índice de acerto. Já os números dispostos no sentido vertical representam o número de estudantes que responderam ao teste. Neste caso, o maior número de alunos se concentraram entre os valores 0,4 e 0,6 de acerto. Estatisticamente, isto significa que houve variação razoável de acertos e erros no 5º e 9º anos. Não houve muitas questões em que a maioria acertou como também não houve muitas questões em que a maioria errou.

3.2 Relação entre desempenho e índices de indicadores de distúrbios

Para obter os cruzamentos entre os resultados do desempenho em Ciências e os indicadores de distúrbios de aprendizagem, utilizamos a regressão múltipla. Além disso, criamos alguns índices referentes aos dados do questionário, que estão descritos no quadro 1.

Quadro 1: Descrição dos índices de desempenho e indicadores de distúrbios de aprendizagem analisados.

CÓDIGO	ÍNDICE	INFORMAÇÕES AGRUPADAS NO ÍNDICE
INDICEAC	Acerto	As 10 questões de Ciências com os seguintes descritores:
INDFISMA	Fisiológico Materno	Questionamentos sobre problemas de saúde durante a gestação relacionados à mesma, ou à outras enfermidades. Também, se a mãe sofreu alguma agressão.
INDFISCR	Fisiológico da criança	Enxerga bem? Ouve bem? Teve alguma doença grave? Teve algum acidente craniano? Houve algum problema durante o parto? Nasceu normal ou roxa?
INDPSICR	Psicológico da criança	Sofreu alguma violência? Relaciona-se bem com os irmãos? Relaciona-se bem com os amigos? Tem sono agitado? Acorda assustado? Gosta de estudar? Gosta da escola? Tem dificuldade em alguma matéria? Mudou muito de escola?
INDSTRESS	Índice de estresse	Durante a gestação: Teve problema com o marido/namorado? Teve problemas com a família? Teve problemas com o emprego? Teve problemas financeiros? Houve morte que causou pesar/ sofrimento? Sofreu algum acidente? Sofreu agressões?
INDDROGA	Índice de droga	Perguntas durante a gestação: Fumou? Bebeu? Usou outro tipo de droga?
INDICE_H	Índice hereditariedade	Há parentes que apresentam: Epilepsia? Alzheimer? Esquizofrenia? Depressão? Deficiência mental? Dificuldade na alfabetização? Dificuldade em Matemática? Problemas de comportamento?

Fonte: Arquivo dos autores, 2015.

Não houve uma relação entre os índices de acertos das questões com os indicadores dos distúrbios ambientais e biológicos referente ao aprendizado do estudante. Apesar de ser uma amostra pequena podemos afirmar que a adequação do teste atendeu as expectativas de contribuição para uma metodologia inclusiva de avaliação.

Ao cruzarmos a variação dependente dos índices de acertos (INDICEAC) com as seis variáveis independentes verificamos que nos valores de t (110) casos considerados para o nono ano e t (125) casos considerados para o sexto ano, os resultados mostraram que em nenhum caso o p-level é igual ou menor que 0.05. Os resultados mostram que os indicadores dos distúrbios não exerceram interferências significativas no desempenho dos estudantes (Tabela 1).

Tabela 1 - Resultado da Regressão Múltipla entre índice de Acertos

Regressão Múltipla entre a variável do índice de acertos e os indicadores dos transtornos.		
Variável Dependente = INDICEAC		
	Numero de Casos = (117) Numero Considerado dos Casos (110) 9º ano	Numero de Casos = (127) Numero Considerado dos Casos (125) 6º ano
Variáveis Independentes	p-level (Significância)	p-level (Significância)
INDDROGA	0.258591	0,534918
INDFISMA	0.939315	0,434250
INDSTRES	0.638348	0.839045
INDFISCR	0.769056	0,869039
INDPSICR	0.955832	0,747588
IND_H	0.421646	0,463272

Fonte: Arquivo dos autores, 2015

É importante ressaltar a necessidade de amostras maiores para afirmações mais precisas. No entanto, esses dados mostram indicadores que atestam para a adequação do teste ao objetivo de incluir alunos com singularidades na construção do conhecimento de Ciências, considerando que os dados apresentados na figura 8, não mostram diferença significativa no desempenho de alunos com indicadores de distúrbios de aprendizagem e os demais.

Considerações finais

Essa pesquisa objetivou a construção de um teste de desempenho em Ciências adequado para que alunos com distúrbios de aprendizagem tivessem a mesma oportunidade de rendimento dos demais. Para isso, as questões foram estruturadas a fim de atender as especificidades desses discentes, por exemplo, diminuir a chance de perderem o foco na questão, com a preparação de um eixo temático que os motivasse a se interessarem pelo contexto do teste, além do uso de enunciados curtos, auxílio de imagens e de áudio.

Os resultados do desempenho em Ciências mostram que é insuficiente investigar apenas a quantidade de acertos e erros, é preciso avaliar o aluno dentro de um contexto que interfere consideravelmente no seu rendimento escolar, como os biológicos e ambientais utilizados nessa pesquisa, dentre outros.

Os resultados mostraram que as adequações feitas na estrutura e nos conteúdos das questões se mostraram significativas de modo que quando comparamos as médias de acerto no questionário de desempenho com as respostas dos responsáveis sobre possíveis indicadores de transtornos, não obtivemos relação significativa. Isso leva a considerar que o teste realmente foi eficaz para dar oportunidades iguais aos alunos respondentes.

REFERÊNCIAS

AFONSO, A. J. **Avaliação educacional**: regulação e emancipação: para uma sociologia das políticas avaliativas contemporâneas. 3. ed. São Paulo: Cortez, 2005.

ALMEIDA, M. S. **Análise de um processo de elaboração de um teste de desempenho em ciências.** 2014. 98 p. Dissertação (mestrado em Ensino de Ciências e Matemática) – Universidade Federal de Sergipe, São Cristóvão, 2014.

AZEVEDO, N. J. M de. **Três estudos sobre as concepções e as crenças acerca da Aprendizagem e das dificuldades na aprendizagem de Ciências.** 2013. 238 f. Dissertação (Mestrado em Educação em Ciências: Química da Vida e Saúde)- Universidade do Rio Grande do Sul, 2013.

BARTHOLOMEU. D.; SISTO. F.; MARIN RUEDA, F. J. Dificuldades de aprendizagem na escrita e características emocionais de crianças, **Psicologia em estudo**, v. 11, n. 1, p. 139-146, 2006.

CAMPOS, L.M.L. (1997). A rotulação de alunos como portadores de "distúrbio ou dificuldade de aprendizagem": uma questão a ser refletida. **Ideias**, 28, 125-140.

CIASCA, S.M; ROSSINI, S. D.R (2000). Distúrbios de Aprendizagem: mudanças ou não? Correlação de dados de uma década de atendimento. **Temas de desenvolvimento**, 8 (48), 11-16.

INEP. **Sistema Nacional de Avaliação Básica** – SAEB, 2011. Brasília: INEP/Ministério da Educação, 2011. Acesso em 23 de novembro de 2014.

MENEZES, M. O. **Relações entre comportamento social e desempenho escolar em ciências:** um estudo com alguns alunos de escolas brasileiras. 2014. 121 p. Dissertação (mestrado em Ensino de Ciências e Matemática) – Universidade Federal de Sergipe, São Cristóvão, 2014.

NEPOMUCENO, K. de M.; CASTRO, M. R. de. O computador como proposta para superar dificuldades de aprendizagem: estratégia ou mito? **Educ. ver.** 2008, n. 31, p. 245-265. Editora UFPR. Disponível em: <http://www.scielo.br/pdf/er/n31/n31a15> . Acesso em: 30 set. 2014.

OLIVEIRA, G. V. A. **Relações entre o desempenho escolar em leitura e a aprendizagem de ciências:** um estudo com alunos do ensino fundamental. 2014. 144 p. Dissertação (mestrado em Ensino de Ciências e Matemática) – Universidade Federal de Sergipe, São Cristóvão, 2014.

RELVAS, M. P. **Neurociências e transtornos de aprendizagem**: as múltiplas eficiências para uma educação inclusiva. Rio de Janeiro: Wak, 2009.

ROCHA, E. H. **Crenças de uma professora e seus alunos sobre o processo de ensino aprendizagem**. 2004. 152 f. Dissertação (Mestrado em psicologia escolar) - Pontifica Universidade Católica de Campinas, Campinas 2004.

ROCHA F. T.; ROCHA, A. F. **Developmental history and learning disabilities.** [S.l.: s.n.]. Disponível em: <http://papers.ssrn.com/sol3/papers.cfm?abstractid =236 7833>. Acesso em: 20 mar. 2013.

SUEHIRO, A. C. B. Dificuldade de aprendizagem na escrita num grupo de crianças do ensino fundamental. **Revista de Psicologia da Vetor Editora**, v. 7, n. 1, p. 59-68, jan./jun. 2006.

TAVARES, H. V. **Apoio pedagógico às crianças com necessidades educacionais especiais dislexia e tdah**. São Paulo: [s.n.], 2008.

O CÉREBRO QUE LÊ

Fabio Theoto Rocha

1. Introdução

Neurociência é o estudo de como o cérebro funciona. Atualmente, a neurociência e a pedagogia tem se aliado para favorecer o aprendizado dos alunos, através da criação de metodologias mais condizentes com as etapas de desenvolvimento cerebral das crianças. Aqui, veremos o que a neurociência tem descoberto acerca do cérebro e de como ele é responsável pelas habilidades cognitivas envolvidas com o aprendizado do conteúdo escolar.

Nosso cérebro é o órgão responsável pelo aprendizado de todo nosso conhecimento (entendimento), assim como pelo desenvolvimento de todas as nossas habilidades motoras e mentais como a linguagem e a matemática, por exemplo. Ele é formado por células chamadas de neurônios. Todo o cérebro é um conjunto enorme de neurônios ligados uns aos outros (100 bilhões de neurônios, cada neurônio podendo se ligar a outros 1.000 neurônios em média). Essas ligações, ou conexões, são o que chamamos de ***sinapses***. Mas, os neurônios não se conectam de qualquer maneira. Eles formam conexões entre si em áreas específicas, ficando cada área responsável pelo processamento de um determinado tipo de informação (visual, tátil, motora, verbal, auditiva).

Assim, todo aprendizado depende da maneira e da eficiência com que os neurônios se conectam entre si em cada área e também de como essas áreas se conectam umas às outras, estabelecendo circuitos ou caminhos para processamento dos diversos tipos de informações. A área da audição deve se conectar corretamente com a área da visão para sermos capazes de visualizarmos o que estamos ouvindo e, vice-versa, sermos capazes de falarmos sobre o que vemos. Esse é um fato que não nos atentamos, mas o ser humano utiliza grande parte do seu cérebro para o processamento visual. Dessa forma, boa parte de tudo que conhecemos e somos capazes de compreender pela linguagem depende da nossa capacidade de visualização, de imaginarmos visualmente aquilo que ouvimos. Por isso, é muito importante que todas as nossas atividades sejam ilustradas adequadamente.

Quando o bebê nasce, o seu cérebro começa a processar todas as informações que recebe dos cinco sentidos (visuais, sonoras, táteis, olfativas e gustativas) e precisa compreender o significado dessas informações. Essas informações são sempre provenientes do contexto específico que está ao seu redor. Ao mesmo tempo, ele precisa aprender a gerar suas próprias informações, através das suas ações, para responder ao mundo que o cerca. Dessa maneira, o cérebro do bebê começa a estabelecer as conexões entre seus neurônios, associando uma informação à outra, criando uma rede de significados que estão relacionados entre si.

Dessa maneira, para criarmos os caminhos entre os neurônios responsáveis por um determinado aprendizado, é muito importante que nossas atividades pedagógicas estejam sempre contextualizadas em um assunto da vida prática, pois foi assim que ocorreu todo o aprendizado da criança antes dela chegar à escola.

O conhecimento de como o cérebro funciona e sua relação com o aprendizado nos auxilia a compreender as dificuldades que muitos alunos encontram. Esse conhecimento também pode nos ajudar na elaboração de uma matriz que respeite as necessidades desses alunos. Por exemplo, você já viu uma criança que fala o que está escrito, mas não entende o que falou? Como será que isso é possível?

Neste texto, vamos ver como o cérebro nos permite desenvolver a habilidade de leitura. Para isso, vamos inicialmente apresentar as áreas cerebrais envolvidas com essa habilidade. Em seguida, discutiremos como essas áreas podem se conectar entre si para produzir dois caminhos distintos, mas complementares de se ler, o caminho lexical e o caminho fonológico.

Figura 1 - As áreas cerebrais envolvidas com a leitura

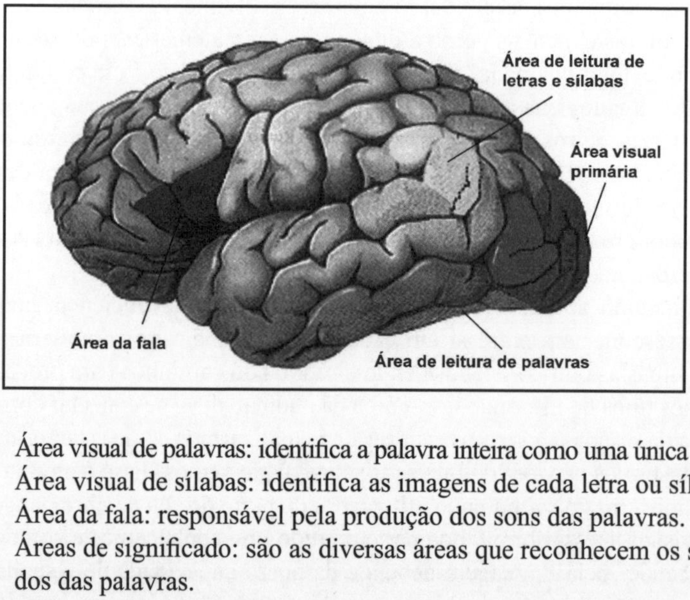

1. Área visual de palavras: identifica a palavra inteira como uma única imagem;
2. Área visual de sílabas: identifica as imagens de cada letra ou sílaba;
3. Área da fala: responsável pela produção dos sons das palavras.
4. Áreas de significado: são as diversas áreas que reconhecem os significados das palavras.

No caso do nome de um objeto, como *tesoura*, por exemplo, serão ativadas as seguintes áreas cerebrais:

- visuais de objetos que nos fazem lembrar da sua imagem;
- visuais espaciais que recriam na nossa mente os possíveis ambientes onde esse objeto é encontrado;
- motoras que executam a ação relacionada a esse objeto.
- No caso de um verbo, como *comer*, por exemplo, serão ativadas as áreas cerebrais:

- motoras que executam o movimento do verbo;
- do olfato e paladar que recriam o sabor do que estamos pensando em comer.

Figura 2 – As áreas associadas ao significado de uma palavra

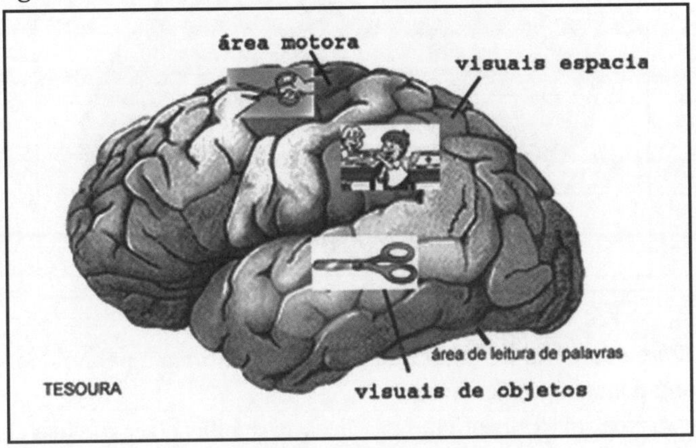

Os caminhos Lexical e Fonológico de leitura

Após criar as conexões neurais necessárias para compreensão do significado das palavras envolvidas com o tema trabalhado (Banco de Palavras), nosso cérebro pode conectar agora as áreas linguísticas basicamente de duas maneiras diferentes, permitindo ao aluno duas estratégias para leitura dessas palavras: pelo circuito neural lexical ou pelo circuito neural fonológico.

Os passos do caminho Lexical

Pelo **caminho lexical**, recuperamos o significado das palavras pela sua forma visual, ou seja, não precisamos saber o som que a palavra tem na linguagem oral para compreendermos o que está escrito. Nossos neurônios visuais, que reconhecem a palavra escrita se conectam diretamente com os neurônios que representam o significado da palavra. É assim, por exemplo, que um deficiente auditivo é capaz de aprender a ler e escrever.

Figura 3 – O Caminho Lexical de leitura

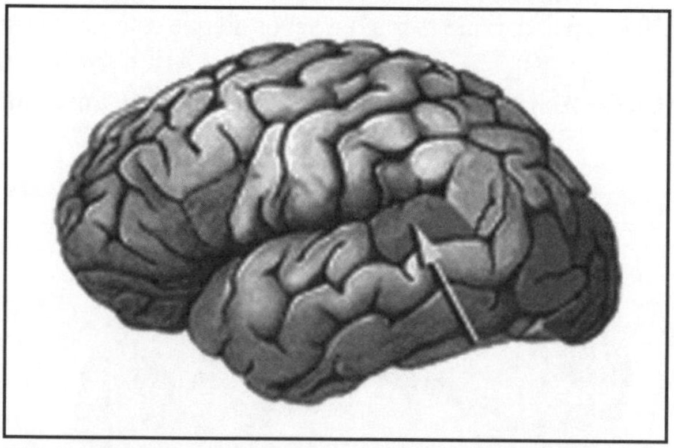

1. A área cerebral de leitura de palavras identifica a palavra como um todo, ou apenas algumas letras;
2. essa área ativa os neurônios das áreas de significado envolvidas com a palavra.

Concluídos esses dois passos, o aluno efetuou a leitura, pois compreendeu o significado do que está escrito. Em seguida, os neurônios do significado podem ativar os neurônios que controlam a fonação, fazendo com que o aluno fale o que leu.

Os passos do caminho Fonológico

Pelo **caminho fonológico**, fazemos a ***transcrição grafema-fonema*** para produzirmos o som da palavra pela fala e pelo seu som recuperarmos o seu significado. Os neurônios visuais ativam os neurônios da fala e esses, por sua vez, ativam os neurônios do significado da palavra.

Figura 4 – O Caminho Fonológico de leitura

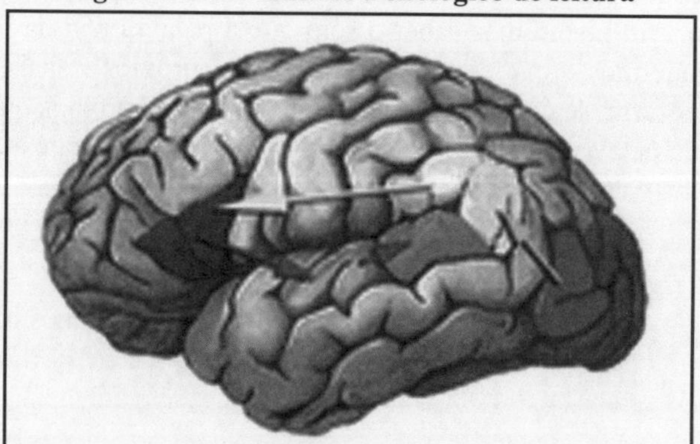

1. A área cerebral de leitura de sílabas identifica cada sílaba da palavra isoladamente e;
2. ativa os neurônios da área da fala que produzem os seus sons.
3. Esses neurônios da fala, em seguida, ativam os neurônios das áreas de significado.

Considerações Importantes

É importante reforçar que ler significa compreender o que está escrito. Se o aluno falar e não entender, não podemos considerar que ele leu, mas sim que apenas produziu os sons das palavras. Por exemplo: ao falar a palavra escrita "AMABAMINI", o aluno pode identificar as sílabas, produzir os seus sons, porém não ativará os neurônios de significado, pois essa palavra não tem significado.

Por outro lado, existem casos em que o aluno pode produzir o som de uma palavra que ele conhece, mas não ativar os neurônios do seu significado. Por exemplo, no caso da palavra bola, o aluno pode ser capaz de identificar as sílabas e produzir os seus sons isoladamente: *bo... la*. Mas, ao fazer isso ele pode não perceber que esses sons juntos formam a palavra *bola* que ele conhece. Ocorrendo isso, não serão ativadas as áreas de significado, fazendo com que o aluno não entenda o que acabou de falar.

Se a criança falou, mas não entendeu o significado, então ela usou apenas o caminho fonológico sem ativar os neurônios do significado. Ela foi capaz de produzir os sons da palavra, mas não compreendeu o seu significado. Nesse caso, podemos dizer que a criança fez a fonação da palavra, mas não a sua leitura, uma vez que não entendeu o que fonou.

Como vimos, pelo caminho fonológico a criança pode fonar (falar) e não ler, mas pelo caminho lexical a criança só consegue fonar depois de compreender o significado da palavra escrita, ou seja, ter efetuado a leitura.

Como conclusão final, precisamos deixar claro que o cérebro utiliza sempre os dois caminhos ao mesmo tempo. Dessa forma, sugerimos trabalhar com atividades que favoreçam cada um dos caminhos, para que assim alunos que tiverem dificuldade em aprender por um caminho (caso tenham algum distúrbio) possam seguir pelo outro. A presente matriz leva em consideração esses dois caminhos e sugere as atividades adequadas para cada um no seu devido tempo dentro da evolução cognitiva do aluno.

É uma característica comum do cérebro executar a mesma tarefa de diversas maneiras. Isso aumenta a chance de sucesso e garante que, mesmo que ele sofra uma lesão em alguma área envolvida com uma das maneiras de se executar essa tarefa, o indivíduo ainda poderá desempenhá-la.

A maioria dos alunos utiliza ambos os caminhos, mas alunos com algum distúrbio podem encontrar dificuldade com um caminho ou outro. Dessa forma, as atividades apresentadas nesse material procuram favorecer a construção de ambos os caminhos no cérebro da criança respeitando assim as diferenças e promovendo uma inclusão mais significativa.

Devemos sempre nos lembrar que a leitura propriamente dita deve garantir a compreensão do significado daquilo que está escrito. Ou seja, se o aluno faz a transcrição grafema-fonema, mas não compreende o que está escrito, não podemos considerar que ele efetuou uma leitura.

2. As Fases do Desenvolvimento da Leitura

Em um desenvolvimento cerebral normal, observa-se as seguintes etapas no aprendizado da leitura, envolvendo os caminhos lexical e fonológico:

Fase Pré-Silábica

Na primeira fase, chamada de Fase Pré-silábica, a criança identifica, pela área de leitura de palavras, apenas algumas das letras da palavra.

Por exemplo, a criança pode identificar apenas as letras B e L para reconhecer a palavra bola e acessar o seu significado.

Esse reconhecimento é feito porque os neurônios da área de leitura de palavras ativam diretamente os neurônios do significado. Esses neurônios, no caso dessa palavra, vão recuperar da memória não só sua imagem, mas também as ações motoras associadas com esse objeto e as experiências vivenciadas com ele.

Os neurônios que reconheceram o significado dessa palavra, podem agora ativar os neurônios de fonação e, desse modo, a criança falará o nome completo bola.

Fase Silábica

À medida que a criança vai aprendendo mais palavras, vai precisando usar mais letras para distinguir cada uma delas. Ela começa, então, a usar a área de leitura de sílabas e começa a aprender a identificar as sílabas, entrando assim na Fase Silábica.

Por exemplo, começa a identificar separadamente as sílabas BO e LA da palavra BOLA. Os neurônios da área de leitura de sílabas ativam os neurônios da fala para produzir os sons bo ... la. Em seguida, esses neurônios da fala podem ativar os neurônios do significado da palavra BOLA.

Fase Ortográfica

À medida que o aprendizado prossegue, a criança vai descobrindo a estrutura das sílabas mais complexas, como por exemplo: lau, com, bla, pra, etc. Deve também começar a aprender as "regras" do uso do S, Z, R, RR, etc.

Dominar essas regras é, na verdade, desenvolver o caminho lexical de leitura aprimorando a conexão entre os neurônios de leitura de palavras para que eles memorizem quais são as letras exatas para se escrever cada palavra.

O ponto mais importante é que quanto mais aprimoramos a leitura, mais uso fazemos do caminho lexical. Quanto mais aprimoramos a leitura, menos letras usamos para reconhecer as palavras.

Ao contrário do que imaginamos, a leitura eficiente não se faz através de um processo de identificação de cada sílaba da palavra, mas sim pela identificação da palavra como um todo.

Essas são as etapas observadas em alunos com um desenvolvimento normal dos caminhos cerebrais. No entanto, sabe-se hoje que uma série de fatores que ocorrem durante a gestação, parto ou primeira infância das crianças pode alterar a maneira como o seu cérebro estabelece esses caminhos. Com isso, certas crianças podem encontrar dificuldades em aprender a ler dependendo da metodologia pedagógica aplicada. Ou seja, se o cérebro da criança não criar corretamente o caminho fonológico, por exemplo, ela terá sérias dificuldades se a metodologia empregada se basear apenas na transcrição grafema-fonema.

Conhecendo como o cérebro conecta suas diversas áreas, podemos propor uma metodologia pedagógica que contribua para o desenvolvimento de ambos os caminhos de leitura, beneficiando assim todos os alunos independentemente de suas diferenças pessoais.

3. O letramento

O objetivo final do processo de alfabetização é fazer com que os alunos desenvolvam sua capacidade de interpretação e produção de diversos tipos de textos. Assim, eles terão uma maior chance de se inserirem de maneira crítica no mundo da leitura criado pelos meios de comunicação. Com isso, podem se tornar cidadãos que venham a ter uma participação mais ativa nas decisões da sua sociedade. Ou seja, buscamos desenvolver em nossos alunos a capacidade de realizar uma ***análise do discurso*** para se compreender não só o seu significado, mas também o seu ***sentido***.

Desse modo, o processo de alfabetização desde o início deve buscar esse fim. Para isso, temos desde o primeiro momento atividades para compreensão e produção de textos de forma oral e ilustrada. Assim, conforme forem dominando o código escrito, os alunos podem utilizá-lo para adquirirem novos conhecimentos, fazerem uma leitura atenta às intenções ideológicas presentes no texto, serem capazes de gerarem suas próprias ideias e opiniões e se expressarem de forma coerente e coesa.

4. A memória executiva

Para criarmos essa capacidade de raciocínio e interpretação dos significados, precisamos desenvolver a região frontal do cérebro responsável pelo o que se chama memória executiva. A memória executiva permite que o indivíduo lide com uma grande quantidade de informações e também que ele relacione essas informações a um contexto mais amplo. Sem ela, os fatos ficam fragmentados e o indivíduo não é capaz de raciocinar de forma coesa.

5. A leitura de frases

Para efetuarmos a leitura de cada palavra de uma frase, vimos que temos os dois caminhos no cérebro, descritos acima. Agora, para estabelecermos a relação entre as palavras e compreendermos o significado de uma frase faz-se necessário o recrutamento de outros neurônios, agora da área mais frontal do cérebro (Figura 5 - vermelho).

Os neurônios dessa área frontal mantêm ativados os neurônios que foram recrutados durante a compreensão de cada uma das palavras que já foram lidas. Esses neurônios frontais também buscam a relação que pode existir entre cada uma delas. A compreensão do significado da frase se dá quando a combinação correta é encontrada.

Por exemplo, vamos analisar a frase "O gato mordeu o rato":

Figura 2 – A compreensão de uma frase

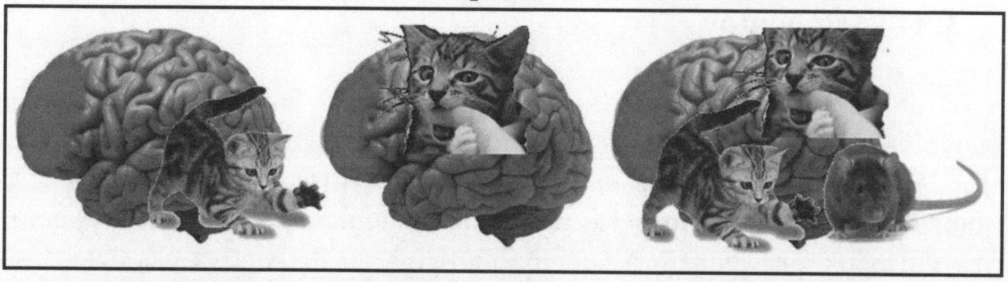

1 - Primeiro, o nosso cérebro faz a leitura da palavra *gato*. Nesse momento, já ativa todos os neurônios associados com o significado desse animal, incluindo os neurônios da área motora do cérebro relacionados às ações de morder, unhar, miar e pular.
2 - Ao ler a palavra *mordeu* nosso cérebro confirma a ativação das possíveis ações executadas por um gato.
3 - Por fim, ao ler a palavra *rato* os neurônios frontais estabelecem a relação entre os dois animais e ação que um deles executou sobre o outro.

Dessa maneira, compreendemos não só o significado de cada uma das palavras, mas também recriamos o evento que foi descrito pela combinação de palavras utilizadas na frase.

A concatenação dos significados em uma frase se dá pelo controle que os neurônios frontais fazem da ativação das áreas cerebrais envolvidas com a significação de cada palavra dessa frase.

Se lermos cada palavra isoladamente como no caso abaixo, podemos ativar os neurônios responsáveis pelos seus respectivos significados, mas não necessariamente compreendemos qual é a relação entre essas palavras.

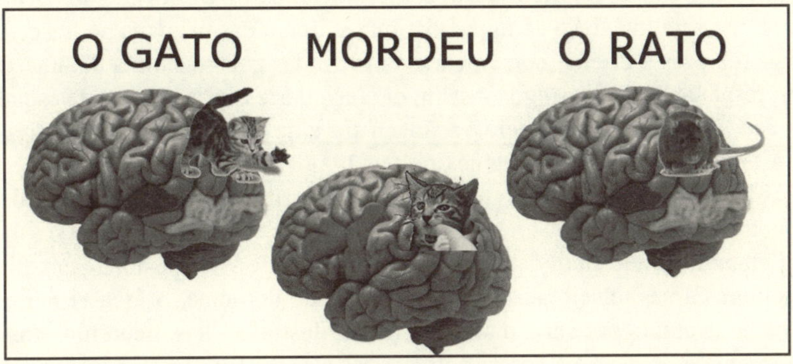

1 - No caso do nome GATO, ativa-se a área de Wernicke, vista na introdução, como a área que vai levantar o significado da palavra. Nesse caso, a área de Wernicke (azul) ativa os neurônios de áreas visuais (amarelo) para recriar a imagem do nome representado pela palavra*.
2 - No caso do verbo MORDEU, tanto o caminho lexical, quanto o caminho fonológico, podem ativar agora a área de Broca (vermelho), que pela sua proximidade com a área motora do cérebro, ativam os neurônios que controlam os movimentos envolvidos com a ação representada pelo verbo.
3 - novamente, no caso do nome RATO, ativamos a área de Wernicke, pelos caminhos lexical e fonológico, e em seguida os neurônios visuais relacionados com a imagem desse animal*.

Agora, para compreendermos que foi o GATO quem mordeu o RATO e não o contrário, a nossa língua utiliza uma regra que é a ordem das palavras. Como a palavra GATO apareceu antes do verbo MORDEU, então foi ele quem mordeu o rato. Essa regra é executada justamente pelos neurônios da área frontal do cérebro que mantém ativadas as áreas que foram sendo recrutadas para recuperarmos o significado de cada uma das palavras que lemos. No exemplo abaixo, temos um neurônio frontal (fora de proporção) mantendo ativados todos os neurônios relacionados ao significado de cada palavra.

No entanto, durante uma leitura, o aluno pode não estabelecer essa regra ao mesmo tempo em que efetua a leitura de cada uma das palavras e assim, não compreender o significado da frase em si, mas somente de cada palavra isoladamente. Nesse caso, o que acontece é que os neurônios frontais falham em tentar manter ativadas as áreas que reconheceram o significado de cada palavra ou não conseguem estabelecer a correta relação entre elas.

Isso pode se dar pelo tempo de leitura do aluno. Ou seja, se o aluno demora muito para ler cada palavra, os neurônios frontais perdem sua conexão e quando o aluno terminar de ler a última palavra ela já não se lembra mais das outras palavras já lidas da frase.

Desenvolver a habilidade de leitura de frases começa com um bom domínio dos caminhos lexical e fonológico, para que o aluno possa efetuar a leitura de cada palavra o mais rápido possível e não comprometer assim a conexão dos neurônios frontais. Em seguida, deve compreender que a ordem das palavras na frase escrita, da esquerda para a direita, corresponde à ordem das palavras orais de uma frase e devem respeitar a mesma regra. Assim, ele reconhece que a palavra da esquerda é quem executou a ação, a do meio a ação em si e a da direita quem sofreu essa ação.

A leitura e compreensão de textos se dão por um processo semelhante ao de frases. Mas, agora os neurônios frontais vão manter ativados os significados de cada frase lida anteriormente.

Lembramos que além das áreas visuais, a área de Wernicke também ativa diversas outras áreas relacionadas com o significado do nome. A área visual é utilizada como exemplo por ser a mais fácil de ser ilustrada. Mas, neurônios das áreas cerebrais que processam as nossas outras sensações também serão ativados, recuperando as informações que temos acerca do possível cheiro, gosto e tato do objeto ou animal descrito pelo nome em questão.

6. Leitura de textos

Se tornar um leitor competente não exige apenas a leitura e compreensão do significado das palavras e frases. Ao começarmos a unir as palavras em frases, criamos novos significados que não estão nas palavras em si, mas na relação entre elas dentro da frase. Consequentemente, a conexão de frases dentro de um texto vai criando significados cada vez maiores e mais complexos tomando a forma de ideias, conceitos, opiniões, e assim por diante.

Portanto, reiteramos nesse caderno que o objetivo final da alfabetização dos nossos alunos deve olhar para o desenvolvimento da sua capacidade de fazer uma leitura mais crítica dos textos veiculados pelos meios de comunicação. Assim, podem se tornar cidadãos com uma participação mais ativa nas decisões da sua sociedade. Para tanto, a maior parte dos objetivos pedagógicos aqui se foca na interpretação de textos, buscando assim, não só o que o que chamamos de alfabetização (saber ler e escrever), mas principalmente o letramento dos nossos alunos.

O CÉREBRO MATEMÁTICO

Fabio Theoto Rocha

1. Introdução

Há uma crença muito arraigada na nossa cultura de que nossa habilidade de contar e calcular nos distingue dos animais. Somo levados a acreditar que a matemática é coisa dos seres **racionais**, isto é, dos homens e que os animais, seres **irracionais**, não podem ser tão expertos a ponto de saberem quantificar e calcular.

No entanto, experimentos com diversos animais mostram que a contagem e cálculo são habilidades inatas que garantem a sua sobrevivência. Apesar deles não utilizarem um numeral para representar as quantidades, eles precisam o tempo todo saber onde há mais comida e menos inimigos. Caso contrário, estão fadados à extinção.

No caso de esquilos, por exemplo, eles estocam diferentes alimentos em vários lugares e sabem em qual estoque há mais comida e em qual há menos. Assim, quando vão esconder o alimento coletado, eles se dirigem aos lugares onde tem pouca comida estocada. Por outro lado, quando estão com fome, eles se dirigem aos lugares onde há mais comida guardada.

Figura 1 – A quantificação e o cálculo no cérebro dos animais

Em 1992, a pesquisadora Karen Wynn realizou uma experiência marcante com bebês humanos. Ela já sabia que quanto mais algum evento fosse novidade para um bebê com mais frequência ele executava o movimento de sucção. Para calcular, então, o quanto algo chamava a atenção de um bebê já haviam inventado uma chupeta com sensores que mediam o quanto o bebê estava interessado naquilo que lhe era mostrado.

Usando um teatrinho de marionetes, a Dra. Karen adicionava ou retirava bonecos, como se estivesse realizando pequenas adições e subtrações. Depois mostrava o resultado para o bebê. Sempre que o resultado era correto, o bebê não prestava muita atenção.

Entretanto, a Dra. Karen algumas vezes tentava enganar o bebê. Primeiro, ela mostrava uma certa quantidade de bonecos no palco, 2 por exemplo. Em seguida, fechava uma cortina para que o bebê não pudesse mais ver o palco. Em seguida, ela adicionava um boneco pela lateral do palco, enquanto o bebê observava. Mas, sem que o bebê visse, ela retirava esse boneco pelos fundos do palco. Por fim, ela abria a cortina e o bebê podia ver os 2 bonecos que continuavam no palco. Sempre que ela tentava enganar o bebê dessa forma, ele protestava sugando a chupeta mais depressa e com mais força, mais ou menos querendo dizer: "Tem algo estranho nisso! 2 mais 1 não pode ser 2" Ou seja, ele mostrou que é capaz de reconhecer quantidades e realizar operações de soma e subtração, antes mesmo de saber falar e de conhecer os numerais.

Figura 2 – A matemática no cérebro do bebê humano

Essas pesquisas mostram que nós, os seres humanos, herdamos e aprimoramos, durante a evolução, vários caminhos cerebrais para quantificação e cálculo aritmético. E o mais importante, mostra que a habilidade matemática não depende da linguagem. Ou seja, não precisamos saber ouvir e falar para desenvolvermos nossas habilidades de contagem e cálculo.

Diversas outras pesquisas têm mostrado que a contagem não é, como tradicionalmente se considera, um mero recitar de nomes de números (um, dois, três, etc.). O contar é, antes de tudo, controlar uma trajetória motora dos olhos e dedos, ou seja, ordenar os movimentos oculares e manuais para identificar os objetos que serão quantificados.

Essa ordenação dos movimentos é realizada pelos neurônios da região frontal do cérebro, a identificação dos objetos a serem quantificados ocorre na região occipito-temporal e a quantificação mesmo desses objetos é feita pelos neurônios da região parietal.

Figura 3 – O processo de contagem

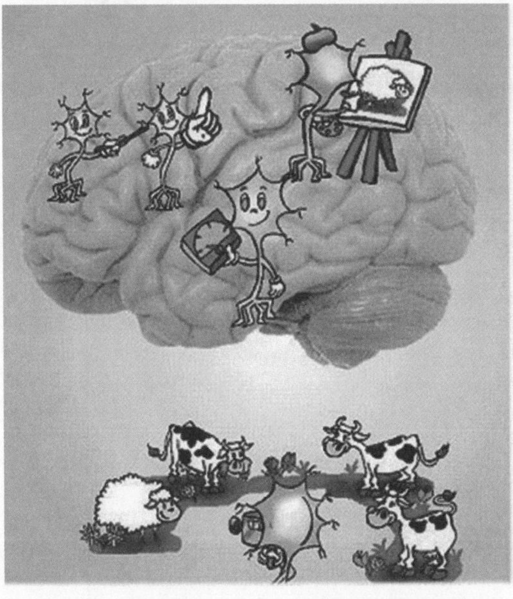

Como vimos, já nascemos com os caminhos cerebrais que nos permite localizar objetos no espaço e acumular a quantidade de objetos identificados. No entanto, nascemos com uma capacidade de fazer isso com quantidades pequenas. Aprimorar esses caminhos cerebrais é a nossa tarefa enquanto educadores.

2. A Contagem

A contagem em si, segundo achados das neurociências, envolve dois processos cerebrais distintos, a ordenação e a quantificação.

No processo de contar, neurônios localizados no lobo frontal controlam os movimentos coordenados dos olhos para focar o objeto, e da mão para apontar ou marcar.

Um mecanismo básico para o processo de contagem foi proposto por Meck e Church, em 1983, baseado em um conjunto de neurônios Quantificadores, que representam a quantidade de objetos já identificados. O modelo da Figura 4 utiliza essa ideia para propor um circuito básico para o processo de contagem e cálculo que incorpora os principais achados na literatura científica.

Figura 4 – O caminho cerebral de contagem envolvendo os processos de ordenação e quantificação

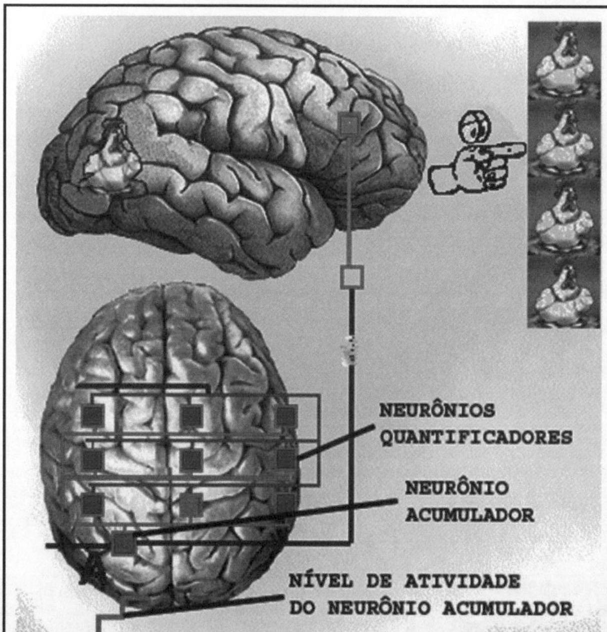

ORDENAÇÃO
Neurônios frontais coordenam a movimentação do olho e da mão para identificarmos cada objeto que queremos contar.

QUANTIFICAÇÃO
Toda vez que um objeto é identificado, a atividade de um neurônio acumulador aumenta. Esse neurônio acumulador vai ativando, por sua vez, o respectivo neurônio quantificador que representa a quantidade de objetos identificados.

Nesse modelo, um neurônio Identificador identifica o objeto a ser contado. A cada identificação, o neurônio Identificador envia um pulso para o neurônio Acumulador A que muda seu nível de atividade. Esse neurônio Acumulador A está conectado a um conjunto de outros neurônios que são chamados de Quantificadores. Propõe-se que no cérebro, dois grupos de neurônios Quantificadores são formados: os Quantificadores Proporcionais e os Sequênciais. O neurônios Quantificadores Sequênciais gravam a sequência dos objetos contados, enquanto que os neurônios Quantificadores Proporcionais guardam a quantidade total de objetos contados a cada momento.

No processo de contar, localizamos e apontamos um objeto de interesse. Quando isso ocorre, o nosso neurônio Identificador aumenta a atividade do nosso neurônio Acumulador A em uma unidade, que por sua vez se comunica com um neurônio Quantificador Proporcional e com um neurônio Quantificador Sequêncial. Esse processo de contagem é chamado de **Contagem por Unidade**.

Quando se reconhece o primeiro objeto, aumenta-se a atividade do neurônio Acumulador, que por sua vez ativa o neurônio Quantificador que representa a **quantidade um**. O reconhecimento do segundo objeto aumenta ainda mais a atividade do neurônio Acumulador, que por sua vez ativa agora o neurônio Quantificador que representa a quantidade **dois**, e assim por diante.

Aprender a contar é, portanto, aprender a definir uma trajetória eficaz para seguir, com os olhos e os dedos, os objetos a serem quantificados. Esse controle deve evitar que se conte mais de uma vez o mesmo objeto e que se esqueça de contar algum deles. Não repetir a contagem significa que não se deve focar mais de uma vez cada objeto. Se isso acontecer, deve-se lembrar de que o objeto já foi contado e inibir o aumento de atividade do neurônio Acumulador.

Não se esquecer de contar algum objeto, significa que a trajetória do olho e mão deve passar por todos os objetos do conjunto. Um deslocamento ordenado do olho e mão favorece que todos os objetos sejam localizados. A otimização do processo de contar, portanto, requer uma otimização do controle do olho e mão, para que as trajetórias mais eficientes e mais precisas identifiquem todos os objetos a serem contados uma única vez e dentro do menor tempo possível.

Como educadores, muitas vezes propomos exercícios de contagem nos quais os objetos estão dispostos de maneira a facilitar erros. Disposição de objetos em trajetórias circulares pode ocasionar a contagem do mesmo elemento mais de uma vez (Figura 5).

Figura 5 – Disposição dos objetos a serem contados

Devemos sempre nos lembrar de que a criança, na aprendizagem do contar, está aprendendo a controlar os dedos e os olhos. Por isso, devemos facilitar esse aprendizado, sinalizando corretamente a trajetória a ser realizada. Isto pode ser feito através de setas, cores, disposições geométricas adequadas, etc. (Figura 5).

3. Contagem por bloco

Na contagem sequencial unitária, cada elemento é identificado individualmente, e o nível do neurônio Acumulador é sempre incrementado de uma unidade. É o processo de contar 1, 2, 3, ...e assim por diante.

As neurociências têm mostrado também que os humanos e os animais são capazes de contar rapidamente pequenas coleções de objetos (1 a 5), no processo chamado de **Contagem por Bloco**. O modelo da Figura 4 pode ser facilmente adaptado para esse tipo de processamento, bastando para isso, assumir que o neurônio Identificador poderá reconhecer e quantificar essas pequenas coleções, de modo que o número de pulsos que enviará para o neurônio Acumulador A dependerá do número de elementos identificados no bloco.

Na contagem por bloco, vários objetos são identificados visualmente em um mesmo instante, sem a necessidade de movimentação ocular. Isso, faz com que a atividade no neurônio Acumulador aumente de forma equivalente à quantidade de objetos identificados. Em consequência, o neurônio Acumulador ativará diretamente o neurônio Quantificador que representa a quantidade de objetos identificados.

Nossa capacidade de contagem por bloco está limitada, inicialmente, por nossa acuidade visual. A criança pode identificar, facilmente, blocos com poucos elementos: 2, 3... talvez 4 e raramente 5 elementos. Entretanto, o aprendizado pode melhorar esse reconhecimento. Mas mesmo assim, ele continua limitado. Nós reconhecemos com facilidade blocos de 4, 5 e 6 objetos. E com dificuldade crescente, blocos de 7, 8, 9 e talvez até 10 elementos. Por essa razão, o Dominó é um jogo com blocos até seis.

4. O Cálculo

Os neurônios Acumuladores e Quantificadores que representam as quantidades podem formar inúmeros circuitos no nosso cérebro, com os quais podemos realizar os cálculos entre qualquer combinação de quantidades. Conforme aprimoramos nossa habilidade de contagem e decomposição das quantidades, mais circuitos criamos no nosso cérebro. Dessa forma, fica evidente que não decoramos nunca a tabuada, da maneira como tradicionalmente se pensa, recitando as fórmulas: *dois mais dois é quatro, dois mais três é cinco...* Mas, cada vez que vamos fazer uma conta com dois operandos, por exemplo, ativamos neurônios quantificadores em dois circuitos diferentes para que o resultado seja dado pela comunicação entre eles.

Figura 6 – Circuitos em paralelo para realização dos cálculos aritméticos. Apesar de estarem ilustrados na mesma posição, temos na imagem acima dois circuitos que operam paralelamente, um para reconhecer a quantidade 3 e outro para reconhecer a quantidade 4. Quando os dois se conectam é que temos o resultado da adição entre as duas quantidades

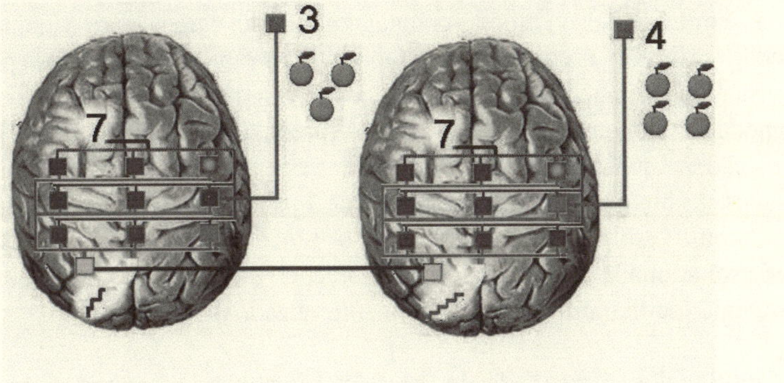

Os resultados de pesquisas científicas sugerem que os processos de cálculo aritmético são suportados por caminhos cerebrais semelhantes àqueles utilizados no processo de contar. Além disso, propõe-se que podemos utilizar diferentes estratégias de cálculo, suportadas por caminhos cerebrais distintos, na solução de uma mesma operação. O cálculo aritmético é um processo neural complexo, que envolve várias etapas (Figura 7):

Figura 7 – O processo de cálculo

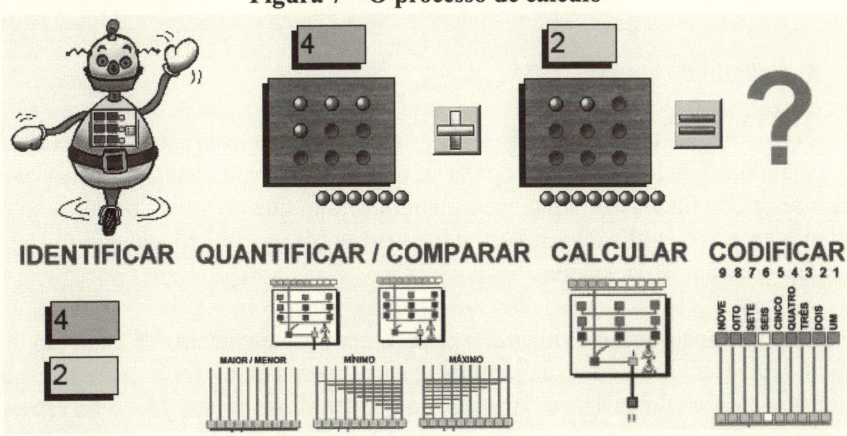

Identificação: nesta etapa, temos que reconhecer os números do cálculo e o tipo de operação a realizar. Em outras palavras, devemos reconhecer os operandos, sejam eles apresentados oral, visual, ou textualmente e compreender a situação em si. Esse processo está simbolicamente representado pela ação do neurônio Identificador no modelo aqui proposto;

Quantificação: associa-se, nesta etapa, os números identificados aos neurônios Quantificadores proporcionais. Isto é, define-se o significado desses números em relação à sua quantidade;

Operação: o cálculo aritmético é realizado através da simulação do processo de contar por unidades ou bloco. A contagem unitária é mais lenta e ineficaz no caso do produto e divisão. A contagem por bloco é mais rápida, mas limitada pela capacidade visual de reconhecimento desses blocos. A frequência de uso da contagem por bloco pode ser aumentada, se os operandos forem submetidos a um processo de decomposição, no qual são reinterpretados como operações de números representáveis por blocos. Assim, por exemplo a quantidade 7 passaria a ser representada como 5 + 2, isto é, como resultado da operação com os blocos 5 e 2. Nesse caso, a operação 7 + 5 seria solucionada com um cálculo envolvendo os blocos 2, 5 e 5. Aliás, esse tipo de estratégia facilitará posteriormente o aprendizado da álgebra.

Codificação: o resultado de um cálculo aritmético, segundo o modelo aqui proposto, está representado pelos neurônios Quantificadores Proporcionais. Para o resultado ser agora codificado em linguagem verbal ou gráfica, esses neurônios precisam ativar os neurônios da fonação ou da mão respectivamente.

As diferentes etapas acima descritas são suportadas por caminhos cerebrais distintos, o que torna o processamento aritmético uma atividade que envolve inúmeras áreas cerebrais. Essas áreas se envolvem diferentemente na solução de cada uma das operações, de acordo com as diferentes estratégias utilizadas.

O Cálculo de Soma

O processo de calcular pode ser visto como semelhante ao processo de contar. Por exemplo, na soma temos que contar os elementos de cada conjunto para obtermos o resultado final. As neurociências têm mostrado que no aprendizado da soma a criança aprende a utilizar várias estratégias para obter o resultado, a maioria delas baseadas no processo de contar:

Manipulação Total: Primeiro, a criança conta os elementos de cada um dos conjuntos a serem somados para identificar cada operando, e depois conta todos os elementos dos conjuntos a serem somados para identificar o resultado. Essa estratégia é pouco eficiente, tanto do ponto de vista de tempo quanto de erro. É a estratégia mais empregada no começo do aprendizado e cai em desuso à medida em que o mesmo se estabelece.

Figura 8 – Manipulação total

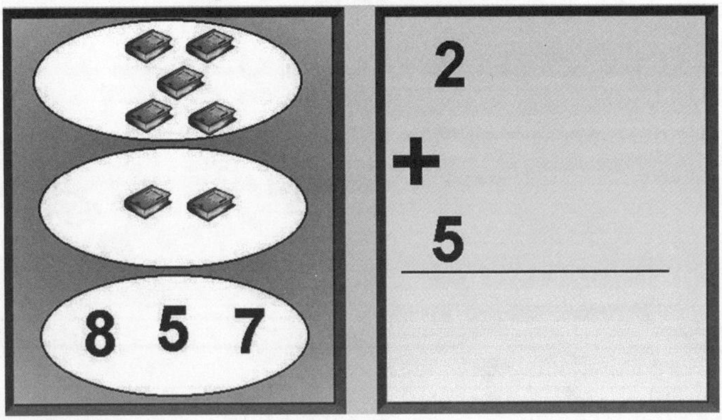

Manipulação Simplificada: A criança passa a utilizar uma contagem sequencial dos elementos dos dois conjuntos de operandos. Abandona, assim, a contagem de cada um dos conjuntos de operandos, para acelerar o processo e reduzir o erro. É uma estratégia que será mantida durante toda a vida, embora a frequência de seu uso diminua com o aprendizado. Mas quem é, que de vez em quando, não soma contando nos dedos?

Figura 9 – Manipulação simplificada

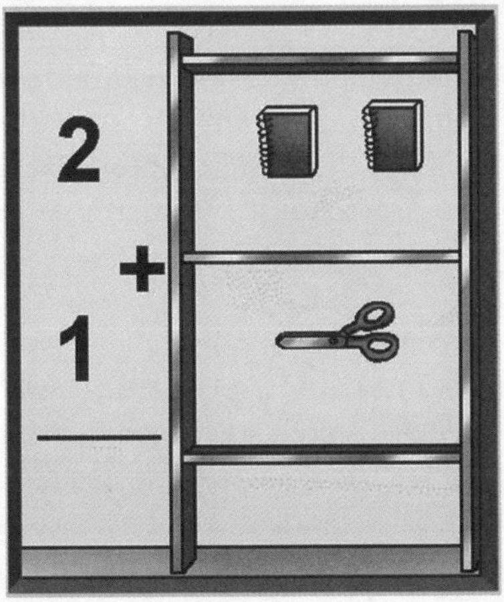

Regra do Mínimo: Essa estratégia começa a aparecer à medida que a criança aprimora sua representação de quantidades. Agora, identifica em bloco os elementos de um dos conjuntos. Depois, utiliza o processo de contagem serial para adicionar o segundo operando. Numa otimização desta estratégia, a criança aprende a identificar o maior conjunto dos operandos, para carregar em bloco o maior dos números a serem somados. A utilização da estratégia da Manipulação Mínima será mantida durante toda a vida como uma estratégia importante de cálculo.

Figura 10 – Regra do mínimo

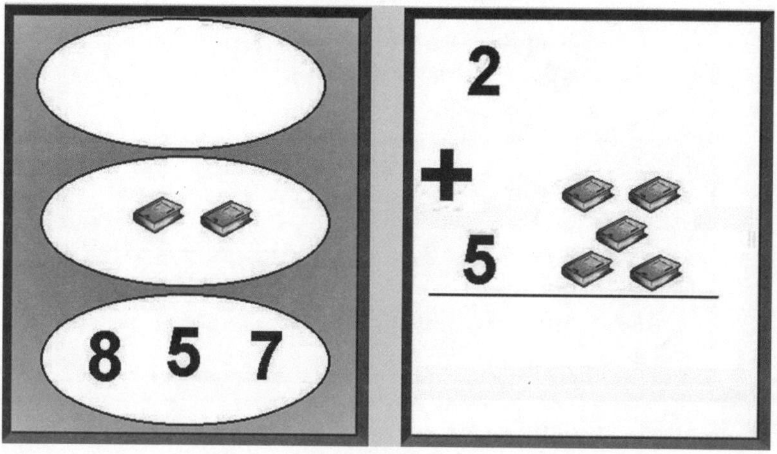

Manipulação Mental: nessa estratégia, não se observa mais a manifestação ostensiva dos dedos no processo de contagem.

Quando tem início a fase da **Manipulação Mental**, se começa a crer que se decorou a tabuada. Na realidade, apenas está havendo uma otimização do processo de cálculo, através da simulação mental do processo de contar. A criança agora passa a simular mentalmente o processo de contar, que pode ser:

- **Serial:** neste caso o tempo para obtenção do resultado fica dependente do tamanho dos operandos, ou
- **Bloco:** neste caso o tempo para obtenção do resultado passa a ser independente do tamanho dos números, e proporcional ao número de operandos.

Todos os processos cerebrais envolvidos no contar, discutidos anteriormente, são utilizados na **Manipulação Mental**. Apenas não se movimenta mais os dedos e com isso o processo é acelerado. A crença de que utilizamos a linguagem para ***memorizar*** as tabuadas não parece encontrar suporte nos resultados mais recentes das pesquisas em neurociências. O memorizar da tabuada é apenas um aprimoramento do processo de contar, que permite agora uma simulação mental do cálculo.

O processo de cálculo por bloco é uma otimização ainda maior do processo de **Manipulação Mental**. Inicialmente, ele se apoia sobre a capacidade visual de reconhecimento de blocos de elementos a serem somados. Entretanto, à medida que aprimoramos nossos circuitos de Quantificadores, melhoramos o nosso processamento por bloco, pois podemos, agora, associar as formas visuais dos numerais ou os seus nomes diretamente aos neurônios Quantificadores (Figura 11).

Figura 11 – Cálculo por bloco

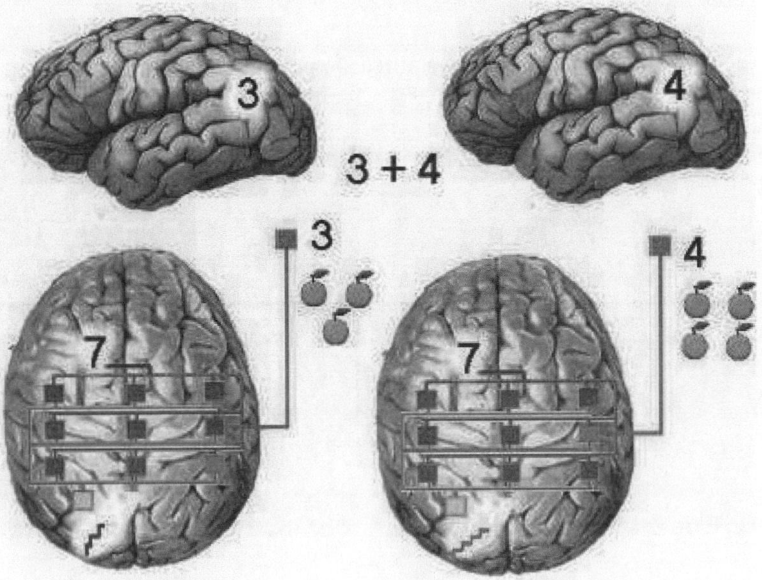

O Cálculo de Subtração

No aprendizado da subtração, utilizamos as chamadas estratégias de:

Complementação: Se os números forem próximos contamos para cima até igualarmos o minuendo (9-7), e damos como resultado o número de passos da contagem (2). Ou seja, do 7 para o 9 faltam 2.

Figura 12 – Subtração por complementação

Retirada: Se os números forem distantes (9-2), contamos para baixo o número de vezes indicado pelo minuendo. Ou seja, 9 tira 2 fica 7.

Figura 13 – Subtração por retirada

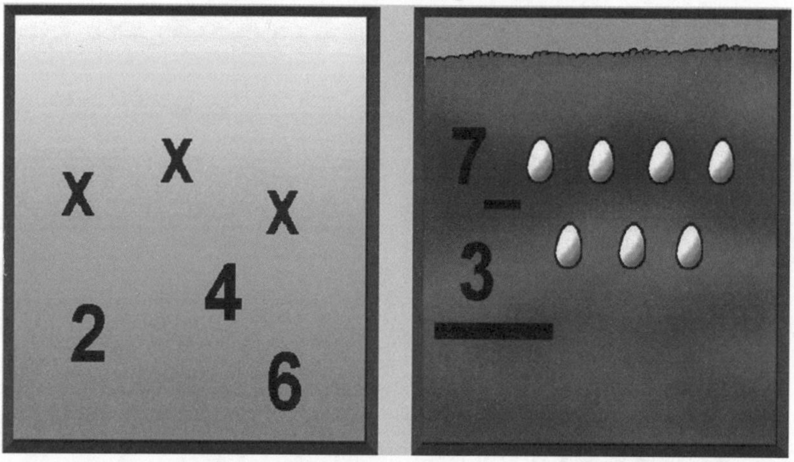

Concluindo, a complementação será escolhida se o possível resultado for menor que o subtraendo (9 - 7 = 2: 2<7). Caso contrário, a retirada deverá ser utilizada (9 - 2 = 7: 7>2).

O Cálculo da Divisão

A manipulação na divisão pode ser feita por distribuição, quando os elementos a serem divididos são distribuídos pelos conjuntos que representam o divisor:

Figura 14 – Divisão por distribuição

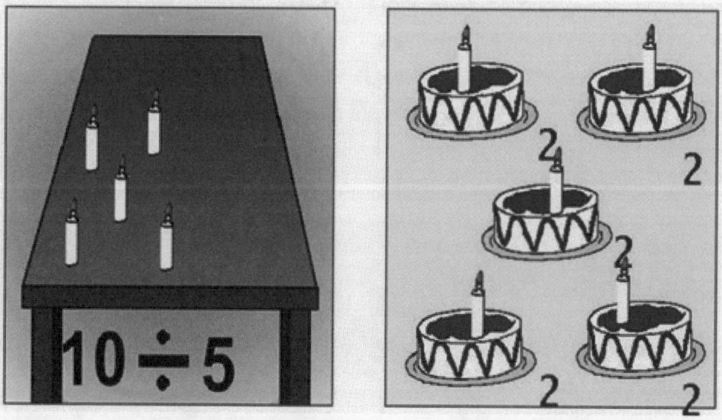

Ou por um processo de separação no qual os elementos a serem divididos são separados nos conjuntos representados pelo quociente:

Figura 15 – Divisão por separação

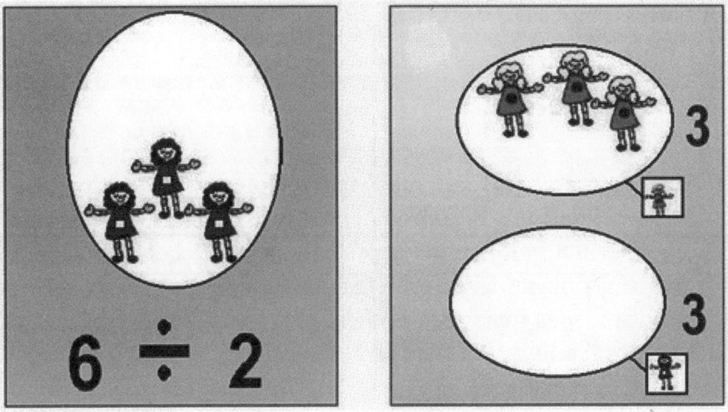

A divisão pode também ser otimizada pelo cálculo em bloco, tanto numa estratégia de soma ou subtração repetida. Neste caso, o tempo para realização da operação será dependente tanto do número a dividir quanto do tamanho do bloco a operar.

O Cálculo da Multiplicação

As estratégias de aprendizagem da multiplicação levam em conta que ela é uma operação especial de soma. A criança deve compreender que a multiplicação é uma soma na qual o número a somar se repete. Um dos operandos fornece o número a somar e o outro, quantas vezes se deve somar. Em geral, soma-se o multiplicando tantas vezes quanto indicada pelo multiplicador.

Figura 16 – Multiplicação

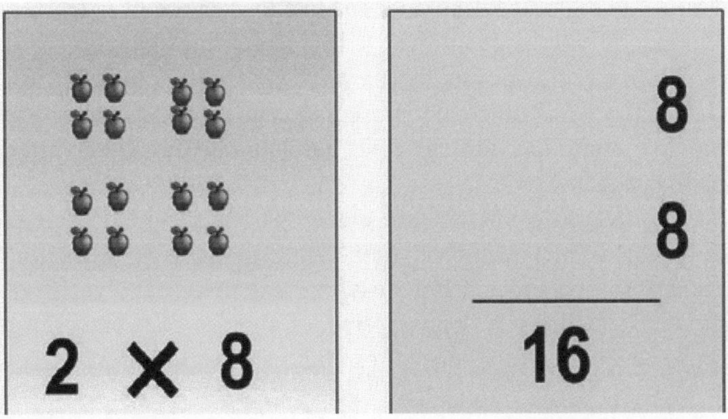

A otimização do processo se dá quando a operação de multiplicação começa a se fazer por uma soma de blocos, isto é, apoiada em uma contagem por múltiplos. A fase final dessa otimização é quando, independente da apresentação dos números como multiplicando e multiplicador, a criança passa a escolher o maior dos operandos para fornecer o bloco a operar.

O Sistema decimal

O trabalho com as grandezas, nesse momento do aprendizado, passa a envolver quantidades maiores que 10, introduzindo assim o sistema decimal dos números. Vimos que, por um lado, outros animais e mesmo o bebê humano é capaz de reconhecer pequenas quantidades e efetuar pequenas operações. Mas, por outro, ao lidar com quantidades maiores o homem acabou tendo que criar uma maneira de agrupa-las, para facilitar tanto sua representação quanto seu cálculo. Ele criou, assim, o sistema decimal.

Para cada número, representando uma quantidade de 1 a 9, utilizamos um símbolo gráfico diferente, assim como damos um nome para esse símbolo. Mas, criar um novo símbolo e um novo nome para representar cada uma das possíveis quantidades que podemos contar é um processo ineficiente. Assim, quando os animais no rebanho começavam a aumentar, algum agrupamento precisava ser feito. No início, os homens criaram um agrupamento de 6. Ou seja, a cada 6 objetos, eles tinham um símbolo para representar essa quantidade. A cada 6 quantidades de 6, eles usavam outro símbolo e assim podiam representar quantidades cada vez maiores, criando símbolos que representassem agrupamentos de 6 em 6.

Vimos anteriormente, que o nosso cérebro cria circuitos, ou seja, liga neurônios entre si para representar as quantidades. Ao conhecer o sistema decimal, nosso cérebro estabelece circuitos de 9 neurônios para contar as unidades (Figura 17 - Circuito das Unidades). Ao ativar todos os 9 neurônios, depois de contar 9 objetos, nosso cérebro utiliza outro circuito, onde cada neurônio agora representa não uma unidade, mas 10 unidades, ou seja, uma dezena (Figura 17 - Circuito das Dezenas).

Cada neurônio do circuito das unidades é ativado cada cada vez que um objeto é quantificado. Quando vamos quantificar o 10° objeto, o nosso cérebro desativa todos os neurônios do circuito das unidades e ativa um neurônio no circuito das dezenas. A partir de então, o 11° objeto é representado em nosso cérebro pela ativação de um neurônio do circuito das dezenas e por um neurônio ativado no circuito das unidades, e assim por diante.

A criação do sistema decimal foi um grande passo dado pelo homem no desenvolvimento de um sistema de notação numérica geral e que favorece um cálculo numérico eficiente. As operações aritméticas, por exemplo, envolvendo qualquer número, podem ser decompostas como operações simples com cada um de seus numerais, sempre considerando-se que o resultado será um múltiplo de unidades ou dezenas.

Figura 17 – O Sistema Decimal

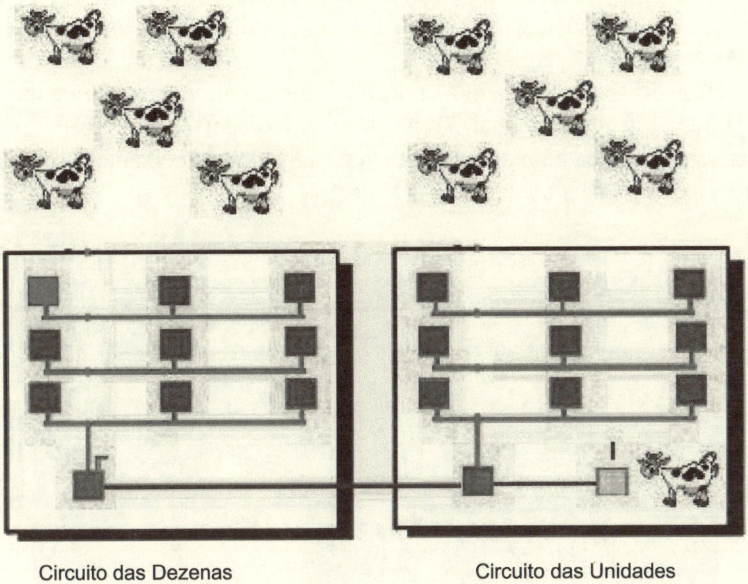

Agora, para lidarmos com quantidades maiores que 10, o nosso cérebro pode associar dois circuitos de neurônios Quantificadores, cada um com 1 neurônio Acumulador e 9 neurônios Quantificadores. O neurônio Acumulador do segundo circuito pode ser ativado toda vez que o primeiro circuito estiver com todos os seus 9 neurônios Quantificadores ativados e for preciso contar mais um objeto.

Quando esse neurônio Acumulador do segundo circuito for então ativado, desativam-se todos os neurônios Quantificadores no primeiro circuito e ativa-se um neurônio Quantificador no segundo circuito. Dessa maneira, o décimo objeto contado fica agora representado por um neurônio Quantificador no segundo circuito (Circuito das Dezenas) e nenhum neurônio Quantificador no primeiro circuito (Circuito das Unidades).

Criamos assim o "sistema decimal de numeração", que nos permite agora contar números cada vez maiores. Nossa capacidade vai aumentando para dezenas, centenas, milhares, ... à medida que formos utilizando dois, três, quatro, ... circuitos ligados em série.

5. O Ábaco

Essas propriedades dos números decimais facilitaram o desenvolvimento de algumas ferramentas para ajudar o homem a calcular. Uma dessas ferramentas é o Ábaco (Figura 18). O Ábaco utiliza um conjunto de peças (por exemplo, bolinhas) que são utilizadas para marcar números em um conjunto de placas que representam as unidades, dezenas, centenas, milhares, etc. Esse método auxilia a decomposição numérica, facilitando os processos de contagem e cálculo por blocos. Representa-se os números no ábaco colocando-se a quantidade adequada de peças nas placas de representação das unidades, dezenas, centenas, etc. Simulando-se assim, o processo natural de contagem.

As placas do ábaco auxiliam a criança a representar concretamente os números, a explorar a estrutura decimal, a realizar as quatro operações aritméticas, e a ler e escrever os nomes dos números. Ela funciona de forma semelhante aos processos neurais responsáveis pela contagem e cálculo.

Figura 18 – O Ábaco

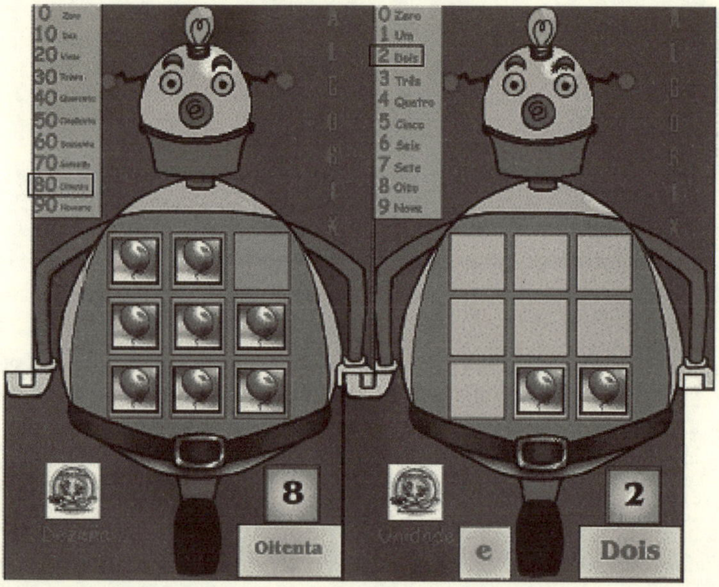

O ábaco - Operações

Para se praticar as operações aritméticas com dezenas, propomos que seja feito previamente um trabalho de decomposição dos números, para que o aluno compreenda as alterações que poderão ocorrer na representação de cada ordem (dezena -unidade). Ou seja, ao invés de utilizarmos o famoso *vai um*, podemos mostrar aos alunos a estrutura decimal do número através do ábaco, que naturalmente simula os circuitos cerebrais criados pelos neurônios no cérebro.

Primeiro, representamos cada operando em uma placa de ábaco, formadas por nove casas cada e denominadas de Placas de Unidades (Figura 19).

Em seguida, mostramos ao aluno que, caso a adição do menor operando sobre o maior ultrapasse o número de casas disponíveis na sua placa, nós podemos utilizar outra placa, denominada de Placa de Dezena, que represente todas as casas cheias de uma Placa de Unidade (Figura 19).

Figura 19 – Transposição da dezena usando o ábaco

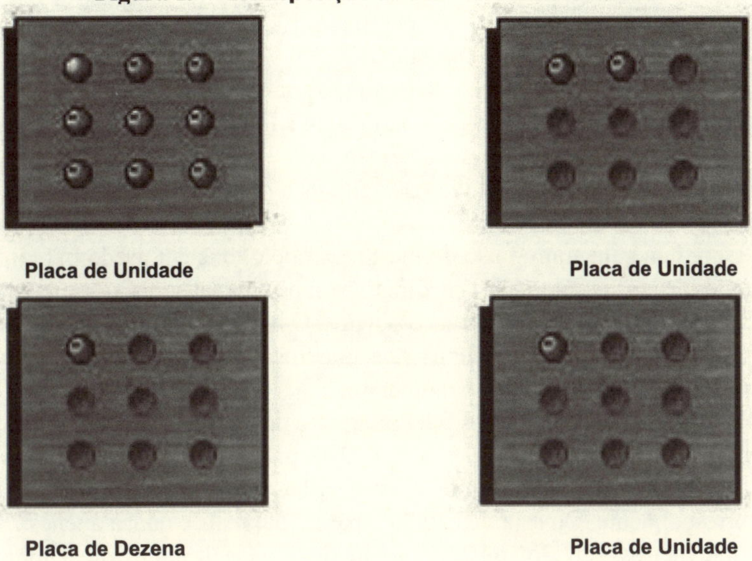

Dessa forma, ilustramos como ocorre a transposição da dezena em uma adição entre duas unidades. O mesmo pode ser feito entre unidade e dezena e entre dezenas, tanto para adição quanto para subtração.

As diversas Grandezas

Vimos que diferentes áreas do cérebro realizam a ordenação e a quantificação envolvidas com o processo de contagem de objetos. No entanto, não contamos apenas objetos, nosso cérebro é capaz também de quantificar outras grandezas, como o espaço, o tempo e o valor que os objetos ganham na nossa sociedade. Mas, para cada uma dessas grandezas, nosso cérebro possui caminhos diferentes. Ou seja, operar com objetos, tempo, espaço e valores para o nosso cérebro são processos distintos realizados por conjuntos de neurônios localizados em diferentes regiões do cérebro.

Só quando o homem passa a utilizar os numerais para representar as grandezas, é que ele começa a criar uma generalização dos processos de ordenação e quantificação para lidar com todas as grandezas utilizando um mesmo símbolo. No entanto, durante o processo de aprendizagem na Educação Infantil e no Ensino Fundamental, o aluno precisa desenvolver suas habilidades para lidar com cada uma dessas grandezas antes de começar a utilizar os numerais para representa-las.

Utilizamos os números, inicialmente, para representar uma determinada quantidade de objetos, atribuindo assim esse significado aos símbolos numéricos que utilizamos: 1, 2, 3, 4, 5, 6, 7, 8, 9 e 0. Na história da matemática, os registros arqueológicos nos mostram que os homens começaram a usar peças, chamados de *tokens*, uns para representar animais e produtos e outros para representar as quantidades. Assim, podiam ter o controle do que possuíam. Eles amarravam esses tokens com barbantes e assim organizavam suas contas.

Em seguida, com a invenção da escrita, os homens criaram símbolos gráficos que eram gravados na argila, representando tanto a língua falada da época quanto os números. Com o passar do tempo, os homens começaram a perceber que os números, criados para medir a quantidade de animais e produtos, podiam ser utilizados também para outras medições.

Assim, generalizaram o uso do mesmo símbolo, que era usado para medir as quantidades de *coisas*, agora para medir também os dias, as horas, o comprimento, a distância, o peso e o valor de troca dos objetos. O homem passou assim a criar unidades de medida padrão para poder usar os números na medição de outras grandezas como o tempo, o espaço, o peso e o dinheiro.

OBSERVAÇÃO: Atentamos o leitor ao fato de que, apesar do homem utilizar os mesmos algarismos (1, 2, 3, 4, 5, 6, 7, 8, 9, 0) para representar todas essas medidas de grandezas distintas, podemos diferencia-las se sempre utilizarmos a sua notação correspondente. Ou seja, R$ 20,00 – para vinte reais e nunca apenas 20; 20m – para vinte metros; 22h23m, ou 22:30 – para dez e meia da noite. Vale lembrar aqui que o numeral ordinal também deve ser sempre apresentado em sua forma ordinal: 1º, 2º, etc. e nunca como 1, 2, etc.

Tempo

No caso do tempo, o homem começou a medi-lo de acordo com o movimento de rotação da Terra. Dividiu-se inicialmente uma volta completa da terra, ou seja, um dia e uma noite, em 24 partes ou unidades, a que chamaram de hora. Cada hora dividiu-se em 60 outras unidades, denominadas de minutos e cada minuto em 60 segundos. Dessa forma, temos hoje essa medida padrão que pode ser utilizada para marcar os tempos precisos do dia bem como permite o cálculo de diferenças de tempos. Para representar essa medida, o homem criou o numeral cardinal temporal (h, m, s), e para medir as horas, minutos e segundos do dia, inventou o relógio.

Além da medida de hora, minuto e segundos, também podemos medir a quantidade de dias, semanas, meses e anos. Essa divisão, agora, está relacionada ao movimento de translação da terra. Ou seja, a cada volta completa da Terra ao redor do Sol, conta-se um Ano, o qual se divide em 365 dias. Esses 365 dias, por sua vez, são agrupados em 12 meses, cada qual com 30 dias. Como 365 não se divide igualmente por 30, alguns meses precisam ter mais ou menos dias. Para medir os dias do ano, o homem criou o calendário.

Assim, para que o aluno compreenda adequadamente o uso dos números na medida do tempo, e seja capaz de operar corretamente com esses números, é aconselhável que lhe sejam apresentados os movimentos de rotação e translação da Terra, associados à medidas de tempo marcadas tanto pelo relógio quanto pelo calendário.

Espaço

Para medir o espaço, o homem criou várias medidas ao longo dos tempos e até hoje se utiliza medidas diferentes, em países diferentes. As primeiras medidas criadas se baseavam em partes do corpo como o braço, o pé, a mão e os dedos. Por isso, em alguns países ainda se usa *foot* (pé), como nome de medida. Aqui no Brasil, utilizamos o metro como unidade básica. Para se definir o tamanho do metro, dividiu-se o comprimento da Terra entre um dos Polos e a Linha Equatorial em 10.000.000 partes, sendo cada uma considerada um metro.

Diferentemente do minuto no caso do tempo, o metro não é subdivido em 60 partes, mas em 100, chamando-se de centímetro cada parte menor. Para representar essa medida, o homem criou o numeral cardinal espacial (m, cm, etc.), e para medir o espaço, o homem inventou a régua.

Valor

Para medir o valor de troca dos objetos, inicialmente o homem utilizou como medida padrão produtos como sal, chá, tabaco e sementes. Definiam-se pesos padrões para esses produtos que passavam a ter um determinado valor de troca para obtenção de outros produtos como carne, leite, etc., ou também de serviços, como construção, ensino, etc.

No entanto, essas medidas não eram confiáveis e nem um pouco práticas, por serem de difícil armazenagem e transporte. Então, o homem criou uma moeda de metal que passa a representar um determinado valor. Essa moeda tem um peso determinado e só pode ser produzida por autoridades, que gravam sua marca como garantia de autenticidade. Asim, surge o dinheiro. Para representar o dinheiro criou-se o numeral cardinal monetário (R$).

Geometria

A habilidade de processamento visual é uma tarefa essencial para o nosso cérebro compreender o mundo em que vive. Aparentemente simples, enxergar o mundo é um processo complexo no cérebro.

Inicialmente, a luz, que transmite a informação das imagens, incide na retina dos nossos olhos. Na retina, neurônios já são ativados e transmitem a informação da imagem para outros neurônios da região posterior do cérebro. Nessa região posterior do cérebro, os neurônios processam as informações básicas da imagem, como as linhas e suas direções, recriando assim a forma dos objetos, sem ainda lhes dar significado. Conexões ao longo da região posterior até a região lateral inferior do cérebro vão recriando a cor, textura e significado dos objetos (Figura 20).

Figura 20 – O reconhecimento visuo-espacial de objetos em cenas

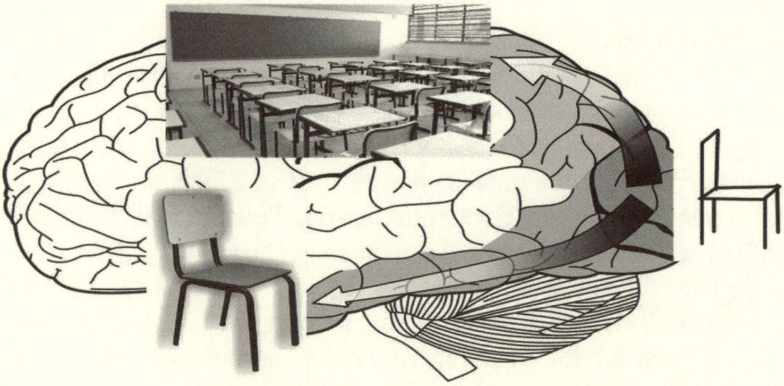

Por outro lado, conexões entre esses neurônios posteriores até os neurônios da região lateral superior vão estabelecendo a relação espacial entre os objetos que vão sendo reconhecidos. Conexões cruzadas entre os dois caminhos ocorrem a todo momento, integrando assim o mundo visual em um único ambiente que percebemos ao nosso redor.

Uma maneira de se trabalhar as habilidades de reconhecimento visual das formas dos objetos e sua localização espacial é através do uso de ferramentas como, por exemplo, o Tangram. Outra forma, é o uso de folhas quadriculadas ou pontilhadas para auxiliar os alunos, tanto em desenhar uma forma geométrica precisa, quanto em posiciona-la em relação a outras formas desenhadas na folha.

A Matemática x A Linguagem verbal

Como vimos acima, os processos de contagem e cálculo não possuem nenhuma relação com os caminhos cerebrais responsáveis pela linguagem verbal.

No entanto, todo o ensino da matemática é muito baseado na fala, o que acaba causando uma série de dificuldades para as crianças, por causa dos significados que damos para as palavras. Quando o homem inventou os numerais, ou seja, os símbolos que representam os processos ordinais e cardinais realizados pelo cérebro, ele também deu um nome para eles.

Apesar dos numerais ordinais serem chamados de primeiro, segundo, terceiro..., e serem representados graficamente por 1º, 2º, 3º..., e os cardinais serem chamados de um, dois, três..., e serem representados graficamente por 1, 2, 3..., esses dois tipos de numerais possuem os mesmos algarismos 1, 2, 3. Ou seja, usamos símbolos muito semelhantes para representar a ordem em que cada objeto foi identificado e para representar a quantidade dos objetos que foram sendo identificados. Dessa forma, a linguagem verbal e a forma gráfica que usamos para representar os processos naturais do cérebro envolvidos com a contagem podem acabar criando uma confusão na cabeça do aprendiz. Por isso é que a Matemática, apesar de ser inata, acaba ganhando fama de ser uma disciplina difícil e chata.

Quanto mais avançamos no currículo de matemática ao longo dos anos de escolarização, mais evidente fica que os métodos tradicionais não promovem o desenvolvimento das habilidades matemáticas, mas tentam fazer com que os alunos aprendam uma linguagem formal que acaba não tendo nenhuma utilidade prática na sua vida.

Já discutimos a implementação de um sistema numérico complexo como o nosso sistema decimal sem falarmos, em nenhum momento, em utilizar qualquer conceito de linguagem. Ou seja, não precisamos abordar a capacidade humana de dizer o nome dos números: um, dois, três, quatro. Isso porque, apesar de poderem ser associados, os caminhos cerebrais para quantificação e para linguagem são sistemas totalmente distintos no cérebro.

Saber falar corretamente o nome do número é uma consequência de aprender a quantificar corretamente os objetos no processo de contar. Saber contar é aprender a controlar o olho e a mão para ativar os neurônios Quantificadores. Dessa forma, aprender a nomear corretamente os números é aprender a associar os neurônios Quantificadores com os neurônios que controlam a fonação do nome dos números na área da fala (Figura 21).

Figura 21 – A conexão Linguagem x Matemática

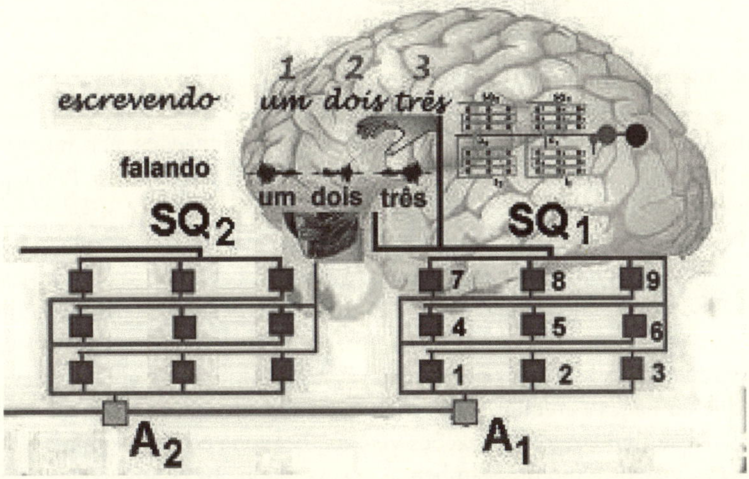

Da mesma maneira, aprender a escrever os números depende de associar os neurônios Quantificadores com os neurônios de controle da mão para a escrita.

O processo de ensino que propõe primeiro ensinar os nomes dos números, para depois trabalhar o processo de contar e calcular complica a vida da criança, pois faz ela recitar uma série de palavras em uma ordem que não compreende, pois ainda não desenvolveu seus circuitos de neurônios Quantificadores.

Para complicar ainda mais, na nossa Língua Portuguesa, o nome dos números para a primeira dezena, não reflete a organização decimal de nosso sistema numérico, como o faz a partir da segunda dezena. Assim:

onze, doze, treze, quatorze, quinze, dezesseis, dezessete, dezoito e dezenove

é diferente de:

vinte e um, vinte e dois, vinte e três, vinte e quatro, ...

A relação entre linguagem e aritmética de se desenvolver paralelamente em decorrência da otimização dos seus respectivos caminhos cerebrais, otimização esta determinada por uma aprendizagem que deve ser independente, porém associada. Por independente queremos ressaltar que a aprendizagem do contar e calcular não deve ser subordinada ao aprender a falar, ler e escrever, como é tradição em nossa cultura. Por associada queremos ressaltar que a aprendizagem concomitante e coerente facilitará a conexão entre os neurônios quantificados e os neurônios responsáveis pela linguagem, quer oral ou escrita.

É fácil complicarmos o aprendizado da criança, se quisermos insistir em partir da linguagem para montar os circuitos dos neurônios Quantificadores. Mas, por outro lado é fácil também ajudarmos uma criança que não fala aprender a contar e calcular se trabalharmos a contagem e o cálculo a partir do reconhecimento de quantidades e da manipulação dessas quantidades.

Situações Problemas

Utilizar as habilidades matemáticas para resolver situações reais ou simuladas do dia a dia, requer inicialmente uma compreensão da situação em si. Praticamente, toda situação problema em matemática contém pelo menos:

A - uma incógnita, ou seja, um número que não se conhece e se procura descobrir;
B - dois operandos, números que são fornecidas pela apresentação da situação.

Geralmente, as situações problemas são transmitidas aos alunos através unicamente de textos. No entanto, a nossa vivência em situações que envolvam a matemática não se limitam a informações verbais. Em toda e qualquer situação temos informações visuais e motoras também. Ou seja, podemos compreender a situação sem precisarmos saber ler ou mesmo ouvir um enunciado.

Toda situação envolve sempre um momento inicial e um momento final. Podemos representar esses momentos grafica ou mesmo teatralmente, tendo que duplas de alunos simular as situações em silêncio, cada um efetuando uma parte da operação, enquanto um terceiro aluno observa e tenta dar o resultado. Propomos que situações contextualizadas no tema, que estiver sendo trabalhado, sejam criadas seguindo as seguintes condições:

Combinação = combina-se duas quantidades, geralmente proveniente de duas fontes diferentes.

Mudança = muda-se uma quantidade inicial de acordo com algum fato ocorrido.

Comparação = compara-se duas quantidades para se descobrir o quanto há a mais ou a menos entre uma quantidade e outra.

Além das condições, cada situação ainda pode possuir diferentes questões, ou seja, o número que não se conhece, ou seja, o x da questão pode ser qualquer um dos dois operandos ou o próprio resultado final. Vale observar que cada condição, de acordo de como a questão é colocada, exigirá uma determinada operação (adição ou subtração) para sua solução.

TESTE PADRONIZADO EM LEITURA, MATEMÁTICA E CIÊNCIAS: aplicações com uso do computador e impressos em papel em escolas de Cuiabá - MT

Ana Flávia Silva de Assis
Débora Dutra Pinheiro
Graciela da Silva Oliveira

1. Introdução

As dificuldades de aprendizagens podem ser consequências de fatores biológicos e ambientais. Fisher e Francks (2006) apontam que alguns genes parecem associados ao desenvolvimento da dislexia, definida como uma dificuldade na leitura e compreensão de texto (GABELET, et al., 2010). Os fatores ambientais referem-se a influência de variáveis externas durante o desenvolvimento fetal da criança como, por exemplo, a desnutrição e depressão (OKADO et al., 2001) e uso de drogas pela genitora (THAPAR, et al. 2003.) ou durante o desenvolvimento cognitivo da criança (OKADO, et al., 2001). Neste último, o estado nutricional e o ambiente social, na qual a criança está inserida são fundamentais para seu pleno desenvolvimento cognitivo.

Estas dificuldades podem retardar os estudos e construção de concepções científicas dos alunos, ou, não raro, afastá-los do ambiente escolar devido as dificuldades na aprendizagem (LUZ, 2008). Portanto, faz-se necessário a identificação dos alunos que apresentam dificuldades de aprendizagens, para que tenham acesso a devida orientação pedagógica, e assim terem pleno desenvolvimento cognitivo.

Neste sentido, o projeto ENSCER - Ensinando o Cérebro – realizou pesquisas sobre o desenvolvimento cognitivo de alunos da pré-escola e do ensino fundamental, e o desempenho escolar em Língua Portuguesa, Matemática e Ciências, para em seguida, disponibilizar recursos didáticos e orientações materiais formativos e instrucionais, orientação ao corpo escolar e familiares, entre outros) que contribuam para um processo de ensino-aprendizagem que atenda suas especificidades.

O projeto ENSCER serviu de base para o desenvolvimento do Projeto Desempenho Escolar Inclusivo na perspectiva Multidisciplinar, que no estado de Mato Grosso, além de verificar o desempenho escolar de estudantes cuiabanos, por meio da aplicação de teste de desempenho elaborado pela equipe multidisciplinar do projeto, foram estudados o uso do computador em testes de desempenho escolar, e comparados com os testes impressos em papel.

2. Quadro Teórico

Testes de desempenho em grande escala e a transição do papel para o computador

O Instituto Nacional de Estudos e Pesquisas Educacionais Anísio Teixeira (Inep) vinculado ao Ministério da Educação (MEC) tem como objetivo promover estudos, pesquisas e avaliações sobre o Sistema Educacional Brasileiro, e tem criado subsídios para a formulação e implementação de políticas públicas para a área educacional.

> Para gerar os dados e estudos educacionais, o Inep realiza levantamentos estatísticos e avaliativos em algumas etapas da educação básica e na educação de jovens e adultos. Como parte integrante da estrutura organizacional do Inep, tem sob sua responsabilidade, além da Prova Brasil, o Programa Internacional de Avaliação de Alunos (Pisa), Exame Nacional do Ensino Médio (Enem), Exame nacional para Certificação de Competências de Jovens e Adultos (Encceja), Provinha Brasil e o Sistema de Avaliação da Educação Básica (Saeb), que complementa junto com a Prova Brasil a avaliação da educação básica (KUSIAK, 2012, p. 1).

Para Oliveira (2011), a avaliação educacional, de acordo com o foco de interesse, pode ser classificada como interna ou externa. A avaliação interna é aquela realizada por pessoas que fazem parte da instituição avaliada como, por exemplo, os professores ao realizarem uma avaliação bimestral a seus alunos. Ela também é conhecida como uma avaliação escolar e busca analisar os processos, sendo eles administrativos e/ou pedagógicos, em função da melhor aprendizagem de cada estudante, ficando restrita ao âmbito interno da escola.

A avaliação externa é realizada por pessoas que não fazem parte do grupo de profissionais da instituição avaliada. Essa avaliação, na maior parte dos casos, focaliza o desempenho educacional, contextualizando em âmbitos educacionais como, as escolas na condição de redes institucionais, os programas e políticas educacionais, o currículo, os cursos superiores, os dos sistemas nacionais de avaliação, entre outros. Tendo em vista essa classificação, os sistemas nacionais de avaliação se inserem como avaliações externas (OLIVEIRA, 2011).

Para Gontijo (2012), a decisão de avaliar a alfabetização no Brasil e, principalmente, a inclusão do programa de avaliação no Plano de Desenvolvimento Educacional (PDE) foi resultado de: 1) o Fórum Mundial de Educação, realizado em Dakar, Senegal, no período de 26 a 28 de abril de 2000, estabeleceu metas que visam à melhoria da educação no mundo. A alfabetização é o elemento que articula essas metas; 2) também há o relatório elaborado pelo grupo de trabalho (GT) constituído pela Comissão de Educação e Cultura da Câmara dos Deputados, em 2003, aponta a necessidade, a partir dos modelos internacionais adotados, principalmente, nos Estados Unidos, na França e na Inglaterra, de criação de um sistema para avaliar a alfabetização. O GT compara a experiência nacional de avaliação com as internacionais.

A Provinha Brasil foi instituída pela Normativa nº 10de 26 de Abril de 2007 (GONTIJO, 2012). Segundo Cristofolini (2012) a Provinha é composta por 24 questões de múltipla escolha; algumas delas são integralmente lidas pelo professor; outras, parcialmente; umas devem ser lidas apenas pelos alunos (individualmente e em silêncio). As orientações necessárias para a aplicação estão no guia do professor aplicador.

> A Provinha Brasil é uma avaliação diagnóstica, apresentada em um instrumento padronizado, que tem por objetivo auxiliar as escolas a fazer uma analise do trabalho em relação à alfabetização e ao letramento. Teve a primeira edição nacional em 2008, e a partir de 2009, corresponde a duas avaliações anuais (uma no inicio e outra no final do ano letivo) (CRISTOFOLINI, 2012, p. 217).

Scheuermann e Bjornsson (2009) comentam que o PISA tem enfoque nas novas habilidades e competências, e que procuram acompanhar as mudanças dos sistemas educacionais. Desta forma,o PISA identifica as áreas críticas; este também já iniciou o processo para implementar módulos baseados em computador (leitura eletrônica).

Tendo em vista, a popularização do computador, somado ao interesse por facilitar e aperfeiçoar o processo de coletas e análises dos testes de desempenho em grande escala, a transição de testes impressos em papel para o computador, parece como uma possibilidade de se verificar a implementação de novos formatos de testes e provas aplicados no Brasil, bem como surge como uma nova agenda de pesquisas científicas, pois, com o uso do computador surgem novas relações e interações entre os estudantes e o computador, bem como entre os estudantes e os testes de desempenho.

Entretanto, quando se fala no uso do computador para coletas de dados em grande escala no Brasil, ainda parece como um desafio, uma vez que, muitas escolas não apresentam os equipamentos necessários o que dificulta a redução do uso de testes impressos em papel, porém, foi possível verificar o potencial de computadores e internet em testes de desempenho através do projeto Enscer, bem como há algumas experiências internacionais que suscitam contribuições acerca das vantagens e desvantagens do uso desses equipamentos.

Lent (2009) escreve que a incorporação de tecnologias em avaliação é inevitável, porque a tecnologia torna-se entrelaçada com o que e como os alunos aprendem. O autor ainda ressalta que a questão não é mais se a avaliação deve incorporar a tecnologia. É como fazê-lo de forma responsável, não só para preservar a validade, a equidade, a utilidade e a credibilidade da empresa de avaliação, mais ainda, para melhorá-lo.

Lent (2009) argumenta que o objetivo de sua publicação é introduzir um modelo de pensamento para as autoridades educacionais para uma abordagem de risco -benefício para a tomada de decisões sobre a mudança de testes baseados em papel para testes baseados em computador. Não existe uma solução clara que resolva todas as incertezas. O ponto de partida para a transição é articular muito claramente o efeito existente do teste.

Scheuermann e Bjornsson (2009) afirma que testes baseados em computador são as novas ferramentas para avaliar o nível de competência de cada aluno. Tais testes diferem-se do modo tradicional, lápis e papel, pois é possível fazer simulações no computador de forma mais eficiente, retratando situações cotidianas do aluno. No entanto há muitas barreiras à utilização dessas tecnologias. Para Lent (2009) a transição do papel para o computador consiste em uma tomada de decisão integrada e uma análise de risco-benefício, que considera o número e o nível de dificuldade das questões adotadas nos testes.

De acordo com Ripley (2009) mesmo o levantamento mais superficial das atitudes atuais de avaliação sugere que nem todos estão convencidos pelo argumento de que o teste baseado em computador pode, ou deve levar a mudança educacional. Meijer (2009) comenta que as motivações para a implementação de avaliação baseado em computador são variadas, mas o que tem sido pontuado com maior frequência é acerca da eficiência do uso da tecnologia em avaliações em grande escala

Para Thompson e Weiss (2009) testes computadorizados oferecem vantagens significativas sobre os testes de papel e lápis, pois podem fazê-lo de forma mais rápida e eficiente com um fardo logístico muito menor.

Kyllonen (2009) propõe três novos métodos: *Tempo de reação* – tempo para responder a estímulos apresentados, tais como itens do teste. É mais fácil medir utilizando computadores do que medir com lápis e papel. O tempo de resposta em um item reflete tanto uma habilidade (velocidade cognitiva) como uma escolha (quanto tempo a persistir antes de abandonar a questão); *Teste de Associação Implícita* - método de usar o tempo de reação para medir fatores não cognitivos, o método pode revelar atitudes estereotipadas (por exemplo, de gênero ou de viés racial) ou preferências (por exemplo, candidatos políticos), e aplicações para medir a personalidade; por fim, o *Teste de julgamento situacional* – é apresentando um cenário que envolve um problema e o examinando deve encontrar a melhor maneira de resolver o problema. A apresentação pode ser escrito, áudio ou vídeo, e a resposta pode ser da mesma forma, ou pode envolver uma resposta aberta, escrita ou falada, juntamente com uma justificativa.

Em resumo, o Kyllonen (2009) afirma que métodos de avaliação baseados em computador parece promissor como formas de medir as novas construções. A avaliação do tempo de processamento cognitivo tem sido uma promessa de longa data do teste baseado em computador, mas o progresso tem sido lento. Novos métodos estatísticos pode finalmente fornecer avanços nesta área, e, adicionalmente, manter a promessa na medição de personalidade. Um método para medir atitudes e preferências, o teste de associação implícita parece particularmente promissor. Teste de julgamento situacional está se tornando cada vez mais popular na educação e na indústria como uma forma de medir uma grande variedade de novas construções. Ele é atraente para os usuários na medida em que representa uma avaliação autêntica, que pode desempenhar um papel duplo, como uma avaliação e método de treinamento, e mostra menos impacto adverso contra grupos minoritários do que outros métodos (KYLLONEN, 2009)

Lent (2009) ressalta que os testes baseados em papel e em computador apresentam pontos fortes e fracos. Até recentemente, as autoridades educativas eram obrigados a satisfazer suas necessidades com os testes em papel. Mas, as constantes pesquisas sobre os pontos positivos dos testes baseados em computador estão sendo a justificativa ideal para alterar a versão do papel para o computador. Isso significa que os testes em computador podem melhor atender aos requisitos dos programas em que serão usados. O autor citado ainda afirma que as autoridades educativas têm a responsabilidade de implementar políticas e práticas que atendam as necessidades de avaliação dos alunos e satisfazer as exigências da sociedade em matéria de educação. Os pesquisadores têm a obrigação de apoiá-los para enfrentar esse desafio, além de descobrir e desenvolver sistemas eficientes de avaliação que atendam as necessidades.

Blazer (2010) publicou um boletim informativo onde fez uma busca na literatura de algumas vantagens e desvantagens para as avaliações baseadas em computador. Segundo o autor, testes baseados em computador são capazes de incluir perguntas interativas e envolventes como simulações, experiências on-line e gráficos, o que não é possível no método tradicional.

O computador é excelente para medir níveis de habilidades, pois ajusta o nível das perguntas de acordo com os erros e acertos dos examinados; uma vez que a resposta de uma pergunta relativamente fácil esteja errada, o computador seleciona um bloco de perguntas do mesmo nível (fácil); porém se o examinando acerta questões difíceis o próximo bloco de perguntas será ainda mais difícil. Isso possibilita a criação de um perfil próprio a cada examinando. Outra vantagem citada é a possibilidade de coletar informações de estratégias utilizadas pelo examinando, como a quantidade de tempo gasto no total, gasto em cada questão, a troca de alternativas, entre outras.

Avaliações baseadas em computador podem atender a pessoas com distúrbios e dificuldades de aprendizagem de maneira mais eficiente e individualizada, o que na maioria das vezes parece uma tarefa difícil de ser implementada através de testes impressos em papel. Além disso, algumas ferramentas educacionais podem ser disponibilizadas na questão quando necessário como, uso de dicionário e calculadora, mas pode ser excluída para outras. Testes em computador são mais seguros, pois podem ser enviados via internet momentos antes da aplicação, já os testes em lápis e papel exige maiores cuidados com a logística, consequentemente, os teses devem ser enviados ao local de aplicação dias antes.

O uso do computador ainda reduz custos com a impressão de provas em papel, na entrega e coleta do material e na verificação, análise das respostas, ainda fornece rápida correção, facilitando o *feedback* do desempenho do examinando. Possíveis erros nos testes em computador podem ser corrigidos momentos antes da aplicação; nos testes impressos tais correções não seriam possíveis.

Algumas das desvantagens presentes na literatura e citadas por Blazer (2010) referem-se principalmente a dificuldades de caráter metodológico. As falhas nos computadores são mais difíceis de resolver e necessita de um profissional especializado.

Os custos iniciais são altos para escolas que não possuem laboratórios de informática, é necessário adquirir todos os equipamentos, além do suporte técnico. Muitas escolas não têm apoio técnico para a manutenção de equipamentos; um mesmo laboratório de informática pode apresentar variações como, modelos de computadores diferentes, incompatibilidade de sistemas operacionais e instabilidade na velocidade de conexão da internet.

Os resultados e desempenho poderão ser afetados pela familiaridade do examinando com o computador. Um aluno que tem acesso ao computador com frequência pode ter um desempenho melhor do que o aquele que não tem acesso, mascarando assim o real domínio de conteúdo, assim, os conhecimentos de informática devem ser verificados antes da aplicação dos testes.

A facilidade de envio das respostas pode ser um problema, uma vez que o examinando pode selecionar e enviar sem querer uma alternativa de múltipla escolha e não ser possível desfazer a ação. Uma grande quantidade de acessos em um mesmo site pode causar congestionamento, acarretando em possíveis perdas. Dificilmente há escolas com o número de computadores suficiente para todos os alunos ao mesmo tempo, portanto, é necessário dividi-los em vários grupos até que a amostragem seja concluída. Também é necessário um número considerável de profissionais treinados na administração de testes de desempenho.

Programar o software para analisar o desempenho de questões abertas é muito mais complexo do que a análise de questões de múltipla escolha.

Relatos de experiências: o uso do computador em testes de desempenho

Kim e Huynh (2007) analisaram itens em linguagem, ciência e matemática da Avaliação Nacional do Progresso Educacional (NAEP), os resultados apontaram que os impactos para questões de múltipla escolha não foram significativos, mas para as questões abertas o desempenho foi melhor no computador do que no lápis e papel. As pesquisas de Russell (1999) e Russell e Plati (2001) mantiveram o mesmo referencial, constataram que alunos já acostumados com a escrita no computador tiveram melhor desempenho em questões abertas do que quando escreviam a mão.

Bridgeman e Cooper (1998) utilizaram o GMAT - *Graduate Management Admission Test*, uma avaliação empregada para admissões a cursos de pós-graduação em gestão. Os pesquisadores utilizaram a versão em lápis e papel e a computadorizada para examinandos com diferentes níveis de contato com o computador. Os examinandos foram separados aleatoriamente, no qual um grupo fez primeiro a versão em papel e depois em computador e o outro grupo fez primeiro em computador e depois em papel. Após o término do teste, os examinandos responderam um questionário sobre o nível de contato que possuíam com computador. Em ambas as versões, as questões eram dissertativas com tempo de 30 minutos para resolução. Eles descobriram que esta diferença foi substancialmente maior para examinandos com relativamente pouca experiência em escrita de texto no computador (menos de uma vez por semana) em comparação com os examinandos que relataram ter contato com o computador mais do que duas vezes por semana. Segundo os autores a mudança apresentava benefícios positivos em termos de confiabilidade, entretanto é necessária atenção, pois examinandos com menos experiência com o computador podem apresentar algumas dificuldades.

Em parceria, Bridgeman et al. (2001), estudaram os efeitos do tamanho e da resolução da tela em testes de desempenho. Segundo os autores, os examinandos que realizaram o teste em computadores com a tela grande e alta resolução pontuaram significativamente em comparação aos que realizaram em computadores de telas menores e de resolução baixa. A explicação dos autores foi clara, nos computadores de telas menores, os examinandos tinham que utilizar a barra de rolagem para visualizar o texto inteiro seguido das questões; nos computadores de tela grande era possível visualizar todo o texto e as questões sem utilizar a barra de rolagem.

Horkay et al. (2006) encontraram dados semelhantes, os pesquisadores analisaram as provas feitas por estudantes da 8ª série do NAEP (*National Assessment of Educational Progress)* Avaliação Nacional do Progresso Educacional realizada no ano de 2002. As subamostras foram de avaliações em escrita e leitura. Em geral, a avaliação mede o desempenho de estudantes em várias áreas do conhecimento, sendo matemática, leitura e escrita e ciências as avaliações mais frequentes. Segundo os autores, o desempenho em função ao tipo de computador também pode interferir nos dados. Os utilizados na pesquisa foram laptops, com telas menores e teclados bem diferentes dos computadores da escola pelos quais os alunos já estavam familiarizados. Eles também afirmaram que alunos mais familiarizados com o computador tendem a se sair melhor em testes baseados em computador em comparação aos com contato menor.

Kim e Huynh (2007) compararam resultados de testes em larga escala na versão em computador e no lápis e papel, nos cursos de álgebra e biologia, a fim de compreender se existem diferenças nas pontuações entre testes baseados em computador e lápis e papel e se o domínio de conteúdo foi semelhante nas duas versões do teste.

A amostra contou com 788 examinandos para álgebra, sendo 55,5% do sexo feminino e 44,5% do sexo masculino; e 406 para biologia, sendo 58,6% do sexo feminino e 41.4% do masculino.

Foram aplicadas 50 questões para a álgebra e 55 para biologia. A metodologia adotada se assemelhou a de Bridgeman e Cooper (1998), eles dividiram os alunos de duas formas; Parte dos alunos responderia primeiro a versão computadorizada e depois a versão em lápis e papel e vice-versa. Deste modo, 456 alunos de álgebra responderam primeiro em lápis e papel e depois em computador, e 332 alunos responderam o contrário, sendo primeiro em computador, depois em lápis e papel. Para biologia 156 alunos responderam da primeira forma (primeiro lápis e papel e depois computador) e 250 responderam da segunda forma (primeiro computador e depois lápis e papel). Para não ter problemas de motivação, os alunos só souberam seu desempenho ao término do segundo teste.

Os resultados mostraram que as variações de erro foram semelhantes nas duas versões (computador e lápis e papel) tanto para álgebra como para biologia, o que indica que o tipo de teste não teve grandes impactos e sim o domínio de conteúdo.

Bridgeman (2009) publicou as experiências obtidas em sua pesquisa utilizando testes baseados em computador em larga escala, nos Estados Unidos. Os relatos publicados se assemelham com os que, posteriormente Blazer (2010) encontrou. (discutidos no item 2.1 vantagens e desvantagens).

O autor comenta as desvantagens e desafios da distribuição dos testes em papel, o custo elevado da impressão, a possibilidade de gastos com reimpressão em caso de erros nos testes, a facilidade de extravio durante o transporte, as grandes distâncias que os testes percorrerem para chegar aos locais mais afastados, entre outras.

No PISA 2012 foram utilizados testes baseados em papel, com duração total de duas horas para cada aluno. Em muitos países, 40 minutos da aplicação foram dedicados a testes baseados em computador, em matemática, leitura e resolução de problemas.

As questões eram uma mistura de itens de múltipla escolha e perguntas que exigiam dos alunos a construção das próprias respostas. Alguns questionários foram respondidos, outros foram opcionais. Os países também puderam escolher outros dois questionários, um deles referia-se a familiaridade dos estudantes com a utilização das Tecnologias de Informações e Comunicações.

De modo geral, os trabalhos apresentaram muitas variáveis comuns. Pesquisas brasileiras neste referencial teórico se fazem necessárias, uma vez que todas as publicações apresentadas até o momento são resultados de pesquisas internacionais.

3. Metodologia

Universo da Amostra

A aplicação do teste versão impressa foi realizada uma escola estadual da periferia de Cuiabá, Mato Grosso. No ano de 2013, esta escola contou com 262 estudantes matriculados, distribuídos em cento e trinta e cinco (N=135) anos iniciais e cento e vinte e sete (N=127) anos finais do ensino fundamental.

Em relação ao Índice de desenvolvimento da educação básica (Ideb) a pontuação da escola em 2011 foi de 3.5 para o 5º ano do ensino fundamental e de 3.6 para o 9º ano. Em 2013 o índice da escola melhorou se comparado ao ano anterior, sendo 4.8 para o 5º ano e 3.9 para o 9º ano do ensino fundamental.

A aplicação do teste versão eletrônica foi realizada em outra escola, também da rede estadual. O Índice de desenvolvimento da educação básica (Ideb) em 2011 foi 6.0 para o 5º ano do ensino fundamental e 5.7 para o 9º ano. Em 2013, tanto o 5º ano como o 9º ano do ensino fundamental apresentaram uma queda, passando para 5.8 e 5.2, respectivamente.

Elaboração do instrumento de coleta

Para a construção do instrumento de coleta, houve a colaboração de diversos profissionais da educação, professores de língua portuguesa, matemática e ciências da rede pública de ensino, acadêmicos de licenciatura das universidades parceiras que participaram do projeto como bolsistas de iniciação científica, mestrandos, doutorandos em psicologia e pesquisadores da área de educação. Todos os envolvidos puderam contribuir com as necessidades e expectativas do ensino básico.

A elaboração da prova foi dividida em quatro etapas: Estudo das diretrizes da prova Brasil; Elaboração das questões; Discussão e definição das questões; Adequação para versão eletrônica e impressa em papel.

A elaboração do instrumento iniciou com o estudo das diretrizes da prova Brasil, para conhecer as matrizes de referência nas disciplinas de matemática e língua portuguesa, bem como os temas a serem abordados a fim de identificar a estrutura das questões a serem formuladas. O estudo das diretrizes foi necessário para o embasamento na criação das questões, uma vez que as mesmas seguem os padrões da prova Brasil. A prova Brasil não aborda a disciplina de ciências, mas esta serviu como parâmetro para a criação de questões. Portanto, foram consultados os referenciais do Programa Internacional de Avaliação do Aluno (Pisa)de 2006, que teve como foco Ciências. Também foram analisados livros didáticos e de referências que serviram para uma transposição didática.

A elaboração das questões seguiu um modelo proposto através de um formulário criado pelos próprios pesquisadores do projeto, este auxiliou para a elaboração das atividades. Cada questão foi organizada seguindo os critérios do formulário, contendo, o código da atividade, objetivos, descrição, grau de complexidade e justificativa. Sendo assim as atividades foram elaboradas e encaminhas para o ambiente virtual, a Plataforma *Moodle*. Na plataforma as questões criadas foram anexadas e ficaram disponíveis para a visualização e discussão de todos os membros participantes do projeto.

As questões foram discutidas com auxilio de um ambiente virtual hospedado na Plataforma *Moodle* por todos os membros vinculados ao projeto através comentários e sugestões, e os ajustes foram feitos quando necessário. Após a primeira fase de discussão as questões foram analisadas por revisores que fizeram a seleção das atividades; para isso tiveram como base o "formulário dos revisores" que consistia no parecer de itens como: correção gramatical, conceitual, adequação da atividade ao grau de complexidade proposto (referencia a série e bimestre), adequação da linguagem à série (referencia aos termos técnicos e textuais de acordo com aspectos de transposição didática necessária para a série), adequação da imagem ao texto, atendimento ao objetivo proposto, clareza da justificativa apresentada, pertinência da justificativa apresentada, adequação à diversidade étnica de gênero (verificação da atividade não ferir ou criar algum preconceito relacionado à diversidade étnica ou de gêneros). Portanto, os itens poderiam ser julgados como adequados ou inadequados e os revisores anexavam suas críticas e sugestões.

A adequação para versão eletrônica foi feita através do site *Enscer - ensinando o cérebro* com a criação de um software. Todas as questões selecionadas foram digitalizadas, e os enunciados foram adequados ao formato de áudio para que os alunos pudessem ouvir as perguntas e depois respondê-las, uma vez que neste período escolar (2º ano) alguns estudantes ainda não têm domínio completo de leitura.

Estrutura e aplicação do instrumento de coleta

A prova completa (versão eletrônica e impressa) totalizou sessenta e quatro questões, sendo divididas vinte e seis (N=26) questões para ciências, dezoito (N=18) para português e vinte (N=20) para matemática. As questões eram de múltipla escolha com quatro alternativas (a,b,c,d).

Para a aplicação das provas impressas, os alunos foram divididos em quatro grupos sendo instruídos por quatro aplicadores que fizeram a leitura dos textos e exercícios de toda a prova. Durante a aplicação, os alunos puderam solicitar que se repetisse a leitura quantas vezes julgassem necessário. Durante a realização da prova os alunos não utilizaram ferramentas como: calculadora, computador, dicionário, livros, revistas, entre outros.

A aplicação das provas em versão eletrônica aconteceu individualmente, cada aluno teve acesso a um computador. Os enunciados e as alternativas foram gravados em áudio, desta forma os alunos utilizaram fones de ouvido. A amostra total em versão impressa foi de 34 alunos e na versão eletrônica foi de 15 alunos.

O software não estipulava o tempo para cada questão a ser respondida. Assim como a versão impressa, os alunos não tiveram acesso a ferramentas de auxílio como: calculadora, dicionário, livros, revistas, rascunho para cálculos matemáticos, entre outros.

Instrumento de análise dos dados

Os instrumentos de análise dos dados de testes em papel foram tabulados com auxílio do sistema informatizado *Enscer*. A partir da página eletrônica disponível para o projeto de pesquisa (<www.enscer.com.br/capes>) as respostas dos estudantes foram digitalizadas sendo gerados relatórios estatísticos com dados descritivos. Dessa maneira foi possível identificar as questões com maior índice de erros e rastrear as alternativas marcadas, podendo assim levantar hipóteses de fatores que podem ter direcionado ao erro.

Também foram localizadas as questões com possíveis problemas de elaboração, que foram categorizadas conforme: área de conhecimento; número da questão; problema identificado; proposta de alteração; justificativa para essa alteração; e o índice de erro ou acerto pontuado pelos estudantes.

4. Resultados e Discussões

Os resultados apresentados no presente trabalho, referem a etapa do estudo piloto, dos testes aplicados aos estudantes cuiabanos. Considerou-se que esta etapa de estudos, reformulações e discussões acerca das questões dos testes, aplicação no formato computador e lápis e papel, foram importantes para o aprimoramento e amadurecimento das decisões da equipe de pesquisa sobre a coleta e análise de dados definitivos.

Assim, inicialmente, foram destacadas algumas características identificadas nas questões dos testes, que contribuíram para identificar possíveis dificuldades dos estudantes com o uso do computador, nesta fase, foram elencadas algumas informações que foram resolvidas na versão final dos testes. Em seguida, são apresentados os resultados encontrados ao serem utilizados os testes impressos em papel e computador.

Para a discussão das características identificadas durante as análises das questões, foram organizadas algumas categorias para os itens que necessitavam de alterações para versão final, e foram identificadas algumas situações que poderiam dificultar as comparações dos resultados de desempenho dos jovens nos testes impressos em papel e os testes aplicados através do computador, seguem as principais características identificadas: Ambiguidade, Termo desconhecido, Ausência de enunciado, Falta de clareza e Excesso de questões.

Na categoria Ambiguidade foram tabuladas as questões que apresentavam mais de uma possibilidade de alternativa correta. O Termo desconhecido, inclui as questões que no enunciado ou nas alternativas apresentaram termos inadequados à série e idade correspondente. Ausência de enunciado, abrange as questões que constavam no teste eletrônico e ao serem adequadas ao formato impresso o enunciado não foi incluso (problemas técnicos). A categoria Falta de clareza inclui questões que apresentaram problemas parciais no enunciado durante a transição de formatos, mas não impediram que as questões fossem respondidas pelos estudantes. Cada categoria identificada foi descrita a seguir.

- *Ambiguidade* – sendo categorizadas as questões que apresentavam duplo sentido, e que apresentavam modelo *"a melhor resposta"* em que todas as opções estavam corretas, mas uma delas parecia a melhor resposta dentro do contexto apresentado na questão. Tanto o formato *"a resposta correta"* quanto *"a melhor resposta"*são modelos adequados para avaliar a capacidade cognitiva do examinando. No entanto, ao longo das aplicações dos testes no formato de papel, avaliamos que os estudantes de 2° ano apresentaram dificuldades de distinção entre os dois formatos, pois para cada questão buscavam automaticamente pela resposta correta.

- *Falta de clareza* – foi o segundo problema de elaboração; foram categorizadas as questões que o enunciado não apresentava de maneira clara o problema a ser respondido, assim o examinando não entendia exatamente o que a pergunta solicitava.
- *Ausência de enunciado:* Durante a construção do software os enunciados foram adicionados às questões em formato de áudio, o que é ideal para o teste no computador voltado para alunos do segundo ano do ensino fundamental. Porém, o mesmo não foi adicionado à versão em papel, o que resultou na impressão de algumas provas sem os enunciados, deixando assim algumas questões sem condições de serem respondidas.
- *Excesso de questões*: A prova era bastante extensa, tinha um total de 64 questões. O cansaço e a desmotivação dos alunos puderam ser facilmente percebidos. O que pudemos perceber é que seria mais proveitosa a aplicação das provas separadas, matemática, ciências e leitura, ou redução de itens, uma vez que os alunos não prestavam atenção como no início, e se queixavam ao saber que o teste não influenciaria na nota escolar. De maneira geral, os alunos eram bastante agitados, não ficavam muito tempo sentados, e dificilmente ficavam em silêncio. Outro fator que deve ser levado em consideração é o período do ano que as avaliações devem ser aplicadas, já que a aplicação no início ou no final do período letivo, os alunos parecem pouco interessados.

Quanto ao desempenho dos estudantes, foram percebidas algumas dificuldades tanto no teste impresso em papel como através do computador, com o vocabulário adotado no teste em ciências. A dificuldade de reconhecimento de vocabulário foi percebida em algumas questões. Como por exemplo, os termos vivíparos e metamorfose. Para solucionar tal problema os termos passaram a ser acompanhados de uma breve explicação conceitual adequada à idade e série.

No ensino fundamental, a educação científica deve ter o papel de fomentar a curiosidade, de estimar a procura de respostas que vinculem às questões da vida prática e, não há como ignorar, de proporcionar a formação de base para o ensino médio (MONTENEGRO, 2008).

Para Bizzo (2007) as terminologias são criadas para sintetizar ideias complexas, conhecidas por aqueles que dominam aquele ramo da ciência. Segundo Bizzo (2007) a terminologia científica não deveria ser vista simplesmente como uma maneira diferente de nomear fenômenos. Se ela é vista como um código trata-se de um código de compactação, ou seja, tenta juntar informações, agregando significados. Neste caso, a terminologia científica não é apenas uma formalidade, mas uma maneira de compactar informação, de maneira precisa, que não modifique com o tempo ou sofra influências regionais ou da moda de cada época.

Segundo Lorenzetti, et al. (2001), a alfabetização científica, portanto, estendendo-se para além de vocabulário, preocupa-se com a apropriação de esquemas conceituais e métodos processuais, incluindo compreensões sobre Ciência. O autor ainda propõe a abordagem sistemática de um amplo leque de atividades, articulado com o planejamento escolar.

Dentre as atividades possíveis de serem desenvolvidas destacamos as seguintes: o uso sistemático da literatura infantil, da música, do teatro e de vídeos educativos, reforçando a necessidade de que o professor pode, através de escolha apropriada, ir trabalhando os significados da conceituação científica veiculada pelos discursos contidos nestes meios de comunicação; explorar didaticamente artigos e demais seções da revista Ciência hoje das Crianças, articulando-os com aulas práticas; visitas a museus; zoológicos, indústrias, estações de tratamento de águas e demais órgãos públicos; organização e participação em saídas a campo e feiras de Ciências; uso do computador da Internet no ambiente escolar (LORENZETTI, et al. 2001).Já para os alunos, que começam a dominar o código escrito, a leitura propicia o desenvolvimento cognitivo do educando, abrindo uma janela para conhecimentos que a conversação sobre outras atividades cotidianas não consegue comunicar (LORENZETTI, et al. 2001).

Diante das situações observadas nos testes aplicados nas escolas cuiabanas, verificou-se algumas dificuldades na elaboração das questões, que impediram análises aprofundadas da intervenção do uso do computador e papel em testes em grande escala. Entretanto, observa-se que na transição do teste impresso em papel para o computador, características inerentes ao uso da tecnologia, como adequação de imagem e áudio, bem como questões claras e bem formuladas (aspecto resolvido na versão final dos testes aplicados) são aspectos queinterferem nos resultados atingidos pelos estudantes nos testes de desempenho.

Além disso, algumas dificuldades estruturais identificadas na escola que participou da pesquisa merecem se destacadas:

1. *Precariedade nos laboratórios de informática:* As escolas selecionadas a participar do projeto tinham que obrigatoriamente ter laboratório de informática. Durante visitas anteriores a coleta dos dados, foi percebida precariedade nos laboratórios como: poucos computadores disponíveis, mau funcionamento, problemas na parte elétrica e falta de alguns acessórios como o fone de ouvidos. A real situação dificultou as coletas, uma vez que alguns computadores não puderam ser usados. Bridgeman (2009) e Blazer (2010) mencionaram como uma das dificuldades da utilização de testes em computador, a falta de infraestrutura de muitas escolas e o elevado custo para a modernização dos laboratórios. A falta do fone de ouvido foi o problema maior, pois a aplicação para o 2º ano do ensino fundamental conta com o áudio, tendo em vista o não domínio de leitura dos mesmos. A solução encontrada foi a aquisição e empréstimos dos fones de ouvido.

2. *Dificuldades de acesso à internet:* O software foi programado para funcionar com total acesso a internet, caso o acesso a mesma não seja total, o programa não funcionará corretamente. As escolas participantes de Cuiabá, não possuem internet com velocidade ótima; todas eram de velocidade reduzida, o que facilitou a queda do sinal diversas vezes, interrompendo assim a coleta. Em alguns casos a coleta foi remarcada, uma vez que o sinal não retornou. Problemas com a internet foi mencionado por vários autores.
3. *Não compatibilidade com o sistema operacional:* O software foi desenvolvido em compatibilidade com o sistema operacional Windows, porém os computadores das escolas de Cuiabá são de sistema operacional Linux, o que acarretou em alguns problemas técnicos. Algumas questões ficaram desconfiguradas, outras apresentaram problemas no áudio.

Quanto aos resultados atingidos pelos estudantes, nos testes em papel e no computador, observou-se que não houve diferenças significativas no desempenho dos estudantes, dos diferentes períodos de escolarização, em um formato ou outro, pois, para a maioria dos jovens, a tecnologia não parece como uma novidade no espaço educacional, embora, alguns estudantes (particularmente os estudantes matriculados nas séries finais do Ensino Fundamental) demonstraram que ao resolverem questões de matemática, sentiram falta do uso do papel, como rascunho, para elaborações do raciocínio matemático. Mas de maneira geral, o uso da tecnologia em si, não parece interferir no desempenho dos estudantes, o que parece interferir são as características dos próprios itens, e a adequação do teste para o uso da tecnologia.

Os resultados obtidos no teste piloto foram importantes para identificar e analisar a estrutura física dos laboratórios de informática das escolas participantes, rever a quantidade de questões aplicadas, o período de aplicação das provas, não sendo indicado o final do letivo, e à transposição didática de alguns itens do teste. Diante dos resultados encontrados, e o interesse de implementar o uso do computador e internet nas aplicações de testes de desempenho em grande escala, pauta-se o desafio de superar algumas dificuldades estruturais ainda presentes em algumas regiões brasileiras.

Agradecimentos

Agradecemos às coordenações das escolas, que autorizaram a execução do projeto. Aos alunos destas escolas, por aceitarem e prontamente contribuir com a importante temática das dificuldades de aprendizagens. Aos seus pais, que responderam ao histórico de desenvolvimento da criança. Agradecemos aos colegas do projeto em Cuiabá, Ana Sophia Haagsma Simm, Mauricio Marinho Silva e Naiara Silva Gonçalves, pelo empenho em realizar as coletas de dados.

REFERÊNCIAS

BIZZO, N. **Ciências: fácil ou difícil?.** 2ª ed. Ática: São Paulo, 2007. 159p.

BLAZER, C. Computer-Based Assessments. **Information Capsule, Research Services**. Vol. 918, Junho, 2010. Disponível em: <http://files.eric.ed.gov/fulltext/ED544707.pdf>. Acesso em: 02 Mai. 2015.

BRIDGEMAN, B . Experiences from Large-Scale Computer-Based Testing in the USA. In: **JRC Scientific and Technical Reports**. 2009. p. 151-156.

BRIDGEMAN, B., & COOPER, P. Comparability of scores on word-processed and handwritten essays on the Graduate Management Admissions Test. In: **Paper presented at the annual meeting of the American Educational Research Association**. San Diego. 1998. Disponível em: <http://files.eric.ed.gov/fulltext/ED421528.pdf> Acesso em: 02 Mai. 2015.

BRIDGEMAN, B., LENNON, M., & JACKENTHAL, A. **Effects of screen size, screen resolution, and display rate on computer-based test performance**. Educational Testing Service. Princeton, New Jersey. 2001. Disponível em: <https://www.ets.org/Media/Research/pdf/RR-01-23-Bridgeman.pdf> Acesso em: 02 Mai 2015.

CRISTOFOLINI, C. **Refletindo sobre a Provinha Brasil a partir das Dimensões Sociocultural, Linguística e Cognitiva da Leitura.** Alfa, São Paulo, 56 (1): 2012. p. 217-247.

FISHER, S. E.; FRANCKS, C. Genes, cognition and dyslexia: learning to read the genome. 2006. **Trens in Congnitive Sciences**.Volume 10, Issue6. June, 2006. p. 250–257. Disponível em: <http://www.cell.com/trends/cognitive-sciences/abstract/S1364-6613(06)00099-4?_returnURL=http%3A%2F%2Flinkinghub.elsevier.com%2Fretrieve%2Fpii%2FS1364661306000994%3Fshowall%3Dtrue>. Acesso em: 02 Abr. 2015.

GABEL, L.A.; GIBSON, C.J.; GRUEN, J.R.; LOTURCO, J.J. Progress towards a cellular neurobiology of reading disability. **Neurobiol Dis**; 38(2) May, 2010. p. 173-180.

GONTIJO, Cláudia Maria Mendes. Avaliação da alfabetização: Provinha Brasil. **Educ. Pesqui.** vol.38, n.3, 2012. p. 603-622. ISSN 1517-9702. Disponível em: <http://www.scielo.br/pdf/ep/v38n3/05.pdf> Acesso em: 30 Abr. 2015.

HORKAY, N., BENNETT, R. E.; ALLEN, N., KAPLAN, B., & YAN, F. Does it matter if I take my writing test on computer? An empirical study of mode effects in NAEP. **Journal of Technology, Learning, and Assessment**.Vol.5, n. 2. 2006. Disponível em: <http://ejournals.bc.edu/ojs/index.php/jtla/article/view/1641/1488> Acesso em: 02 Mai. 2015

KIM, D. H., & HUYNH, H. Comparability of Computer and Paper-and-Pencil Versions of Algebra and Biology Assessments. **Journal of Technology, Learning, and Assessments**. vol. 6, n.4, 2007. Disponível em: <http://ejournals.bc.edu/ojs/index.php/jtla/article/view/1634>Acesso em: 02 Mai. 2015

KUSIAK, S. M. Uma Análise da Prova Brasil com enfoque nos processos de Leitura e Escrita. **IX ANPED SUL**. Seminário de Pesquisa em Educação da Região Sul. 2012. Disponível em: <http://www.aedmoodle.ufpa.br/pluginfile.php?file=%-2F149444%2Fmod_resource%2Fcontent%2F1%2Fuma%20analise%20sobre%20a%20prova%20Brasil.pdf> Acesso em: 30 Abr. 2015.

KYLLONEN, P. C. New Constructs, Methods, & Directions for Computer-Based Assessment. In: **JRC Scientific and Technical Reports**. 2009. p. 151-156.

LENT, G.V. Risks and Benefits of CBT versus PBT in High-Stakes Testing Introducing key concerns and decision making aspects for educational authorities. In: **JRC Scientific and Technical Reports**. 2009. p. 83-91.

LORENZETTI, L; DELIZOICOV, D. Alfabetização científica no contexto das séries iniciais. **ENSAIO**-Pesquisa em Educação em Ciências. Volume 03, n.1, p. 1-17, jun. 2001.

LUZ, L. S. **O impacto da repetência na proficiência escolar:** uma análise longitudinal do desempenho de repetentes em 2002-2003. 2008. 144 f. Dissertação de mestrado. Centro de Planejamento e Desenvolvimento Regional, Universidade Federal de Minas Gerais, Belo Horizonte, 2008.

MARTINS, I. et al. **IV Encontro Nacional de Pesquisa em Educação em Ciências, 2003**, São Paulo. Uma análise das imagens nos livros didáticos de ciências para o ensino fundamental. 2003. 7 p.

MEIJER,R. Transition to Computer-based Assessment Motivations and considerations. In: **JRC Scientific and Technical Reports**. p. 104-107. 2009.

MONTENEGRO, P. P. **Letramento científico:** O despertar do conhecimento das ciências desde os anos iniciais do ensino fundamental. 2008. 175 f. Dissertação de mestrado. Universidade de Brasília, 2008.

MULVANEY, J. R. **Computer-based Assessment and the Effects it hás on Middle School Aged Students.** Masters dissertation.University of Wisconsin-Stout. December, 2011. Disponível em: <http://citeseerx.ist.psu.edu/viewdoc/download;jsessionid=1D2CAB7D700707EF127E54C4C5CD755F?doi=10.1.1.389.6633&rep=rep1&type=pdf>Acesso em: 05 Abr. 2015.

OKADO N et al. A biogenic amine-synapse mechanism for mental retardation and developmental disabilities. **Brain Dev.**; 23: (suppl 1). 2001. p.11-15. Disponível em: <http://www.sciencedirect.com/science/article/pii/S0387760401003710>Acesso em: 02 Abr. 2015.

OLIVEIRA, A. P. de M. **A Prova Brasil como política de regulação da rede pública do Distrito Federal.** Dissertação de mestrado. Universidade de Brasília. Brasília. 2011. Disponível em: <http://repositorio.unb.br/bitstream/10482/9334/1/2011_AnaPauladeMatosOliveira.pdf> Acesso em: 30 Abr. 2015.

PROGRAMME FOR INTERNATIONAL STUDENT ASSESSMENT - PISA. **Relatório Nacional PISA 2012.** Resultados brasileiros. Disponível em:<http://download.inep.gov.br/acoes_internacionais/pisa/resultados/2014/relatorio_nacional_pisa_2012_resultados_brasileiros.pdf>Acesso em: 30 Abr. 2015.

PROGRAMME FOR INTERNATIONAL STUDENT ASSESSMENT (PISA). **Results from PISA 2012 Brazil.** Disponível em: <www.oecd.org/.../PISA-2012-results-brazil.pdf>Acesso em: 30 Abr. 2015.

RIPLEY, M. Transformational Computer-based Testing**.** In: **JRC Scientific and Technical Reports**. p. 92-98. 2009.

SCHEUERMANN, F. & BJORNSSON, J. The Transition to Computer-Based Assessment.New Approaches to Skills Assessment and Implications for Large-scale Testing**. JRC Scientific and Technical Reports**. 2009.

THAPAR, A. et al. Maternal Smoking During Pregnancy and Attention Deficit Hyperactivity Disorder Symptoms in Offspring. **The American JournalofPsychiatry.** Disponível em: <http://ajp.psychiatryonline.org/doi/full/10.1176/appi.ajp.160.11.1985>Acesso em: 04 Abr. 2015.

THOMPSON, N. A. & WEISS, D. J. Computerized and Adaptive Testing in Educational Assessment. In: **JRC Scientific and Technical Reports**. p. 127-133. 2009.

PARTE II

DESEMPENHO ESCOLAR INCLUSIVO: rupturas

AS AVALIAÇÕES, SUAS PECULIARIDADES E INTENÇÕES: reflexões necessárias

Natália Borba Possebon

A exemplo do que acontece no âmbito educacional, as avaliações de desempenho, também, se tornaram um dos principais instrumentos dentro das pesquisas acadêmicas. Diante dessa premissa e imersa em um grupo de pesquisa (IDEIA)[6] que estava desenvolvendo um instrumento avaliativo (ENSCER)[7], veio a necessidade de um maior estudo reflexivo acerca dessa temática.

Repensar as avaliações, seus objetivos e consequências, serviu como base para que eu conseguisse reestruturar e nortear o foco da minha pesquisa de mestrado[8], que até então, estava sendo delineado com o uso de um instrumento avaliativo. O instrumento que estava sendo elaborado e testado pelo grupo, tinha como objetivo avaliar - por meio de testes em papel e no computador - o desempenho de alunos de alunos de 2°, 5° e 9°ano em Língua Portuguesa, Matemática e Ciências, do Ensino Fundamental.

A fim de buscar, por meio de reflexões, uma melhor compreensão das avaliações, se fizeram necessárias diferentes leituras direcionadas às avaliações. Autores como Hoffmann (2001) e Loch (2003), dentre outros, ressaltam a importância das avaliações no processo ensino-aprendizagem e destacam as avaliações como uma ferramenta mediadora. Nesse sentido, Limeira (2012) salienta que:

> [...] a avaliação é um caminho para subsidiar o levantamento de informações sobre as ações que promovem a aprendizagem dos estudantes, considerando-se para isto o aspecto pedagógico do trabalho escolar. As informações geradas pela avaliação da aprendizagem são subsídios importantes para avaliar o ensino desenvolvido pelo professor e a sua relação com a aprendizagem apresentada pelo aluno.

Frente isso, corroboro com as ideias das autoras e, ainda acredito que, dentro do sistema educativo, as avaliações servem como mediadores indispensáveis, porém, penso que, devam ser usadas com cautela para que os seus resultados e análises sejam direcionados a uma busca por melhorias, em especial, quando usadas em pesquisas acadêmicas.

---

6 Grupo Inter-institucional Desempenho Escolar e Inclusão Acadêmica

7 Ensinando o cérebro

8 POSSEBON, N.B. O que me auto (trans) forma pedagoga? Um caminho a partir de vivências em um grupo de pesquisa. Dissertação (mestrado). Universidade Federal de Santa Maria, RS, 2015.

Questionamentos do tipo: 'Como podemos avaliar o desempenho de uma criança (se ela está no mesmo nível intelectual de seus colegas) apenas com um teste?'; 'Como estabelecer um nível ideal?', 'Como esse aluno pode ser 'classificado' por apenas um instrumento, sem levar em conta as inúmeras atividades desenvolvidas em sala de aula?', dentre outras, me levaram a uma reflexão quanto ao uso de avaliações padronizadas de desempenho. Entretanto, as avaliações, como já destacado, se tornaram ferramentas indispensáveis no sistema educativo, como explicita o ART 47, § 2º da Resolução CNE/CEB nº 4/2010.

> Em nível operacional, a avaliação da aprendizagem tem, como referência, o conjunto de competências, habilidades, valores, que os sujeitos do processo educativo projetam para si de modo integrado e articulado com aqueles princípios definidos para a Educação Básica, redimensionados para cada uma de suas etapas, bem assim no projeto político pedagógico da escola.

Entretanto, quando a inquietação deixa de ser apenas parte do meio acadêmico e das pesquisas e passa a fazer parte do dia a dia, surgem novas questões e inquietações: Como, enquanto professora, buscar um 'equilíbrio' entre o que considero o ideal e o que acontece -na realidade- da maioria das escolas? Nesse caso, não há uma 'válvula de escape' e a avaliação não pode ser uma questão a ser resolvida em outra hora ou de outra forma.

De acordo com Sordi & Ludke (2009):

> Supostamente reféns de uma visão reducionista de avaliação, restrito a um de seus componentes, o da aprendizagem, podem os futuros profissionais ser levados a crer que a sala de aula pode ser entendida de forma dissociada da escola e esta, de forma independente do entorno social. Podem incorporar que esta atividade lhes pertence de modo exclusivo, não cabendo compartilhamento de nenhuma espécie que ponha em xeque seu olhar profissional sobre o problema.

Frente a isso, se fez necessário um olhar sobre as avaliações quantitativas, a fim de repensar, de forma mais ampla, o envolvimento das avaliações no contexto educativo. Para tanto, é preciso compreender de que o forma as avaliações são usadas como ferramentas de 'diálogo' entre o sistema e a escola (consequentemente a sala de aula), ou seja, de que forma as avaliações externas influenciam na avaliação institucional e -ou- na avaliação (interna) de aprendizagem?

A avaliação externa é justificada por ser a forma encontrada para dimensionar a qualidade da educação, como instrumento da Gestão Educacional. Porém, ela não alcança os diferentes fatores que influenciam na (ou alta de) aprendizagem, como ressalta Serpa (2011):

> Apesar do avanço que essa nova cultura trouxe ao país, ainda falta alinhar as matrizes das provas às expectativas de aprendizagem e à criação de um currículo para as redes – e também aos programas de formação de professores,

> que, no fim das contas, é o que vai promover a aprendizagem. "A avaliação por si só não leva a nada. Sua função é indicar a natureza dos problemas para fundamentar as políticas públicas", afirma Nigel Brooke,

Entretanto, é possível inferir que, com a ausência de um currículo básico obrigatório e a fim de buscar um bom desempenho, muitas escolas direcionam os conteúdos a serem trabalhados a partir do que está sendo 'cobrado' nas avaliações externas. Nesse sentido, Tolentino-Neto & Possebon (2013) destacam que as políticas públicas, ao monitorar apenas o desempenho em Língua Portuguesa e Matemática, reforçam o desequilíbrio no incentivo às demais áreas.

Outro ponto, a meu ver, carente de maiores reflexões diz respeito à forma como as avaliações padronizadas de desempenho (des) consideram os alunos com Dificuldades de Aprendizagem, já que o sistema avalia os estudantes por meio de uma única ferramenta e, como já exposto, não mensura as aprendizagens individuais. Diante dessas inúmeras inquietações se fez necessário um olhar voltado às diferentes intenções das avaliações no ensino, sejam elas em pequena ou grande escala.

É inegável a importância das avaliações quantitativas desenvolvidas em larga escala e que colaboram com o sistema educativo por meio de amostragens. Porém, creio que, essas avaliações, isoladamente não expressam a real dimensão da situação em que as escolas se encontram. Dessa forma, saliento que as avaliações qualitativas se tornam, cada vez mais, indispensáveis em prol de melhorias no sistema educativo. Considero que essa mudança deve partir dos meios acadêmicos que, com diferentes pesquisas, visem análises mais amplas e fidedignas do desempenho dos alunos, em meio a diferentes contextos. Se modificarmos a nossa visão, enquanto pesquisadores e educadores, em relação as avaliações, estaremos contribuindo para que as avaliações se tornem efetivamente ferramentas mediadoras

REFERÊNCIAS

BRASIL. **Resolução Nº 4, de 13 de Julho de 2010**. Define Diretrizes Curriculares Nacionais Gerais para a Educação Básica. Diário Oficial da União, Brasília, 14 de julho de 2010, Seção 1, p. 824.
Disponível em: <http://portal.mec.gov.br/dmdocuments/rceb004_10.pdf>. Acesso em: 28 de abril de 2015.

HOFFMANN. J. **Avaliar para promover**: as setas do caminho. Porto Alegre: Mediação, 2001.

LIMEIRA, L. C. **Avaliação institucional e projeto político pedagógico**: uma trama em permanente construção. Dissertação (mestrado). Universidade Católica de Brasília, 2012.

LOCH, J. M. de P. In: ESTEBAN, Maria Teresa (Org.). **Avaliação:** uma prática em busca de novos sentidos. Rio de Janeiro: DP&A, 2003.

POSSEBON, N. B. **O que me auto (trans) forma pedagoga?** Um caminho a partir de vivências em um grupo de pesquisa. 2015. 64f. Dissertação (Mestrado em Educação em Ciências)- Universidade Federal de Santa Maria. Santa Maria, 2015.

SERPA, D. 8 mitos sobre as avaliações externas. **Revista Nova escola, Especial Avaliações externas**. Outubro, 2011. Disponível em: http://revistaescola.abril.com.br/politicas-publicas/8-mitos-testes-aprendizagem-larga-escala-643599.shtml. Acesso em: 30 de Abril de 2015.

SORDI, M, R L, de. ; LUDKE, M. **Da avaliação da aprendizagem à avaliação institucional**: Aprendizagens necessárias. Avaliação,Campinas; Sorocaba, SP, V.14, n.2, p 313-336, jul. 2009.

TOLENTINO-NETO, L. C. Brant; POSSEBON, N. B. Ciências nos Anos Iniciais - Contexto brasileiro e possibilidades. In: **IX CONGRESO INTERNACIONAL SOBRE INVESTIGACIÓN EN DIDÁCTICA DE LAS CIENCIAS**: 569-573. Girona, 2013.

STUDENT VOICE: um novo olhar para mudanças pedagógicas e curriculares no ensino de ciências

Micheli Bordoli Amestoy

> *[...] Somente através do encontro com os alunos em seus ambientes é que a ciência pode contribuir com o desenvolvimento dos jovens, de forma a capacitá-los e prepará-los para o exercício de sua autonomia.*
> SCHREINER e SJØBERG (2004, p. 20-21)

Pesquisas e trabalhos sobre '*student voice*', termo em inglês para 'voz do estudante', tornam-se cada vez mais frequentes no cenário educacional mundial (FIELDING, 2001; POLMAM E PEA 2001; COOK-SATHER, 2002, 2006; MITRA, 2004; JENKINS, 2006; ROBSON; TAYLOR, 2013; GEDROVICS et al., 2014).

A 'voz' do estudante aqui representada, refere-se a oportunidade de escuta, isto é, dar a palavra aos estudantes para que eles possam expressar suas opiniões, desejos e interesses de aprendizagem sobre assuntos relacionados à Ciência.

No Brasil, pesquisas preocupadas com os interesses dos estudantes estão presentes na literatura a partir de teses de doutoramento de Tolentino-Neto (2008) e mais recentemente de Santos-Gouw (2013). Algumas dessas pesquisas revelam motivos para o desinteresse dos alunos em aprender Ciências na escola e até mesmo a resistência em escolher uma carreira científica.

Segundo Jenkins (2006) uma reclamação frequente dos alunos é que o currículo de Ciências está 'sobrecarregado de conteúdos'. Além disso, os estudantes gostariam que as suas aulas de Ciências tivessem um pouco mais de significado para o seus cotidianos, o que inclui mais atividades práticas, mais atenção a temas científicos da atualidade e atividades que gerassem discussões mais participativas.

As pesquisas que se destinam a dar atenção à 'voz do estudante' apresentam em suas justificativas a relevância que as percepções e opiniões dos alunos podem trazer tanto para mudanças curriculares quanto pedagógicas.

Além disso, alguns trabalhos têm demonstrado que quando os alunos não encontram algum reflexo em seus universos escolares, tornam-se, na maioria das vezes, refratários a este sob várias formas de reações como, por exemplo, a desmotivação, a fuga, a recusa, entre outros.

Diante disso, torna-se curioso o fato de que, a utilização do recurso da escuta, talvez simples na teoria, mas muito complexo na prática, não esteja sendo praticado nas escolas, apesar de ser proposto por vários autores.

Acredito que os estudantes possam ser os possíveis porta-vozes para as mudanças que tanto almejamos no ensino de Ciências. Isso porque, o currículo que é pensado por reformuladores e organizadores de políticas públicas que tiveram o contato com ciências, talvez ainda em suas etapas escolares, torna-se muito distante e pouco prático para os alunos do século XXI.

Não proponho aqui, um ensino voltado a experimentos e bancada, o objetivo aqui é discutir a presença e o posicionamento dos estudantes em momentos decisivos como, por exemplo, reuniões, discussões, palestras, votações sobre reformas curriculares. Nada mais justo a quem o sistema educacional se destina também participar das decisões?!

O objetivo deste texto é o de socializar algumas informações e resultados da pesquisa realizada durante os dois anos de mestrado que teve como produto final a dissertação intitulada: *Articulações entre os interesses dos alunos e livros didáticos: A voz do estudante na construção curricular de ciências.*

Esta pesquisa teve como objetivo norteador investigar de que forma a voz do estudante faz parte da construção do currículo de ciências, da elaboração da Matriz Referência do ENEM e da confecção dos Livros Didáticos de Biologia.

A 'voz' do estudante aqui mencionada está diretamente relacionada aos interesses e desejos de aprendizagens de jovens de 15 anos. Esses interesses foram obtidos por meio da aplicação de um instrumento intitulado *The Relevance of Science Education* (ROSE) em português – A Relevância do Ensino de Ciências.

O ROSE nas pesquisas: Um caminho para a mudança?

O ROSE já foi aplicado em mais de 45 países com o objetivo de ouvir a voz dos estudantes, isto é, o que os jovens da faixa etária de 15 anos desejam aprender com relação à área das ciências. Mas, por que 15 anos? Porque essa é a idade estipulada pelo Programa Internacional de Avaliação de Alunos (PISA), uma avaliação comparativa, aplicada a estudantes com essa faixa etária, pois se pressupõe que essa seja a idade para o término da escolaridade básica obrigatória na maioria dos países.

Os critérios para a seleção e escolha dos temas de interesses dos estudantes em análise nessa pesquisa foram elencados a partir da tese de doutoramento de Santos-Gouw (2013) a qual teve como objetivo investigar os assuntos de interesses de aprendizagem dos alunos de quinze (15) anos em âmbito nacional. Os dados desta tese foram obtidos após a aplicação do instrumento ROSE em 77 escolas de todos os estados do Brasil, contabilizando 2365 estudantes de 15 anos que responderam ao questionário.

O ROSE é um instrumento de caráter quantitativo, em larga escala, pode ser encarado como apenas parte da solução para os problemas no ensino de ciências, ou seja, um caminho promissor para que mudanças possam ser pensadas a partir dele e colocadas em práticas. Uma das grandes vantagens desse questionário é a sua flexibilidade, podendo ser traduzido para vários idiomas e adaptá-lo para as realidades locais dos países interessados, no Brasil foi traduzido e adaptado a realidade brasileira por Tolentino-Neto (2008).

Esse instrumento emerge em meados dos anos 2000 em meio a uma comunidade europeia em que os alunos demostravam cada vez menos interesse em estudar ciências na escola e em seguir carreiras científicas. A partir da identificação deste desencanto dos jovens pela ciência, pesquisadores europeus elaboraram esse questionário para analisar as informações vindas dos estudantes. Importantes instituições internacionais de pesquisas trabalharam em conjunto e em meio a essa cooperação o questionário foi finalizado em 2002.

Os interesses dos alunos identificados a partir do questionário ROSE são construções (não inatas) e por isso, tornam-se importantes para a concepção de educação em ciências, uma vez que, esses interesses refletem questões mais amplas da sociedade e do contexto em que foram aplicados.

Outro diferencial desse instrumento é a capacidade de resgatar as opiniões e os interesses dos alunos por meio de questões fechadas organizadas em uma escala Likert de quatro pontos (discordo totalmente, discordo, concordo e concordo totalmente) o que evita que o aluno não se posicione frente as afirmações propostas.

1. Estudantes: Porta-vozes de mudanças curriculares?

É curioso que na maioria dos países, inclusive no Brasil, ainda prevaleça a rara participação dos estudantes em momentos importantes e decisivos como, por exemplo, os das reformas curriculares e pedagógicas. Torna-se inquietante pensarmos nos estudantes como público alvo de alterações curriculares, por vezes, apenas políticas. E nos esquecermos deles como protagonistas atuantes de um universo escolar recheado de estratégias pedagógicas, às vezes, (des) encontradas e fora das realidades escolares. Mas, por que a situação citada acima é tão recorrente nas escolas nos dias de hoje?

Talvez a resposta esteja logo acima também, quando a quem o sistema se destina, não questione em nenhum momento as suas opiniões. E o mais grave, não é apenas o silêncio da 'voz' dos estudantes, mas também a de professores que são os principais conhecedores das comunidades escolares.

Esse silêncio por parte dos alunos e professores em processos reformuladores de currículo refletem-se em déficits de informações e conhecimentos da realidade escolar brasileira que acabam prejudicando a implementação de projetos educacionais, que são arquitetados e executados apenas no papel. É necessário refletirmos se realmente os alunos e os professores não estariam interessados em participar desse processo, afinal, essas mudanças refletem direta e diariamente nos seus ambientes escolares.

A voz do estudante tem sido apontada como um ingrediente potencializador para a elaboração de uma proposta de redesenho curricular com novos procedimentos metodológicos para o currículo de Ciências. Porém, não se faz mudanças e reformas sem ouvir o 'todo', ou seja, professores, alunos e comunidade escolar. Assim, ao ouvirmos os atores sociais do processo educacional, o currículo poderá tornar-se mais próximo e real dos contextos escolares, uma vez que, o currículo também tem o seu papel na condução e formação de um cidadão crítico e consciente.

Após a investigação realizada nessa pesquisa, foi diagnosticada uma carência não só de trabalhos preocupados em discutir uma recontextualização e reestruturação do currículo de Ciências, mas também, foi possível mapear a ausência da participação da comunidade escolar e principalmente da escuta dos alunos em assuntos relacionados a construção e modificações do currículo escolar.

Acredito e corroboro com a ideia de que um novo olhar para o currículo de Ciências tem nos alunos um dos alicerces para uma necessária transformação curricular. Neste sentido, prestar atenção no que os alunos pensam, nos seus interesses e opiniões é um dos caminhos para a busca de um melhor ensino de Ciências no Brasil.

Quando falamos em reformas curriculares, não podemos deixar de mencionar a discussão a cerca da formalização de um currículo nacional mínimo. Esta é uma questão polêmica e que divide opiniões. Há quem acredite ser uma solução imediatista frente à ausência de um currículo único para todo o país e de uma forma mais geral, seria uma busca pela equidade do que as escolas ensinam em âmbito nacional e mundial.

Por outro lado, há quem discorde e encare essa mudança como uma 'padronização do ensino', ou seja, um currículo único para todo o país seria um currículo 'engessado' e ausente de percepções e correspondências ao universo sociocultural de cada região brasileira. E que pode também ser encarado como uma das consequências impostas pelas avaliações externas dentro das escolas. Em que, para se comparar a 'qualidade' da educação de países completamente diferentes, avaliações como, por exemplo, o PISA a nível internacional e o ENEM a nível nacional, são traduzidas e aplicadas em diferentes realidades a fim de qualificar, por meio de notas, o ensino.

Quando falamos em avaliações externas, por trás delas existe uma política chamada de '*accountability*' a qual é embricada de significados, que se não forem bem estudados podemos seguir os caminhos de países como, por exemplo, os EUA e o Chile, que já têm em seus cenários educacionais essa política presente há vários anos e os frutos colhidos não são os mais saborosos.

Vários países da Europa estão discutindo e adotando um currículo único a nível nacional. Para alguns países europeus, que são pequenos em extensão e não há muita diferença entre as regiões locais esse formato curricular pode funcionar bem. No entanto, a formalização de um currículo nacional mínimo, no Brasil, com realidades e contextos escolares tão diferentes torna-se uma questão contraditória. É possível mantermos com sucesso um mesmo currículo para toda a extensão do país, sendo que no Brasil existem 'vários Brasis'?

2. Os interesses dos estudantes e as avaliações externas: Um olhar sobre o ENEM

É cada vez mais frequente discussões sobre as influências das Avaliações externas nos currículos escolares. Para essa pesquisa destacamos aquela de maior escala no país, o Exame Nacional do Ensino Médio (ENEM). Primeiro pela sua importância e segundo pelo público alvo: jovens do Ensino Médio. Será discutido a seguir as relações entre os interesses dos jovens de 15 anos e as habilidades avaliadas no exame. Afinal, o ENEM contempla em sua Matriz de Referência os interesses dos jovens relacionados às Ciências da Natureza e suas tecnologias?

Como está estruturado o ENEM? O novo ENEM é composto por 4 áreas do conhecimento e 30 habilidades para cada área e competências específicas para cada uma dessas áreas. Para essa pesquisa foi escolhida para a análise a área das Ciências da Natureza e suas tecnologias, bem como as suas 8 competências e 30 habilidades. Além disso, para o novo ENEM com 180 questões de múltipla escolha, é utilizada a metodologia da Teoria de Resposta ao Item (TRI) que permite não só comparar, mas também abarcar exames de anos diferentes.

Foi detectado que quase todos os interesses dos alunos pesquisados são contemplados no exame. Diante disso, essas informações corroboram para o fato de que é viável e possível entrelaçar um trabalho pedagógico que exija o cumprimento e a vigência de um currículo formalizado, mas que o transcenda e consiga percorrer lado a lado os interesses dos estudantes, sem fugir das exigências estabelecidas pelo ENEM.

A sugestão de utilizar o questionário ROSE para descobrir os interesses dos alunos nos primeiros dias do ano letivo, torna-se uma estratégia pedagógica interessante para os professores de Biologia, que podem a partir destas respostas associar o que está dentro e fora da Matriz de Referência do ENEM, e ao longo do ano escolar mesclar o que é exigido no exame com os assuntos de interesse dos jovens.

Acredito que assim, possa se tornar mais fácil atrair a atenção dos alunos e acender o desejo de aprendizagem pela Ciência que anda cada vez mais distante do 'universo dos alunos' pelo fato de que o que é apresentado nas salas de aulas como Ciências, é algo muito distante do mundo e da vivência diária da maioria dos alunos, principalmente aqueles pertencentes às escolas públicas.

Dos interesses dos alunos analisados na Matriz de Referência do ENEM, apenas dois não estavam presentes: Geologia e Mistério. É interessante destacar que o conteúdo de Geologia não está presente também na maioria dos Livros Didáticos de Biologia. Por quê? Falta de interesse político?!

Quando falamos em mesclar o que é exigido nos exames com os assuntos de interesses dos estudantes, a Geologia é um exemplo. Considerando a cidade de Santa Maria/ RS localizada em uma região estratégica, com muitos sítios paleontológicos, os quais propiciam um turismo paleontológico por meio de viagens de estudo e uma aproximação e exploração de assuntos relacionados a Geologia e a Paleontologia, por quê isso não acontece nas escolas locais?

É inquietante pensarmos o poder que as avaliações externas exercem sobre as escolas. Quando nos deparamos com a situação descrita acima, nos damos por conta do desperdício de oportunidades de aprendizagens que deixam de serem colocadas em práticas porque são barradas pelos conteúdos mínimos obrigatórios das avaliações externas.

3. Os interesses dos alunos e os Livros didáticos de Biologia

Já falamos do currículo de ciências, da Matriz de Referência do Enem e para finalizarmos a tríade de discussão construída para essa pesquisa, incluímos na lista o Livro Didático. Ele engloba de forma direta ou indireta os outros dois eixos da tríade – isso porque não há como falarmos em organização curricular sem falarmos do Livro – mediador da aprendizagem entre alunos e professores, material de estudo de alunos e professores. As coleções escolhidas para a análise dessa pesquisa foram as 3 coleções de livros didáticos mais usadas na cidade de Santa Maria/RS.

Nas três coleções analisadas os assuntos de interesse dos alunos a saber: *Primeiros socorros, DSTs e proteção, HIV e AIDS conhecimento e prevenção, câncer, como controlar epidemias e doenças, drogas e suas consequências, o que pode ser feito para assegurar ar limpo e água potável, a possibilidade de vida fora do planeta terra,* são abordados, em algumas coleções mais do que em outras.

Dois assuntos de interesses dos alunos merecem destaque e têm potencial para serem explorados em pesquisas futuras – *Primeiros socorros*, pois quando aparecem nos LDs analisados, chamam a atenção por terem uma relação muito próxima aos animais peçonhentos e o assunto *Drogas* – por ser um tema de muita relevância e pouco abordado nos livros analisados.

A personificação do currículo feita em sala de aula por meio da utilização do LD por professores para formularem e criarem seus planos de aula e pelos alunos para realizarem seus estudos individuais, torna o LD um componente indissociável do currículo escolar. Percebemos que os LDs de Biologia do Ensino Médio correspondentes ao PNLD 2012 encontram-se parcialmente distantes dos alunos.

Os assuntos de interesse dos estudantes acabam de um jeito ou de outro estando presentes nos livros. Porém, apenas uma linha escrita sobre 'drogas' não é o suficiente para suprir a necessidade de aprendizagem desses jovens, quando um de seus interesses detectados nas respostas do questionário ROSE foi *Drogas e suas consequências.*

Um dos fatos que mais chama a atenção é a desarmonia entre as Diretrizes Curriculares Nacionais (DCNs) e os livros analisados. As DCNs trazem como metas orientar "atividades intersetoriais, entre outras, de promoção da saúde física e mental, saúde sexual e saúde reprodutiva, e prevenção do uso de drogas" (BRASIL, 2013).

Por outro lado, a maior carência visualizada nos livros analisados foi relacionada à categoria *Drogas e suas consequências*. Questiona-se o fato dos alunos interessarem-se pelo assunto, as DCNs prescreverem como sendo uma de suas metas e os livros didáticos pouco abordarem e quando abordam, o fazem de forma muito rasa.

É necessário que os resultados das pesquisas em análises em LDs saiam do papel e se tornem aplicações práticas nas políticas públicas. Isso porque, acreditamos no fato das editoras lerem as pesquisas e trabalharem em busca de melhorias em suas coleções, porém essas melhorias nem sempre se direcionam aos professores ou aos alunos.

Porém, analisar os LDs não é um processo fácil, mas é fundamental nas pesquisas atuais. Diante disso, torna-se um trabalho precioso no que diz respeito às soluções e melhorias que podem ser postas em prática nas próximas coleções do PNLD.

Percebe-se aqui o quão distante encontram-se os conceitos 'avaliar' e 'educar'. Desejamos preparar cidadãos para a vida, mas acabamos doutrinando os jovens a desenvolver um comportamento behaviorista em que o mais importante é marcar a resposta certa em exames e avaliações, deixando de lado a reflexão e a contextualização que, por exemplo, o papel que suas escolhas profissionais trarão para a sociedade.

Por fim, os resultados dessa pesquisa demonstram que para começarmos a trilhar um caminho de mudanças para o Ensino de Ciências é preciso que ocorra a união e a participação de todos os atores envolvidos no processo educacional. Diante disso, é possível concluirmos que os problemas na educação científica brasileira são tão complexos, que apenas "ouvir" os personagens envolvidos nas demandas curriculares não é suficiente.

É necessário que as suas opiniões cheguem aos pesquisadores (universidade), e principalmente aos formuladores de políticas públicas educacionais (Estado), para que possam pensar de forma coletiva e decidir o futuro do Ensino de Ciências como um ensino que vise à formação de um cidadão crítico e consciente e mais do que isso, um ensino que valorize a Ciência aplicável às salas de aulas e próxima da realidade das escolas do país.

De fato, conhecer os desejos de aprendizagem dos estudantes e incorporá-los de alguma maneira nas práticas pedagógicas pode ser um trunfo para aumentar não só a motivação, mas também o interesse pela ciência escolar, proporcionando melhorias e avanços na aprendizagem dos alunos.

Porém, em todas as discussões sobre reformas educacionais um equívoco persiste em acontecer quando as visões, posturas e opiniões dos estudantes não recebem a atenção merecida, nem pelos professores pesquisadores das universidades tampouco pelos organizadores das políticas públicas educacionais. Em consonância a este pensamento Cook-Sather (2002, p.3) afirma que "há algo fundamentalmente equivocado em se estruturar e reestruturar todo um sistema educacional sem consultar, em um único ponto, aqueles a quem o sistema se destina".

No entanto, para garantir uma 'reforma curricular' é preciso que as escolas ultrapassem algumas barreiras, dentre elas, destacamos uma melhor compreensão do papel das políticas públicas educacionais não como um 'fio isolante', mas sim, como um 'fio condutor' para as mudanças, favorecendo o diálogo e a coletividade entre todos os atores envolvidos no processo: escola, docentes, professores, Estado e porque não universidade? Acreditamos que só assim é possível trilhar um caminho para a uma educação de qualidade e equidade.

De fato, não existe uma receita mágica para que a Ciência deixe de ser uma disciplina desinteressante e se transforme em uma disciplina adorada pela maioria dos alunos. Além disso, não podemos esquecer que existem determinados conceitos e conteúdos que independente dos alunos gostarem ou não, são essenciais para o processo de construção e formação discente.

Porém, os LDs como um dos únicos materiais utilizados por muitos professores e alunos podem ajudar nesse processo de (não) rejeição dos estudantes a aprender Ciências. Muitas vezes, a Ciência apresentada nos livros é distante dos alunos e sem aplicabilidade ao cotidiano deles. Percebemos alguns avanços quanto a isso nas coleções analisadas, porém, ainda, a maioria dos livros foca-se no conteúdo e na preparação e treino para os exames avaliativos. O que não torna nem um pouco atrativo para jovens de 15 anos lerem e decorarem um amontoado de nomes científicos e conteúdos complexos.

É claro que, muito precisa mudar ainda nas estruturas e formulações dos LDs. Porém, alguns avanços já podem ser detectados em algumas das coleções analisadas, o que nos transfere uma esperança para as futuras coleções. Porém, ainda impera sobre os LDs a necessidade de suprir de forma conteudista e abstrata os alunos para sentirem-se preparados e 'treinados' para os exames avaliativos. Esquecendo-se de tornar, por vezes, as informações ali destacadas mais interessantes e atrativas, além de próximas do cotidiano escolar, a fim de facilitar a aprendizagem dos alunos.

Por fim, se faz necessário ampliar o número de trabalhos e novas pesquisas sobre a 'voz dos estudantes', a fim de valorizar o Ensino de Ciências e torná-lo interessante não apenas para quem pesquisa na área acadêmica, mas também para quem participa na prática como protagonistas escolares.

Além disso, novas pesquisas de análises em LDs se tornam necessárias, a fim de apontar carências e aprimorar as futuras coleções de Livros didáticos do PNLD, sejam elas impressas e ou digitais. E não menos importante, novas pesquisas sobre as relações entre as avaliações externas e as políticas educacionais se tornam fundamentais nesse momento em que o Brasil começa a dar os primeiros passos para a passagem de uma política de *accountability* branda para uma meritocracia bem estabelecida.

Espera-se com esse trabalho incitar novas pesquisas no Brasil sobre a temática a fim de ampliarmos o número de pessoas engajadas no estudo e discussão dessa política que permeará os próximos dez anos do PNE em vigência. Os resultados a longo prazo dessa política nos EUA e no Chile nos desenham algumas perspectivas para o Brasil. Será que seguiremos os mesmos moldes e teremos as mesmas consequências?

REFERÊNCIAS

AMESTOY, Micheli Bordoli. **Articulações entre os interesses dos alunos e livros didáticos:** a voz do estudante na construção curricular de ciências. Dissertação de Mestrado. Universidade Federal de Santa Maria, 2015. 82p.

BRASIL. **Diretrizes Curriculares Nacionais da Educação Básica**. Ministério da Educação. Brasília, 2013.

COOK-SATHER, A. Authorizing Students' Perspectives: Toward Trust, Dialogue, and Change in Education. **Educational Researcher**,v.31, n.4,p.3-14, maio.2002.

____________. Sound, Presence, and Power: "Student Voice" in Educational Research and Reform. **Curriculum Inquiry**, v.36, n. 4, p. 359-390, dez 2006.

FIELDING, M. Students as radical agents of change. **Journal of Educational Change**, v.2, p. 123-141, 2001.

GEDROVICS, J. ; BILEK, M.; LAKHVICH, T.; TOLENTINO-NETO, L. C. B.. Students interest in science topics as an indicator of their attitudes to science: An international comparison (Interés por los temas de ciencias naturales como indicador de la actitud científica de los estudiantes). **Revista de Educacion de las Ciencias**, v. 15, p. 8-13, 2014. JSE January 2014.

JENKINS, E.W. The Student Voice and School Science Education. **Studies in Science Education**, v.42,n.1, 2006

MITRA, D.L. The Significance of Students: Can Increasing "Student Voice" in Schools Lead to Gains in Youth Development? **Teachers College Record**. v. 106, Number 4, April 2004, p. 651– 688.

POLMAN, J.L; PEA, R.D. (2001). Transformative Communication as a cultural tool for guiding inquiry science, **Science Education**, 85, 223-38.

ROBSON, C. TAYLOR, C. Student voice as a contested practice: Power and participation in two student voice projects. **Improving Schools**, vol. 16, n. 1, p. 32-46, 2013.

SANTOS-GOUW, A.M. **As opiniões, interesses e atitudes dos jovens brasileiros frente à ciência:** uma avaliação em âmbito nacional. 2013. 242f. Tese (Doutorado em Educação) - Faculdade de Educação, Universidade de São Paulo. 2013.

TOLENTINO-NETO, L. C. B. de. **Os interesses e posturas de jovens alunos frente às ciências:** resultados do Projeto ROSE aplicado no Brasil. 2008. 172f. Tese (Doutorado em Educação) – Faculdade de Educação, Universidade de São Paulo. 2008.

PERCEPÇÃO DOS JOVENS PELA CIÊNCIA E PELO ENSINO DE CIÊNCIAS: desenvolvimento e validação do questionário barômetro

Ana Maria Santos-Gouw
Giuseppe Pellegrini
Nelio Bizzo
Graciela da Silva Oliveira
Jaqueline Pinafo

1. Introdução

Pesquisas relacionadas com a percepção dos jovens sobre a ciência e a tecnologia tem sido desenvolvidas em diversos países, com o intuito não somente de conhecer seus interesses e aspirações, mas também desenvolver estratégias para estimular o ingresso dos jovens nas carreiras científicas, uma vez que tem se verificado um declínio no interesse pela ciência escolar e pela carreira científica (AIKENHEAD, 2004; BARAM-TSABARI et al., 2009; EUROPEAN COMMISSION, 2004; FENSHAM, 2004; JENKINS, 2006; OSBORNE; DILLON, 2008; TOMEI, 2008; SCHREINER; SJØBERG, 2004; VÁZQUEZ ALONSO; MANASSERO MAS, 2008).

Uma importante pesquisa internacional desenvolvida nesta linha é a *The Relevance of Science Education* (ROSE) coordenada por pesquisadores da Universidade de Oslo, na Noruega. Essa pesquisa, implementada em mais de 40 países, tinha como objetivo investigar as opiniões dos estudantes sobre suas experiências nas aulas de ciências, sua relação com a ciência e tecnologia e a carreira científica, dentre outros. O questionário era tributário de iniciativas anteriores, como o projeto SAS (Science and the Scientists) e o Eurobarômetro, das quais tinham sido aproveitados itens, inclusive em sua formulação original (SCHREINER; SJØBERG, 2004).

De acordo com Vogt e Castelfranchi (2009) as maneiras que os indivíduos chegam a perceber e a utilizar o conhecimento científico articulam-se em função dos conteúdo de ciências associados a contextos mais amplos de informações, tais como atitudes, opiniões e valores que são atribuídos à ciência. Neste sentido, o projeto ROSE contribuiu com investigações sobre as relações de jovens com a ciência e a tecnologia e discutindo questões em uma dimensão coletiva de construção de valores atribuídos à ciência.

Tanto o Brasil como a Itália implementaram o projeto ROSE junto a alunos que estavam cursando a última etapa da educação básica, na faixa etária de aproximadamente 15 anos de idade. Na Itália, o instituto *Observa Science in Society* foi responsável pela aplicação da pesquisa, realizada no ano de 2008 (NERESINI; CROVATO;

SARACINO, 2010). No Brasil, pesquisadores da *Faculdade de Educação da Universidade de São Paulo* foram responsáveis pela aplicação, que ocorreu pela primeira vez em 2007, envolvendo 625 estudantes pertencentes à dois municípios brasileiros (TOLENTINO-NETO, 2008; OLIVEIRA, 2009), e em 2010, numa amostra de representatividade nacional abrangendo 2365 estudantes de todos os estados do país (SANTOS-GOUW, 2013; MOTA, 2013).

De modo geral, "ficou evidenciada uma tendência algo paradoxal de alta correlação entre desenvolvimento econômico e sentimentos negativos em relação à ciência. Essa tendência se revelou [...] no interior do Brasil e Itália" (BIZZO; PELLEGRINI, 2013, p. 5), o que gerou o desafio de prosseguir a pesquisa em ambos países.

Assim, com o intuito de estreitar a pesquisa desenvolvida junto ao projeto ROSE no Brasil e na Itália, e a partir de então desenvolver um novo instrumento de coleta de dados mais próximo à realidade destes países, foram realizados dois seminários internacionais no ano de 2012, o primeiro deles realizado em Veneza (Itália) e outro em Brasília (Brasil). Este último encontro, resultou no livro "Os Jovens e a Ciência", publicado pela Editora CRV e organizado pelos profs. Dr. Nelio Bizzo e Dr. Giuseppe Pellegrini.

Nestas ocasiões foram discutidas questões envolvendo os métodos de aplicação, dados obtidos, dificuldades e o desenvolvimento de um novo instrumento de coleta de dados, chamado Barômetro. Assim, este movimento deu início a um novo projeto de pesquisa, denominado *Saberes do Alunado na Perspectiva Internacional: Evolução, Natureza e Sociedade - SAPIENS* (BIZZO; PELLEGRINI, 2013).

Neste sentido, este artigo tem como objetivo apresentar o percurso metodológico de redução do questionário ROSE, a partir dos dados obtidos junto a amostra italiana (ano 2008) e brasileira (ano 2010), no sentido de construir um novo instrumento de coleta de dados, o Barômetro, que poderá ser útil tanto para aqueles que tem interesse nas questões de percepção pública da ciência como para os interessados na construção e validação de questionários.

2. Contexto da Pesquisa: O Questionário Rose

Osborne, Simon e Collins (2003) comentam que o interesse da comunidade científica por estudar as relações afetivas e atitudinais dos estudantes diante da ciência tem sido amplamente enfatizado desde as décadas de 60-70. O aumento destas pesquisas parece justificado pelo evidente declínio do interesse dos jovens em seguir carreiras científicas, combinado com a baixa compreensão de temas científicos da população em geral, em contrapartida, ao crescente reconhecimento da importância social e econômica do conhecimento científico.

O projeto ROSE está situado neste contexto. Para tanto, ele buscou coletar dados de natureza atitudinal e emocional dos estudantes, abordando aspectos que podem ser importantes para o engajamento tanto na ciência escolar como na vida em geral. As experiências que o estudante tem, os tipos de interesse relacionados a conteúdos da ciência e tecnologia (C&T) e suas visões e atitudes em relação à C&T na sociedade são contemplados no questionário (SCHREINER; SJØBERG, 2004).

O projeto ROSE começou a ser discutido institucionalmente em 2001, quando um workshop internacional foi realizado em Oslo (Noruega). Pesquisadores provenientes de mais de 30 países declararam interesse em participar do projeto e os dados começaram a ser coletados no ano de 2002 (SJØBERG, 2002).

O questionário ROSE padrão é composto por 245 itens distribuídos em 8 seções estruturados em escala do tipo Likert de 4 pontos. A opção por uma escala com quatro pontos, e não com cinco como são as escalas Likert clássicas, está relacionada ao fato de que a opção neutra geralmente traz erros de interpretação: pode indicar um ponto central entre extremos, mas também falta de conhecimento ou entendimento da questão, indiferença ou mesmo falta de motivação. Desse modo, no questionário ROSE, orienta-se a não responder quando o respondente não compreende ou não quer responder a questão (SCHREINER; SJØBERG, 2004).

Cada país pode acrescentar questões na parte final. A versão brasileira acrescentou 23 questões relacionados à religião e à teoria da evolução biológica (MOTA, 2013). Assim, o questionário ROSE aplicado no Brasil contemplava 268 itens.

A inclusão desta seção no questionário brasileiro teve como objetivo aprofundar o estudo de questões envolvendo ciência e religião junto aos jovens, que aparecem de maneira mais acentuada em assuntos envolvendo a evolução biológica (BIZZO, SANTOS GOUW e MOTA, 2013). A importância de conhecer e discutir tais aspectos também se mostrou relevante para os pesquisadores italianos, o que determinou a inclusão desta seção no instrumento internacional Barômetro.

Assim, no Brasil o questionário ROSE se mostrou mais extenso que o aplicado na Itália, porém em ambos países foi observado cansaço do estudantes no seu preenchimento. Santos-Gouw (2013, p. 193) declarou que o tamanho do questionário provocou desconforto nos alunos, principalmente devido ao tempo necessário para sua finalização: "Enquanto que na Noruega (no pré-teste) foi indicado que o tempo de 40 minutos (uma aula) era suficiente para a aplicação (SCHREINER; SJØBERG, 2004), no Brasil, em muitos casos, 50 minutos (uma aula) não foram suficientes. Na Itália, os alunos necessitaram de, em média, uma hora para responder o questionário, segundo depoimento dado durante o Seminário Internacional Brasil-Itália *Youngsters and Science*".

Entrevistas realizadas durante a aplicação do projeto ROSE no Brasil indicaram certo descontentamento dos alunos ao observarem o tamanho do questionário, expresso na forma de reclamações, mesmo antes de observarem o conteúdo, que em geral agradou os estudantes, já que eles eram convidados a expressar suas opiniões e não sua proficiência sobre a ciência (SANTOS-GOUW, 2013).

Santos-Gouw (2013, p. 194) considerou que o efeito negativo do tamanho do questionário pôde ser observado no cansaço demonstrado ao longo do seu preenchimento, considerando-se através de dois aspectos: "questionários incompletos e questionários com padrão repetitivo, cujas respostas passam a assumir aspecto uniforme, com a indicação da mesma(s) alternativa(s) na folha de respostas".

Embora os dois aspectos tenham sido identificados em menos de 5% dos questionários respondidos, a extensão do questionário foi identificada como principal obstáculo para futuras aplicações, tanto pelos pesquisadores brasileiros como italianos, o que gerou a necessidade de redução do questionário ROSE como ponto de partida para a construção de um novo instrumento de coleta de dados.

3. O percurso metodológico para a construção do questionário barômetro

Dados amostrais

Os dados amostrais utilizados para a construção do questionário Barômetro correspondem à amostra obtida junto ao projeto ROSE no Brasil e na Itália. No Brasil, a população de estudo foi constituída por alunos matriculados no 1ª ano do Ensino Médio de escolas públicas e privadas. As regiões do país (Centro-Oeste, Norte, Nordeste, Sudeste e Sul) constituíram domínios de estudo, estratos em que as estimativas de interesse seriam obtidas com a precisão desejada. Para o sorteio da amostra foi utilizado o processo de amostragem estratificada por conglomerados em dois estágios: escola e turma. Não houve sorteio de alunos nas turmas.

A coleta de dados no Brasil foi realizada durante o ano de 2010 a partir do envio e devolução dos questionários por correio, seguida da tabulação e análise dos dados (SANTOS-GOUW, 2013; MOTA, 2013). A amostra abrangeu 2365 estudantes matriculados no 1º ano do Ensino Médio, provenientes de 84 escolas, sendo 1339 do sexo feminino e 983 do sexo masculino (43 respostas inválidas) (SANTOS-GOUW, 2013; MOTA, 2013).

Na Itália, o questionário ROSE foi aplicado em 40 escolas italianas do ensino básico, e contou com a participação de 1445 jovens de 15 anos (775 meninas e 670 meninos) (NERESINI; CROVATO; SARACINO, 2010).

Definição do número de seções

O questionário ROSE original é composto por 8 seções identificadas por letras (A a H): as seções A, C e E estão relacionadas ao interesse por temas científicos abordados pela ciência escolar, e compreendem 108 itens; a seção B está relacionada ao futuro emprego e compreende 26 itens; a seção D aborda questões envolvendo a posição dos jovens frente aos desafios ambientais, e compreende 18 itens; a seção F aborda o interesse pela ciência escolar através de 16 itens; a seção G questiona as opiniões dos alunos sobre o papel da ciência e tecnologia na sociedade através de 16 itens e por fim a seção H verifica algumas experiências dos alunos fora da escola através de uma lista de 61 itens (SANTOS-GOUW, 2013).

Para a construção do Barômetro optou-se por manter as mesmas seções existentes no questionário ROSE, porém transformando as seções A, C e E do ROSE em uma única seção do Barômetro e acrescentando as 4 seções relacionadas à religião e evolução biológica aplicadas no Brasil, o que corresponde a 10 seções.

O interesse pelos temas científicos abordados na escola: redução de itens

As seções A, C e E do questionário ROSE envolvem uma série de temas científicos que são tradicionalmente abordados na escola. Os temas científicos referem-se à pergunta "O que eu quero aprender", e estão organizadas em três seções justamente para minimizar longas listas de itens. O objetivo dessas seções é conhecer assuntos que possuem o potencial de engajar e envolver os estudantes nas aulas de ciências, não só através do aumento do entusiasmo, mas também do pensamento criativo e do crescimento individual. Conhecer quais assuntos os jovens mais se interessam possibilita a construção de currículos mais significativos para os alunos (SCHREINER; SJØBERG, 2004; SANTOS-GOUW, 2013). Assim, foi necessário verificar os temas relevantes nas amostras e o número mínimo de itens necessários para que cada tema mantivesse consistência interna no futuro questionário.

Desta forma, o primeiro passo para a redução desses itens foi submeter as seções A, C e E à Análise Fatorial (AF). A AF reduz as variáveis iniciais (reais) a um número menor de variáveis hipotéticas. Estas variáveis hipotéticas são chamadas de fatores e permitem conhecer o quanto cada fator está associado a cada variável original e o quanto o conjunto de fatores explica a variabilidade geral dos dados (ARTES, 1998).

A amostra brasileira submetida à AF gerou 18 fatores com autovalores (*Eigenvalues*) maiores que 1 para resumir as 108 questões. Esses fatores explicam 59,5% da variação total das questões originais. A Tabela 1 apresenta uma síntese da AF da amostra brasileira, com a apresentação da avaliação da Consistência Interna pelo Alpha de Cronbach (quanto mais próximo de 1 melhores são os valores, no caso, o menor valor é 0,566 que mostra os fatores como consistentes). Acima de cada fator foi apresentado o tema predominante das questões que correspondem à cada fator.

Tabela 1 – Medidas de avaliação dos fatores com autovalores maiores que 1 para o grupo de questões A, C e E da amostra brasileira.

Fatores	% da variância	Questões	Alpha de Cronbach
Tema: Seres vivos/botânica – tecnologia agroalimentar			
01	27,35	A15, E01, E16, E17, E18, E19, E20, E21, E22, E24, E 25, E26, E27, E33 e E35	0,910
Tema : Saúde			
02	5,06	E07, E08, E09, E10, E11, E12, E13, E14, E15, E23, E31 e E32	0,890
Tema: Ciência e cientistas			
03	3,45	E30, E34, E36, E37, E38, E39, E40, E41 e E42	0,869
Tema: Astronomia			
04	3,04	A01, A22, A23, A34, A35, A44, A45, C08, C10 e E29	0,864
Tema: Como as coisas funcionam			
05	2,57	C01, C02, C03, C04, C05, C06 e C07	0,862
Tema: Radioatividade, químicos e explosivos			
06	2,21	A18, A19, A30, A31, A32, A33, A47, A48 e E28	0,828
Tema: Forma Física e Beleza			
07	2,08	A37, A38, A39, A40, A41 e A42	0,814
Tema: Esoterismo/Não científicos			
08	1,71	C09, C11, C13, C14 e C15	0,788
Tema: Meio ambiente			
09	1,63	E03, E04, E05 e E06	0,817
Tema: Ciências geofísicas			
10	1,51	A03, A04, A05, A06 e A16	0,704
Tema: Reprodução humana			
11	1,46	A08, A10 e A11	0,625
Tema: Seres vivos: zoologia			
12	1,23	A12, A13, A14 e A20	0,672
Tema: Fenômenos Ópticos			
13	1,16	C16, C17, C18 e E02	0,800
Tema: Venenos			

Continua

Continuação

14	1,08	A26, A27, A28 e A29	0,748
Tema: Terremotos e furacões			
15	1,04	A24 e A25	0,840
Tema: Como o corpo humano funciona			
16	1,00	A07, A21, A36 A43 A46	0,697
Tema: Átomos e moléculas			
17	0,97	A02, A17 e C12	0,566
Tema: Sexo e reprodução			
18	0,95	A09	--

A amostra italiana também foi submetida à AF e gerou 17 fatores com autovalores (*Eigenvalues*) maiores que 1 para resumir as 108 questões. Esses fatores explicam 62,89% da variação total das questões originais. A Tabela 2 apresenta uma síntese da AF da amostra italiana, com a apresentação da avaliação da Consistência Interna pelo Alpha de Cronbach. Acima de cada fator é apresentado o tema predominante das questões que correspondem à cada fator.

Tabela 2 – Medidas de avaliação dos fatores com autovalores maiores que 1 para o grupo de questões A, C e E da amostra italiana.

Fatores	Questões	Alpha de Cronbach
Tema: Astronomia e viagem espacial		
01	A44, A22, E29, C10, A45, A34, A23, A1, C8	0,872
Tema : Tecnologia Agroalimentar		
02	E17, E33, E19, E18, E22, E26, E35	0,813
Tema: Doenças e prevenção		
03	E8, E7, E9, E11, A26, E10	0,816
Tema: Forma Física e Beleza		
04	A39, A41, C18, A40, A42, A37, A38	0,836
Tema: Proteção do meio ambiente e economia de energia		
05	E4, E3, E5, E6, E20, E21	0,848
Tema: Operação de tecnologias de mídia		
06	C5, C4, C6, C7, C3.	0,841
Tema: Fenômenos paranormais		
07	C11, C13, C14, C15.	0,814

Continua

Continuação

Tema: Elementos que ameaçam a saúde		
08	E12, E13, E14, E15	0,791
Tema: Aspectos sociais da ciência		
09	E36, E37, E38, E39	0,736
Tema: Fenômenos Ópticos		
10	C16, C17, E02	0,792
Tema: Mundo Animal		
11	A13, E16, E24	0,732
Tema: Geologia e História Natural		
12	A03, A04, A06	0,640
Tema: Venenos		
13	A28, A29, A33	0,715
Tema: Química e Física da Matéria		
14	A02, A17, A31	0,748
Tema: Fenômenos de percepção		
15	A43, A21, A36	0,670
Tema: Catástrofes naturais		
16	A24, A25	0,785
Tema: Sexo e Reprodução		
17	A09, A10	0,514

Para validar o questionário Barômetro era necessário reduzir o número de itens do instrumento ROSE, porém mantendo os agrupamentos de itens necessários para explicar as dimensões que medem a relação dos respondentes com a ciência, tecnologia, interesse por temas científicos, entre outros.

De acordo com Pestana e Gageiro (2005, p. 525) a consistência interna dos fatores está relacionada com a "proporção da variabilidade nas respostas que resulta de diferenças nos inquiridos. Isto é, as respostas diferem não porque o inquérito seja confuso e leve a diferentes interpretações, mas porque os inquiridos têm diversas opiniões". Os autores definem o alpha de Cronbach como a correlação que se espera obter entre a escala usada e outras escalas hipotéticas do mesmo universo, com igual número de itens, que meçam a mesma característica.

Desta forma, para a redução dos 108 itens das seções A, C e E realizou-se a: 1) Redução dos itens através da análise fatorial para identificar fatores e consistência interna; 2) Redução baseada nas médias gerais e comparação das médias dos meninos e das meninas.

As 108 questões iniciais das seções A, C e E foram agrupadas em 17 fatores com 74 itens. Desta forma, os fatores identificados foram somados e criados novos construtos, garantindo à adequação dos itens as características dos respondentes. A decisão por manter os construtos presentes no questionário ROSE e de somar fatores projetando novos itens, justifica-se por se tratar de um instrumento de coleta de dados testado e validado em várias pesquisas anteriores (TOLENTINO-NETO, 2008; SANTOS-GOUW, 2013).

Assim, após a definição de cada fator, fez-se a comparação entre as médias atingidas pelos meninos e meninas amostrados nas pesquisas anteriores brasileiras. Após a classificação, fez-se a categorização das médias, conforme a identificação da diferença significativa ao nível de 5% nas: médias baixas, médias e altas, através do teste One-Way Anova, que analisa se mais de dois grupos diferem significativamente entre si com relação a suas médias, esperando assim, a homogeneidade dentro de cada média (baixa, média e alta) e a heterogeneidade entre cada uma das médias identificadas. Todas as sessões seguiram os critérios e valores apresentados a seguir.

Para definição das médias, como baixas, médias e altas, identificou-se o ponto que havia diferença significativa em nível de 5% que resultou na seguinte classificação:

Média e desvio padrão (N=2365)	
Médias baixas	<0.1
Médias médias	0,11-0,5
Médias altas	>0,6

Após, a comparação das médias, e definido o centro de localização dos cortes, baixas, moderadas e altas, fez-se o teste para verificar a discriminância entre as respostas de meninos e meninas, com auxílio do teste Mann-Whitney. Este teste compara o centro de localização das duas amostras, como forma de detectar diferenças significativas entre ambas, verificando a igualdade de comportamentos de dois grupos de casos ou a existência de diferenças (PESTANA; GAGEIRO, 2005).

Cada uma das categorias acima foi classificada de acordo com a maior discriminação entre meninos e meninas. Para isso, foi utilizada a seguinte legenda:

Média e desvio padrão (N=2365)	
Médias baixas	<2.6
Médias médias	2.61-3.0
Médias altas	>3,1

Após a classificação, fez-se um corte baseado no teste de Mann-Whitney, utilizando apenas as questões com p-valor significativo (p> 0,05).

Assim, as 108 questões constantes nas seções A, C e E, foram reduzidos a 70 itens. Os pesquisadores consideraram ainda necessário uma nova redução baseada na comparação dos itens existentes dentro dos grupos de temas (brasileiros e Italianos) obtidos na Análise Fatorial. Os dados obtidos com os itens comuns determinaram as questões que comporiam o novo instrumento.

Houve ainda a necessidade de reelaboração semântica de alguns constructos, bem como da exclusão e inclusão de itens que apresentaram maior significância para os dois países envolvidos no processo. Desse modo, no Barômetro, a seção ficou denominada como A - O que eu quero aprender, com as mesmas orientações de respostas que o questionário ROSE, totalizando 23 itens que podem ser observados na tabela 3.

Tabela 3 – Itens da Seção A do Barômetro obtidos a partir da redução dos itens das seções A, C e E do Rose.

Temas/itens	Total de Itens
Saúde E07, E08, E09, E10, E11, E12, E37, E38, E39, E40, E42, A09	12
Ambiente e Energia E05, E33, E17	3
Espaço, Astronomia A22, A44	02
Tecnologia, armas e bombas C03, C05, C06, C07	4
Mistérios C11, C15	2
Total	23

Foram adicionadas três questões, que tinham correspondência no questionário ROSE original, a saber, "Uso de erva medicinal ou tratamento de saúde com medicina alternativa" (acupuntura, homeopatia, etc.); "O uso da biotecnologia para produção de novos alimentos" e "Os possíveis significados dos sonhos", totalizando assim, 26 itens constantes na seção A do Barômetro.

O meu futuro emprego – redução de itens

Na seção B "Meu futuro emprego" do questionário Rose, composta por 26 itens, indagava sobre as expectativas dos estudantes quanto ao futuro emprego, caracterizando suas prioridades, o que possibilita aos pesquisadores analisarem em que medida essas expectativas e prioridades se aproximam do interesse do respondente pela ciência.

A redução desta seção foi baseada nas médias gerais e discriminância entre meninos e meninas das amostras brasileira e italiana. Foram classificados os itens com médias baixas, médias e altas nos dados gerais, sendo que os critérios foram os mesmos utilizados na seção A, C e E.

Foi discutida ainda, para esta seção, a compreensão do estudante sobre o futuro trabalho, algo que, para a faixa etária de 15 anos, ainda está distante de sua realidade. Assim, houve a necessidade de uma readequação tanto semântica quanto de escala, de forma que esta seção foi transformada em uma pergunta de múltipla escolha composta de 10 itens.

Os jovens e os desafios ambientais – redução de itens

A seção D - "Eu e os desafios ambientais" disponível no questionário ROSE, constituída por 18 itens, foi elaborada com objetivo de verificar como os jovens se relacionam com questões ambientais, suas motivações e atribuição de valor e seu papel quanto a proteção ambiental.

Foram realizadas duas reduções baseadas nas médias gerais e discriminância entre meninos e meninas. Os critérios foram os mesmos utilizados na seção A, C e E, onde se obteve 14 itens.

As minhas aulas de ciências – Redução de itens

Na seção F - "As minhas aulas de ciências", composta por 16 itens, os estudantes eram convidados a expor suas impressões acerca de suas aulas de ciências e da importância dessas aulas para a vida cotidiana, futuro emprego e outros.

Nesta seção foram realizadas reduções baseadas nas médias gerais e discriminância entre meninos e meninas. Foram classificados os itens obtidos junto à amostra brasileira e italiana com médias baixas, médias e altas nos dados gerais, sendo que os critérios foram os mesmos utilizados na seção A, C, E. Ao final, esta seção foi reduzida à 9 itens.

Opiniões sobre a ciência e a tecnologia – redução de itens

Na seção G – Minhas opiniões sobre a ciência e a tecnologia, composta por 16 itens, os estudantes eram convidados a responder sobre o papel e função da ciência e tecnologia na sociedade, sendo abordados construtos sobre: confiança; crença/descrença na ciência e nos cientistas e interesses e apoio a atividades científicas.

A redução da seção G foi baseada nas médias gerais e discriminância entre meninos e meninas. Foram classificados os itens obtidos junto à amostra brasileira com médias baixas, médias e altas nos dados gerais, sendo que os critérios foram os mesmos utilizados na seção A, C e E, o que culminou em 9 itens.

Foram acrescentados 06 itens baseados em uma análise qualitativa, considerando as especificidades dos dois países, a saber: "A ciência contemporânea ameaça valores fundamentais como a vida humana e a família", "Minha contribuição é essencial para a solução dos problemas ambientais", "Apenas o governo pode prevenir a degradação ambiental", "Ciência e tecnologia mudam rapidamente nosso estilo de vida", "As pessoas se preocupam muito com os problemas ambientais" e "Desejo ver resolvidos os problemas do ambiente mesmo que isso implique sacrificar produtos de consumo", totalizando 15 itens.

As experiências fora da escola – redução de itens

A seção H "As minhas experiências fora da escola" (Quantas vezes você já fez estas experiências fora da escola?) composta por 61 itens, tem como objetivo verificar a proximidade, experiência e a realização de atividades ou manejo de instrumentos que assemelham com o contato com a ciência não formal.

Foram categorizados os construtos de acordo com a maior discriminação entre meninos e meninas, mantendo assim, os itens de menor e maior interesse entre os jovens, mas para uma versão de questionário reduzido, foi necessário excluir os construtos que apresentavam afirmações semelhantes, isto é, que mensuram uma mesma variável latente nas demais seções do questionário.

Foi realizada uma análise semântica dos itens, uma vez que, esta é uma seção que poderia ser atualizada para uma linguagem mais direta e adequada ao público jovem. Assim, foram introduzidos itens de interesse italiano e de experiências brasileiras, que totalizaram 08 itens.

Evolução Biológica e Religião: reformulação de itens e inclusão de novas questões

Na versão do ROSE aplicado no Brasil, nos anos de 2007 e 2010, a parte referente à caracterização religiosa e atitudes sobre tópicos da teoria da evolução biológica, foi estruturada em 13 questões dispostas em cinco seções: na primeira, o respondente deveria assinalar a sua religião; segunda e a terceira, frequência que participam de eventos religiosos e interesse por questões da sua religião; e na quarta deveriam assinalar grau de concordância (escala Likert com 4 pontos) diante de tópicos relacionados a teoria da evolução biológica, tanto temas que sustentam a teoria, como afirmações que sugerem concepções alternativas, identificadas em estudos sobre a evolução biológica com jovens; na última sessão, o estudante deveria informar se já havia estudado sobre a teoria nas aulas de Ciências.

Para o questionário Barômetro, estas seções foram retomadas pelos pesquisadores brasileiros e italianos, e os procedimentos de validação dos itens foi de caráter qualitativo, com base nos resultados encontrados por Oliveira (2009), Oliveira e Bizzo (2011), Mota (2013) e Paz-y-Miño-C e Espinosa (2009; 2011; 2013).

Na seção "Sobre sua Religião", estruturada no formato de múltipla escolha, o respondente deveria assinalar uma das religiões elencadas ou optar por "Outras" e apontar qual religião que se tratava. Nos resultados encontrados por Oliveira e Bizzo (2011) e Pereira (2013) percebeu-se o aumento significativo de estudantes que assinalaram a opção "Outras" e completava sua resposta indicando uma congregação protestante. Desta forma, na versão Barômetro-Brasil, buscou-se elencar as religiões mais frequentes nos resultados encontrados por Mota (2013).

Nas seções "Quanto pratico minha religião" e "O que eu concordo" sobre a proximidade do respondente com os preceitos religiosos, a análise fatorial apontou que a primeira não apresentava consistência interna, possivelmente pela quantidade itens. Durante as análises dos resultados esta seção não contribuiu para identificar a participação dos jovens em atividades religiosas. Desta forma, ambas as seções foram reagrupadas e as variáveis foram reformuladas.

As questões envolvendo religião e evolução biológica foram reformuladas com o intuito de oferecer uma linguagem mais adequada ao público jovem. Além disso, a equipe de pesquisadores verificou que o questionário deveria averiguar a compreensão dos temas evolutivos e não sua aceitação. Assim, a escala foi modificada para verdadeiro ou falso, com um item para a categoria não sei, o que totalizou 9 itens.

4. Resultado: Questionário Barômetro

O instrumento de coleta de dados Barômetro "Jovens e a Ciência" foi organizado em 10 seções e 04 itens complementares:

3. Seções A: "O que eu quero aprender". Seção composta por 26 tópicos nos quais o aluno é convidado a expressar suas respostas como "Desinteressado" (opção 1) a "Muito Interessado" (opção 4), com dois níveis intermediários (opções 2 e 3).

4. Seção B: "O meu futuro emprego". Essa seção é uma questão de múltipla escolha composta de 10 itens na qual o aluno deve responder seus interesses profissionais.

5. Seção C: "Eu e os desafios ambientais". Seção composta por 14 itens na qual o aluno deve responder de "Não concordo" (opção 1) a "Concordo" (opção 4), com dois níveis intermediários (opções 2 e 3).

Seção D: "As minhas aulas de ciências". Seção composta por 09 itens na qual o aluno deve responder de "Não concordo" (opção 1) a "Concordo" (opção 4), com dois níveis intermediários (opções 2 e 3).

Seção E: "As minhas opiniões sobre a ciência". Seção composta por 15 itens na qual o aluno deve responder "Não concordo" (opção 1) a "Concordo" (opção 4), com dois níveis intermediários (opções 2 e 3).

Seção F: "Atividades científicas realizadas" Seção composta por 08 itens na qual o aluno deve responder "Nunca" (opção 1) a "Muitas Vezes" (opção 4), com dois níveis intermediários (opções 2 e 3).

Item 74, composto por 05 opções de resposta: "ser humano como resultado da criação ou evolução". Dos 05 itens apresentados, o aluno é convidado a escolher apenas um, e se não entender poderá deixar em branco;

Item 84: Com 04 opções, o aluno é convidado a responder sobre os assuntos citados sobre evolução biológica nas aulas de ciências que já estudou com a opção 1 (não) e a opção 4 (sim, todos), com 2 níveis intermediários (sim, poucos e sim, a maioria);

Item 85: "sobre a quantidade de aulas de ciências no ano letivo por semana", com 04 opções: opção 1 (01hora) e a opção 4 (mais de 03 horas), com 2 níveis intermediários (02 horas e 03 horas);

Item 86: "Sobre as experiências científicas realizadas na escola". Com dois níveis (sim e não);

Item 87: "sobre a vontade de fazer curso técnico ou universitário na área científica". Com 03 níveis (sim, não e ainda não pensei);

Seção G: "Opinião". Seção composta por 09 itens, no qual o aluno deve responder (V) para verdadeiro, (F) para falso e (N) para não saberia dizer;

Seções H, I. Seções que procuram estabelecer relações entre a opção religiosa do aluno e o ensino de evolução biológica. Na seção G o aluno é convidado a responder qual é sua opção religiosa; na seção H e I seu nível de aceitação a afirmações sobre religião e evolução biológica.

As seções com as questões podem ser observadas abaixo.

A.O que eu quero aprender

Qual é o seu nível de interesse em aprender os seguintes assuntos ou temas?
(Assinale a sua resposta com **X** em cada linha. Se não entender, deixe a linha em branco).

		Desinteressado 1	2	3	Muito Interessado 4
1.	Como controlar epidemias e doenças	☐	☐	☐	☐
2.	O câncer, o que sabemos e como podemos tratá-lo	☐	☐	☐	☐
3.	As doenças sexualmente transmissíveis e como se proteger delas	☐	☐	☐	☐
4.	Como prestar primeiros socorros	☐	☐	☐	☐
5.	O que sabemos sobre HIV/AIDS e como controlá-la	☐	☐	☐	☐
6.	Como o álcool e o tabaco podem afetar o corpo humano	☐	☐	☐	☐
7.	Sexo e reprodução	☐	☐	☐	☐
8.	O que se pode fazer para assegurar ar puro e água potável	☐	☐	☐	☐
9.	Como se melhoram as colheitas em hortas e roças	☐	☐	☐	☐
10.	Os benefícios e os possíveis perigos dos métodos modernos de agricultura	☐	☐	☐	☐
11.	Buracos negros, supernovas e outros objetos do espaço	☐	☐	☐	☐
12.	Foguetes, satélites e viagens espaciais	☐	☐	☐	☐
13.	A vida, a morte e a alma humana	☐	☐	☐	☐
14.	Uso de ervas medicinal ou tratamentos de saúde com medicina alternativa (acupuntura, homeopatia, etc.)	☐	☐	☐	☐
15.	O uso da biotecnologia para a produção de novos alimentos	☐	☐	☐	☐
16.	A telepatia, leitura da mente, o sexto sentido, a intuição, etc	☐	☐	☐	☐
17.	O uso do raio laser para efeitos técnicos (gravadores de CDs, leitores de códigos de barra etc.)	☐	☐	☐	☐
18.	Como funcionam coisas como o rádio e a televisão	☐	☐	☐	☐
19.	Como os telefones celulares enviam e recebem mensagens	☐	☐	☐	☐
20.	Como os computadores funcionam	☐	☐	☐	☐
21.	Os possíveis significados dos sonhos	☐	☐	☐	☐
22.	Cientistas famosos e as suas vidas	☐	☐	☐	☐
23.	Erros e fracassos em pesquisas e invenções	☐	☐	☐	☐
24.	Como as novas ideias científicas às vezes desafiam a religião, a autoridade e a tradição	☐	☐	☐	☐
25.	Invenções e descobrimentos que transformaram o mundo	☐	☐	☐	☐
26.	Fenômenos que os cientistas ainda não conseguem explicar	☐	☐	☐	☐

B. O meu futuro emprego

27. O que você espera em relação à sua futura profissão ou emprego? (**Assinale mais de uma resposta se necessário**)

- ☐ Inventar/construir e consertar coisas
- ☐ Conhecer e pesquisar sobre as coisas
- ☐ Lutar pelo direito das pessoas e meio ambiente
- ☐ Curar e valorizar as pessoas e os animais
- ☐ Administrar um negócio
- ☐ Usar meus talentos artísticos
- ☐ Trabalhar com esporte
- ☐ Trabalhar para alguém
- ☐ Fazer artesanato para desenvolver minhas habilidades manuais
- ☐ Ainda não pensei sobre o futuro emprego

C. Eu e os desafios ambientais

Até que ponto você concorda com as seguintes afirmações sobre os problemas do ambiente?
(Assinale a sua resposta com **X** em cada linha. Se não entender, deixe a linha em branco).

		Não Concordo			Concordo
		1	2	3	4
28	A ciência e a tecnologia podem resolver todos os problemas do ambiente	☐	☐	☐	☐
29	Eu pessoalmente posso influenciar o que acontece ao ambiente	☐	☐	☐	☐
30	Ainda podemos encontrar soluções para os problemas do ambiente	☐	☐	☐	☐
31	As pessoas deveriam interessar-se mais pela proteção do ambiente	☐	☐	☐	☐
32	Eu estou otimista quanto ao futuro	☐	☐	☐	☐
33	O mundo natural é sagrado e devemos deixá-lo em paz	☐	☐	☐	☐
34	As pessoas se preocupam demais com os problemas do ambiente	☐	☐	☐	☐
35	Penso que cada um de nós pode dar uma contribuição significativa para a proteção do ambiente	☐	☐	☐	☐
36	É correto usar animais para experiências médicas se assim se pude salvar vidas humanas	☐	☐	☐	☐
37	Os problemas do ambiente devem ser deixados aos especialistas	☐	☐	☐	☐
38	É responsabilidade dos países ricos resolverem os problemas do ambiente no mundo	☐	☐	☐	☐
39	Os animais devem ter o mesmo direito à vida que as pessoas	☐	☐	☐	☐
40	As ameaças ao ambiente não são da minha conta	☐	☐	☐	☐
41	Os problemas do ambiente são exagerados	☐	☐	☐	☐

D. As minhas aulas de ciências

Até que ponto você concorda com as seguintes afirmações sobre a ciência que já aprendeu na escola?
(Assinale a sua resposta com **X** em cada linha. Se não entender, deixe a linha em branco).

		Não Concordo 1	2	3	Concordo 4
42	Penso que todos deverão aprender Ciências	☐	☐	☐	☐
43	Os conhecimentos que adquiro nas aulas de Ciências serão úteis na minha vida cotidiana	☐	☐	☐	☐
44	Penso que a ciência que eu aprendo na escola melhorará as minhas oportunidades de carreira	☐	☐	☐	☐
45	As aulas de Ciências estimulam a minha curiosidade acerca das coisas que ainda não conseguimos explicar	☐	☐	☐	☐
46	As aulas de Ciências aumentam o meu gosto pela natureza	☐	☐	☐	☐
47	Eu gostaria de ter mais aulas de Ciências na escola	☐	☐	☐	☐
48	A ciência que aprendo na escola me ensina a cuidar melhor da minha saúde	☐	☐	☐	☐
49	Quero ser um cientista	☐	☐	☐	☐
50	Gostaria de ter um emprego que lide com tecnologia avançada	☐	☐	☐	☐

E. As minhas opiniões sobre a ciência

Até que ponto você concorda com as seguintes afirmações?
(Assinale a sua resposta com **X** em cada linha. Se não entender, deixe a linha em branco).

		Não Concordo 1	2	3	Concordo 4
51	A ciência e a tecnologia encontrarão curas para doenças como a AIDS, o câncer etc.	☐	☐	☐	☐
52	Devido à ciência e à tecnologia, haverá melhores oportunidades para as futuras gerações	☐	☐	☐	☐
53	A ciência e a tecnologia ajudarão a erradicar a pobreza e a fome no mundo	☐	☐	☐	☐
54	A ciência e a tecnologia podem resolver quase todos os problemas ambientais	☐	☐	☐	☐
55	A ciência e a tecnologia ajudam os pobres	☐	☐	☐	☐
56	A ciência e a tecnologia são as causas dos problemas do ambiente	☐	☐	☐	☐
57	A ciência contemporânea ameaça valores fundamentais como a vida humana e da família	☐	☐	☐	☐
58	Minha contribuição é essencial para a solução dos problemas ambientais	☐	☐	☐	☐
59	Os cientistas seguem o método científico que os leva sempre às respostas corretas	☐	☐	☐	☐
60	Apenas o governo pode prevenir a degradação ambiental	☐	☐	☐	☐
61	Podemos sempre confiar no que os cientistas dizem	☐	☐	☐	☐
62	Ciência e tecnologia mudam rapidamente nosso estilo de vida	☐	☐	☐	☐
63	As pessoas se preocupam muito com os problemas ambientais	☐	☐	☐	☐
64	Os cientistas são neutros e objetivos	☐	☐	☐	☐
65	Desejo ver resolvidos os problemas do ambiente mesmo que isso implique sacrificar produtos de consumo	☐	☐	☐	☐

F. Quantas vezes você já realizou as seguintes atividades?
(Assinale a sua resposta com **X** em cada linha. Se não entender, deixa a linha em branco).

		Nunca 1	2	3	Muitas vezes 4
66	Visitei centros, exposições de ciências ou museus de ciências	☐	☐	☐	☐
67	Visitei Jardins botânicos ou Zoológicos	☐	☐	☐	☐
68	Participei de Feiras ou olimpíadas científicas	☐	☐	☐	☐
69	Li coisas sobre a natureza ou as ciências em livros ou revistas	☐	☐	☐	☐
70	Vi documentários sobre a natureza na televisão ou no cinema	☐	☐	☐	☐
71	Procurei informações sobre ciência e tecnologia na internet	☐	☐	☐	☐
72	Procurei sobre notícias científicas em redes sociais (facebook, Orkut, etc.)	☐	☐	☐	☐
73	Troquei informações com meus professores pela Internet (Facebook, e-mail, twitter, etc.)	☐	☐	☐	☐

74. De acordo com você, o ser humano é o resultado de:
(Assinale a sua resposta com **X**, **escolha apenas uma opção**. Se não entender, deixa em branco).

1.	☐ Uma evolução gradual devido às variações genéticas e seleção natural
2.	☐ Um plano divino que planejou e guiou a evolução biológica

G. Qual sua opinião?
Indique com um X se as seguintes afirmações são verdadeiras ou falsas?
(Assinale a sua resposta com X em cada linha. Se não entender, deixa a linha em branco).

		Verdadeiro V	Falso F	Não saberia dizer N
75	A formação do planeta Terra se deu há cerca de 4,5 bilhões de anos	☐	☐	☐
76	Os fósseis são evidências de seres vivos que viveram no passado	☐	☐	☐
77	As espécies atuais de animais e plantas se originaram de outras espécies do passado	☐	☐	☐
78	A evolução biológica ocorre tanto em plantas como em animais	☐	☐	☐
79	A espécie humana descende de outra espécie de primata	☐	☐	☐
80	A espécie humana habita a Terra há cerca de 100.000 anos	☐	☐	☐
81	Organismos diferentes podem ter um ancestral comum	☐	☐	☐
82	As características dos seres vivos mudaram ao longo do tempo, favorecendo a diversidade biológica	☐	☐	☐
83	Os primeiros seres humanos foram presas de dinossauros carnívoros	☐	☐	☐

84. Você já estudou os assuntos citados sobre **evolução biológica** nas aulas de ciências?

☐ Não | ☐ Sim, poucos | ☐ Sim, a maioria | ☐ Sim, todos

85. Quantas horas por semana você tem aulas de Ciências/Biologia neste ano letivo?

☐ 1 hora | ☐ 2 horas | ☐ 3 horas | ☐ Mais de 3 horas

86. Você realiza experiências científicas na sua escola?

☐ Sim | ☐ Não

87. Você gostaria de fazer um curso técnico ou universitário na área científica?

☐ Sim | ☐ Não | ☐ Ainda não pensei

H. Sobre sua religião:

88. Você tem uma religião?

☐ Sim ☐ Não

Se você respondeu sim, assinale a congregação religiosa/doutrina/crença da qual você participa:

☐ Católica	☐ Testemunha de Jeová	☐ Judaica
☐ Ortodoxa	☐ Assembleia de Deus	☐ Budista
☐ Luterana	☐ Congregação Cristã do Brasil	☐ Umbanda
☐ Presbiteriana	☐ Internacional da Graça de Deus	☐ Candomblé
☐ Batista	☐ Mundial do Poder de Deus	☐ Espírita Kardecista.
☐ Adventista	☐ Universal do Reino de Deus	☐ Outra

Se caso assinalou a opção "Outra", responda:

Qual? ☐☐☐☐☐☐☐☐☐☐☐☐☐☐☐☐☐☐☐☐☐☐☐☐☐

I.Com o que eu concordo
Qual é o seu nível de aceitação das seguintes afirmações?
(Assinale a sua resposta com **X** em cada linha. Se não entender, deixa a linha em branco).

		Não Concordo 1	2	3	Concordo 4
89	Sou uma pessoa religiosa	☐	☐	☐	☐
90	Minha religião afetaria minha escolha de uma carreira ou um emprego	☐	☐	☐	☐
91	Minha religião contradiz alguns conteúdos das aulas de ciências	☐	☐	☐	☐
92	Todos devem aprender sobre os ensinamentos religiosos	☐	☐	☐	☐
93	Os conhecimentos religiosos são úteis na minha vida	☐	☐	☐	☐
94	Gostaria que fossem discutidos os conhecimentos religiosos na escola	☐	☐	☐	☐
95	Participo frequentemente de encontros religiosos	☐	☐	☐	☐
96	Senti-me insatisfeito com uma religião e mudei para outra	☐	☐	☐	☐

Considerações finais

Durante o desenvolvimento, construção e estruturação do questionário Barômetro, a equipe preocupou-se principalmente com a validação das questões que compõem o instrumento. Messick (1989) define validade como um julgamento avaliativo que integra as evidências empíricas coletadas pelo teste às evidências teóricas, que vem apoiar a adequação e pertinência das interpretações com base nos resultados encontrados através do instrumento. Em essência, a validação de um questionário é a avaliação empírica do significado e as consequências da medida. A validade do questionário permitirá realizar inferências e interpretações corretas dos resultados ao aplicar o teste e estabelecer a relação com o construto e variável que se mede (MUÑIZ, 2004).

Os critérios reais para examinar esta validade variam amplamente, no entanto, Messick (1989) sugere alguns critérios a serem considerados pelos pesquisadores: (1) conteúdo do teste, (2) processos de resposta, (3) estrutura interna, (4) relações com outras variáveis, e (5) as consequências de teste. Esses critérios podem ser analisados a partir da associação de testes estatísticos e análise qualitativa do conteúdo dos construtos fundamentada teoricamente e acurada por uma equipe de pesquisadores.

De acordo com Slater et.al. (2003) as recomendações para validação de um questionário são associar testes que possibilitam: a comparação de médias (diferenças entre o grupo de médias ou as diferenças entre as medições dentro dos indivíduos); e análises de correlação. A aplicação do questionário barômetro em âmbito nacional, tanto no Brasil como na Itália, indicou que a comparação foi possível.

O propósito da proposta deste estudo não é testar o conhecimento dos alunos sobre temas universais, mas investigar as formas pelas quais as variedades culturais são incorporadas pela escola em geral e, em particular, como o ensino de C&T pode se tornar relevante em diferentes contextos socioculturais.

Mais que um medidor de atitudes, o Barômetro constitui-se um indicador de tendências, uma vez que através dele é possível averiguar o aumento ou a diminuição dos interesses dos jovens pelos mais variados assuntos relacionados com a ciência.

A aplicação do questionário Barômetro apontou que seus 96 itens apresentam fidedignidade e não necessitam de questionários adicionais. Além disso, mantendo a mesma estrutura do ROSE é possível estabelecer comparações entre os estudos anteriores.

REFERÊNCIAS

AIKENHEAD, Glen. The humanistic and cultural aspects of science & technology education. In: XI IOSTE (INTERNATIONAL ORGANIZATION FOR SCIENCE AND TECHNOLOGY EDUCATION) SYMPOSIUM: SCIENCE AND TECHNOLOGY EDUCATION FOR A DIVERSE WORLD. **Anais...** Lublin: IOSTE, 2004.

ARTES, R. Aspectos estatísticos da análise fatorial de escalas de avaliação. **Revista de Psiquiatria Clínica**, v. 5, n. 5, p. 223-228, 1998.

BARAM-TSABARI, Ayelet; SETHI, Ricky; BRY, Lynn; YARDEN, Anat. Asking scientists: A decade of questions analyzed by age, gender, and country. **Science Education**, v. 93, n. 1, p. 131-160, jan. 2009.

BIZZO, N. e G. PELLEGRINI. **Os Jovens e a Ciência**. Curitiba: CRV, 2013, 154p.

BIZZO, N.; SANTOS GOUW, A. M.; MOTA, H. S. Evolução e religião: o que pensam os jovens estudantes brasileiros. **Ciência Hoje**, v. 50, n. 300, p. 26-31, 2013.

EUROPEAN COMMISSION. **Europe needs more scientists**! Report by the High Level Group on Increasing Human Resources for Science and Technology in Europe. Luxembourg: Office for Official Publications of the European Communities, 2004. 187 p.

FENSHAM, Peter. Increasing the relevance of science and technology education for all students in the 21st Century. **Science Education International**, v. 15, n. 1, p. 7-26, 2004.

JENKINS, E.W. The Student Voice and School Science Education. **Studies in Science Education**, v. 42, n. 1, 49-88p, 2006.

MESSICK, S. (1989). Validity. In R.J. Linn (Ed.) **Educational measurement**. (pp. 13–103). New York: American Council on Education/Macmillan.

MOTA, H. S. **Evolução Biológica e Religião:** atitudes de jovens estudantes brasileiros. 2013. 275p. Tese (Doutorado em Educação)– Faculdade de Educação, Universidade de São Paulo, São Paulo, 2013.

MUÑIZ, J. La validación de los testes. **Metodologia de las ciencias del comportamento**, Barcelona, v.5, n.2, p. 121-141, 2004.

NERESINI, F.; CROVATO, S.; SARACINO, B. **Scienza e nuove generazioni** - I risultati dell'indagine internazionale ROSE. Vicenza: Edizioni Observa Science in Society, 2010. 189p.

OLIVEIRA, G. da S. **Aceitação/rejeição da evolução biológica**: atitudes de alunos da educação básica. 2009. 162p. Dissertação (Mestrado em Educação) - Faculdade de Educação, Universidade de São Paulo, São Paulo, 2009.

OLIVEIRA, G. S.; BIZZO, N. Aceitação da evolução biológica: atitudes de estudantes do ensino médio de duas regiões brasileiras. **Revista Brasileira de Pesquisa em Educação em Ciências,** v. 11, n.1, p. 57-79, 2011.

PAZ-Y-MIÑO-C, G.; ESPINOSA, A. Attitudes toward evolution at New England colleges and universities, United States. **New England Science Public:** Series Evolution, n.1, p. 1-32, 2013.

PAZ-Y-MIÑO-C., G.; ESPINOSA A. New England faculty and college students differ in their views about evolution, creationism, intelligent design, and religiosity. **Evolution:** Education and Outreach, n. 4, p. 323–342, 2011.

PAZ-Y-MIÑO-C., G.; ESPINOSA, A. Assessment of biology majors' versus non -majors' views on evolution, creationism and intelligent design. **Evolution:** Education and Outreach, v.2, p. 75-83, 2009.

PEREIRA, J. C. R. **Análise de dados qualitativos:** estratégias metodológicas para as Ciências da saúde, humanas e sociais. 3.ª ed. São Paulo: Editora da Universidade de São Paulo, 2001. 157 p.

PESTANA, M. H.; GAGEIRO, João Nunes. **Análise de dados para Ciências Sociais:** a complementaridade do SPSS. 4.ª ed. Lisboa: Edições Silabo, Revista e Aumentada. 2005. 690 p.

SANTOS GOUW, A. M. **As opiniões, interesses e atitudes dos jovens brasileiros frente à ciência:** uma avaliação em âmbito nacional. 2013. 242p. Tese (Doutorado em Educação)– Faculdade de Educação, Universidade de São Paulo, São Paulo, 2013.

SCHREINER, C.; SJØBERG, S. Sowing the seeds of ROSE. **Acta Didactica 4/2004**. 2004, 120p.

SJØBERG, S. What can we learn from the learners? Some results and implications from "Science and Scientists" a comparative study in 22 countries (N. Bizzo et al., Eds.)Rethinking Science and Technology Education to Meet the Demands of Future Generations in a Changing World (Vol. 2). Proceedings of 10th IOSTE Symposium. **Anais**...São Paulo: IOSTE, 2002

SLATER, Betzabeth; PHILIPPI, Sonia Tucunduva; MARCHIONI, Dirce M. L. and FISBERG, Regina Mara. Validação de Questionários de Frequência Alimentar - QFA: considerações metodológicas. **Rev. bras. epidemiol.** [online]. 2003, vol.6, n.3, pp. 200-208.

TOLENTINO NETO, L. C. B. de. **Os interesses e posturas de jovens alunos frente às ciências:** resultados do Projeto ROSE aplicado no Brasil. 2008. 172p. Tese (Doutorado em Educação)– Faculdade de Educação, Universidade de São Paulo, São Paulo, 2008.

TOMEI, Anthony. Foreword. In: OSBORNE, J.; DILLON, J. (Eds.). **Science education in Europe**: Critical reflections. A report to the Nuffield Foundation. London: The Nuffield Foundation, 2008, p. 5-5.

VÁZQUEZ ALONSO, Ángel; MANASSERO MAS, Maria Antonia. El declive de las actitudes hacia la ciencia de los estudiantes: un indicador inquietante para la educación científica. **Rev. Eureka Enseñ. Divul. Cien.**, v. 5, n. 3, p. 274-292, 2008.

VOGT, C. A.; CASTELFRANCHI, Y. **Interesse, informação e comunicação: Cultura científica em Iberoamérica:** encuesta em grandes núcleos urbanos. ed. 1, Fecyt, OEI, Ricyt, pp. 16, p.21-36, 2009.

O EMPREGO DE PRÁTICAS INTERDISCIPLINARES NA APRENDIZAGEM DE CIÊNCIAS NOS ANOS INICIAIS DO ENSINO FUNDAMENTAL

Janaína Pereira Pretto Carlesso
Neusa Elisabete Carvalho Hennig

INOVANDO A PRÁTICA DOCENTE NA ÁREA DE CIÊNCIAS

1. Introdução

Nesse capítulo, temos a finalidade de trazer contribuições importantes à prática dos professores da educação básica, por meio da apresentação dos resultados de duas pesquisas que envolvem metodologias diferenciadas na aprendizagem de ciências nos anos iniciais do ensino fundamental.: a primeira, por meio da utilização da interdisciplinaridade e a segunda, através de projetos de leitura desenvolvidos pelo conjunto de professores de algumas escolas ao longo de educação básica.

A educação científica em todos os níveis é a condição básica para a democracia e acesso à tecnologia, bem como uma necessidade à realização plena do potencial intelectual do homem. O desenvolvimento científico dos países tem relação não somente com sua condição econômica, mas também com a capacidade de aprimoramento das civilizações, de cada cultura e das habilidades individuais para mudar o mundo. (ZANCAN, 2000)

Entretanto, deve-se salientar que o processo ensino/aprendizagem desses conteúdos de ensino deve ir além da memorização de "um conjunto desconexo de fatos, mas sim estruturar um arcabouço relevante para a análise de conceitos básicos para a compreensão da ciência." (IDEM, p. 6) Nesse sentido, percebe-se que o ensino deve deixar de ser informativo para ser transformador e criativo. Além disso, espera-se que a cducação habilite "o jovem a trabalhar em equipe, a apreender por si mesmo, a ser capaz de resolver problemas, confiar em suas potencialidades, ter integridade pessoal, iniciativa e capacidade de inovar." (IDEM, p. 6)

Uma das formas da educação participar do movimento de construção desse novo cidadão é a interdisciplinaridade, enquanto metodologia de ensino, aponta para a necessidade de haver interconexões disciplinares que permitam relações contextualizadas e articuladas entre diferentes disciplinas, num movimento contrário à concepção tradicional de ensino, calcada na separação radical entre todas as disciplinas. Segundo Japiassu (1976), a característica central da interdisciplinaridade consiste no fato de que ela incorpora os resultados de várias disciplinas. Distingue-se pela intensidade das trocas entre os especialistas e pelo grau de integração real das disciplinas, no interior de um projeto específico de pesquisa ou de ensino. Segundo o autor, o que realmente importa, no diálogo interdisciplinar, é aquilo que não somente é desejável, mas também indispensável, é que a autonomia de cada disciplina seja assegurada como uma condição fundamental da harmonia de suas relações com as demais. Onde não houver interdependência disciplinar, não pode haver interdependência das disciplinas (JAPIASSU, 1976, p.129).

Outra forma de perceber a complexidade do conhecimento e seus vários aspectos é a leitura, que se constitui de um instrumento capaz emancipar o sujeito leitor, de forma acessar e aprofundar o saber acumulado pela humanidade ao longo dos tempos. Ao mesmo tempo, o leitor consegue desenvolver uma maior consciência individual e social, aumentando sua capacidade de pensar, sentir e interagir com as demais pessoas de sua época. Nesse sentido, a leitura torna-se mediadora entre o leitor e o mundo, engendrando novos valores e horizontes para si e demais membros da sociedade.

Tanto as normativas oficiais quanto as pesquisas acadêmico-científicas apontam para a importância e contribuição que a leitura exerce durante o processo e resultados da aprendizagem. A leitura pode alavancar esse processo desde que o sujeito-leitor assuma o papel de protagonista. Com isso, não somente forma leitores e sujeitos reflexivos, engajados e criativos, mas também capazes de inserir-se no mundo. Assim, há escolas que apostam nesse casamento entre a leitura e o processo ensino/aprendizagem, enquanto outras por alguma razão desconhecida ainda não conseguiram inserir tal prática no seu cotidiano escolar.

Da mesma forma, há a indicação dos documentos oficiais e dos estudos acadêmicos de que ensino de ciências (EC) traz ganhos semelhantes e, de forma particular, agrega conhecimentos capazes de favorecer a inserção do estudante aos avanços científicos de seu tempo e superar a condição de usuário da tecnologia.

2. Contribuições para ampliação da prática do professor no contexto escolar

1º estudo: Práticas interdisciplinares com enfoque em temáticas de ciências podem promover resultados importantes no desenvolvimento cognitivo dos alunos?

O presente estudo apresenta os reflexos da aplicação em sala de aula de um planejamento interdisciplinar com enfoque em temáticas de ciências e as suas contribuições ao desenvolvimento cognitivo de alunos nos anos iniciais do ensino fundamental, de uma escola pública estadual localizada na cidade de Santa Maria, no Estado do Rio Grande do Sul. A pesquisa realizada foi um estudo de caso comparativo composto por duas turmas de alunos matriculados regularmente no 2º ano do ensino fundamental de uma mesma escola. A amostra foi composta por duas turmas de turnos diferentes (manhã e tarde): Grupo com intervenções (GCI) foram realizadas as atividades interdisciplinares em sala de aula. O grupo sem intervenções (GSI) não foram realizadas tais atividades. A formação de dois grupos de estudo foi relevante, pois uma análise comparativa contribui na investigação do papel das atividades interdisciplinares que foram trabalhadas em sala de aula durante um ano. O fator que diferiu os dois grupos foi à aplicação das atividades interdisciplinares com enfoque no ensino de ciências.

A média de idade dos alunos da amostra estudada foi de 9,1 anos (± 0,94), sendo que a idade mínima foi de 8 anos e a máxima de 14,2 anos. A coleta de dados foi realizada no período de julho de 2012 a julho de 2013, sendo realizada nas seguintes etapas: Contato com a escola; Autorização de participação na pesquisa – assinatura do termo de Consentimento Livre e Esclarecido (TCLE); Aplicação de atividades interdisciplinares em sala de aula; Avaliação Diagnóstica do Desempenho Escolar.

Para aplicação das atividades interdisciplinares o projeto visou capacitar durante um ano uma professora que na época era bolsista do observatório da educação, para aplicação das intervenções em sala de aula com temas de ciências abrangendo outras áreas do conhecimento, especificamente a matemática e a língua portuguesa. A formação do professor (a) bolsista era realizada semanalmente na Universidade Federal de Santa Maria (UFSM) com o auxílio de uma equipe multidisciplinar composta por biólogos, licenciados em letras, matemáticos, pedagogos, educadores físicos e psicólogos.

De acordo com os PCNs (BRASIL, 2000), na perspectiva escolar, a interdisciplinaridade não tem a pretensão de criar novas disciplinas ou saberes, mas de utilizar os conhecimentos de várias disciplinas para resolver um problema concreto ou compreender um fenômeno sob diferentes pontos de vista. Segundo Pietrocola et al. (2003) apud de Batista et al. (2012), “ a interdisciplinaridade tem sido apontada como uma alternativa capaz de possibilitar a significância dos conteúdos escolares, contribuindo para formação do cidadão. Porém, ainda é pouco entendida e difícil de ser desenvolvida, tanto nas escolas como nas universidades, dado que os professores têm dificuldade em transforma o discurso presente nos projetos político -pedagógicos em vivências de pesquisa e práticas de salas de aula (Zimmermann, 2005), uma vez que os currículos e a formação docente encontram-se ancorados em paradigmas disciplinares (PIETROCOLA et al., 2003)”.

No processo interdisciplinar segundo Fazenda (1992, p. 56), “não se ensina, nem se aprende, apenas vive-se, exerce-se... Todo o indivíduo engajado nesse processo será não o aprendiz, mas, na medida em que familiarizar-se com as técnicas e quesitos básicos o criador de novas estruturas, novos conteúdos, novos métodos, será o motor de transformação”. Ainda conforme Fazenda (1999, p.35) “a interdisciplinaridade não fica apenas no campo da intenção, mas na ação, precisa ser exercitada.”

O planejamento das atividades interdisciplinares desse estudo foi organizado em eixos temáticos inspirados nos Parâmetros Curriculares Nacionais de Ciências Naturais (PCNs, 1997).

As atividades desenvolvidas nos planejamentos interdisciplinares tiveram os seguintes propósitos: motivar e introduzir os alunos no universo das Ciências, gerando possibilidades de discutir problemas envolvendo fenômenos naturais e as implicações que este conhecimento pode acarretar à sociedade e ao ambiente. Como também incentivar por meio do ensino de Ciências a promoção de estímulos e habilidades em outras áreas do conhecimento (matemática e língua portuguesa). No trabalho em equipe multidisciplinar foi desenvolvido um amplo leque de atividades articulado com o planejamento escolar do professor.

A temática de Ciências desenvolvida no planejamento interdisciplinar no 2º ano do ensino fundamental foi "os animais" e teve os seguintes objetivos: diferenciar os animais vertebrados dos invertebrados; compreender e reconhecer a classificação dos vertebrados; descobrir por meio das atividades e da pesquisa como os animais se alimentam e onde vivem. O "ciclo da água" foi a temática do planejamento desenvolvido no 3º ano do ensino fundamental pelo mesmo professor com os mesmos alunos. Os assuntos abordados em torno dessa temática foram: tipos de poluição; poluição do ar e os efeitos no ambiente e na saúde; poluição e tipos de solo. Após a conclusão das atividades e para identificar os reflexos da interdisciplinaridade, foi realizada a avaliação do desempenho dos dois grupos estudados.

Para verificar os reflexos da aplicação das atividades interdisciplinares pela professora, procuramos um instrumento bem elaborado, consagrado no sentido de ter várias edições e que incluísse Ciências. Optou-se pela "Avaliação Diagnóstica" originária do Projeto Avalia-BH, que é um programa de avaliação do Ensino Fundamental da Rede Municipal de Educação de Belo Horizonte, que oferece uma medida do desempenho escolar por meio de testes de Ciências da Natureza, Língua Portuguesa e Matemática. Seu objetivo é avaliar, anualmente, os estudantes do 3º ao 9º ano do Ensino Fundamental das escolas da Prefeitura, bem como identificar os fatores que interferem no desempenho dos estudantes (DIAS; SILVA, 2011)

Os testes do Avalia-BH verificam se o aluno já desenvolveu a capacidade de mobilizar conhecimentos e informações para resolver questões relacionadas à compreensão de textos, no teste de Língua Portuguesa, e situações-problema, no teste de Matemática. No teste das Ciências da Natureza avalia-se se o aluno desenvolveu a capacidade de levantar hipóteses sobre os fenômenos químicos e físicos, sobre os seres vivos e sobre a relação entre o homem e a natureza e entre o homem e a tecnologia (REVISTA AVALIA-BH, 2012).

Para a avaliação do desempenho dos alunos deste estudo foram utilizados os testes de Ciências da natureza, matemática e língua portuguesa aplicados na edição do 1º semestre de 2013 do Programa Avalia-BH. A avaliação do desempenho dos grupos estudados foi realizada em sala de aula de forma individual em um espaço coletivo.

Para análise dos dados o desempenho nas três áreas avaliadas (ciências, matemática e língua portuguesa) foi quantificado e classificado conforme o número de acertos nos testes. No quadro 1, podemos observar tal classificação:

Quadro 1 - Classificação do desempenho dos alunos

Classificação do Desempenho (Nº de acertos)	Caracterização
Insatisfatório - (0 a 9)	Alunos que apresentam esse desempenho revelam estar em processo de aquisição inicial de competências e habilidades para o período de escolarização onde se encontram.
Intermediário - (10 a 17)	Alunos que apresentam esse desempenho apresentam habilidades básicas e essenciais ao período de escolarização que se encontram, necessitando de mais esforços para atingir habilidades mais elaboradas;
Satisfatório - (18 a 24)	Alunos que apresentam esse desempenho revelam ser capazes de atingir as habilidades previstas para a série como também há possibilidade de desenvolver habilidades que superam aquelas esperadas no período de escolaridade que se encontram.

A normalidade do número de acertos em ciências, matemática e língua portuguesa foi avaliada por meio do teste estatístico de Shapiro-Wilk, sendo que os resultados apresentados foram "não normais" para as três variáveis testadas. Para comparar os grupos foi utilizado o teste não paramétrico U de Mann-Whitney e para verificar a existência de correlação significativa nas três áreas analisadas, foi utilizado o coeficiente de correlação não paramétrico de Spearman (r_s). Admitiu-se o nível de significância estatística de 5%. A análise estatística foi realizada utilizando-se o aplicativo computacional STATISTICA (versão 9.1) desenvolvida pela StatSoft SOUTH AMERICA.

A análise dessa pesquisa teve o propósito de verificar se havia correlações significativas estatisticamente entre o número de acertos nas três áreas avaliadas nos testes de desempenho. Os resultados apontaram que o grupo de alunos sem intervenções em sala de aula, não houve correlação significativa entre o número de acertos nas provas de matemática, língua portuguesa e ciências. Já para o grupo que teve a formação do professor interdisciplinar e aplicação das intervenções em sala de aula houve correlação positiva significativa entre o número de acertos na prova de ciências e número de acertos na prova de matemática. Também houve correlação positiva significativa entre o número de acertos na prova de ciências e número de acertos na prova de português. Ainda houve correlação positiva significativa entre o nº de acertos na prova de português e nº de acertos na prova de matemática. Na tabela 1 podemos observar os resultados da correlação estatística entre os números de acertos nas provas de ciências, matemática e português.

Tabela 1 – Valores dos coeficientes de correlação de Spearman e significância entre o número de acertos nas provas de ciências, matemática e português, no grupo sem intervenções (n=18) e no grupo com intervenções (n= 20) de alunos do ensino fundamental de uma escola pública na cidade de Santa Maria, RS, (2013).

	GSI		GCI	
Variáveis	r_s	p-valor	r_s	p-valor
Número de acertos na prova de ciências x Número de acertos na prova de matemática	0,280	0,218	**0,65**	0,001
Número de acertos na prova de ciências x Número de acertos na prova de português	-0,240	0,918	**0,63**	0,001
Número de acertos na prova de matemática x Número de acertos na prova de português	0,061	0,792	**0,57**	0,004

r_s = Coeficiente de correlação de Spearman

A análise do estudo apontou que o incentivo do ensino de ciências nos anos iniciais por meio da aplicação de uma proposta interdisciplinar em longo prazo, contribuiu de forma importante no desenvolvimento cognitivo dos alunos.

Portanto, considera-se que o investimento na formação interdisciplinar do professor, a parceria da universidade com a escola pública e o auxílio técnico de uma equipe de profissionais especializados, foram as peças fundamentais para alcançar os resultados obtidos nesse estudo.

2º estudo: A leitura de obras literárias pode promover benefícios na aprendizagem de ciências?

A leitura é uma atividade que acompanha as pessoas desde cedo, antes mesmo de serem capazes de decifrar o código verbal. Essa prática continua no ambiente educacional desde o início da educação básica até os níveis mais elevados da educação superior. A escola costuma implementar práticas de leitura devido aos efeitos produzidos no leitor seja no aspecto pessoal ou em sua formação intelectual.

Realizar atividades que focam o ensino de ciências é outra meta educacional justamente pela necessidade de prover pensamentos científicos aos estudantes desde o início da educação básica. Tais saberes ajudam na compreensão do mundo, em suas transformações; bem como no autoconhecimento e inserção no contexto em que vive.

Tanto as normativas oficiais quanto as pesquisas acadêmico-científicas apontam para a importância e contribuição que a leitura exerce durante o processo e resultados da aprendizagem. A leitura pode alavancar esse processo desde que o sujeito-leitor assuma o papel de protagonista. Com isso, não somente formam-se leitores e sujeitos reflexivos, engajados e criativos mas também capazes de inserirem-se no mundo. Assim, há escolas que apostam nesse casamento entre a leitura e o processo ensino/aprendizagem, enquanto outras por alguma razão desconhecida ainda não conseguiram inserir tal prática no seu cotidiano escolar.

Da mesma forma, há a indicação dos documentos oficiais e dos estudos acadêmicos de que ensino de ciências traz ganhos semelhantes e, de forma particular, agrega conhecimentos capazes de favorecer a inserção do estudante aos avanços científicos de seu tempo e superar a condição de usuário da tecnologia.

Assim, o ensino de ciências deve preocupar-se com a formação de um cidadão, além de crítico, com outras habilidades, capacitando-o a inserir-se na sociedade atual. "Neste contexto, o papel das Ciências Naturais é o de colaborar para a compreensão do mundo e suas transformações, situando o homem como indivíduo participativo e parte integrante do Universo" (BRASIL, 1997, p. 15) Os PCNs: Ciências Naturais, entre os procedimentos didáticos para o EC, orientam a utilização da leitura em diferentes fontes: de livros, revistas e enciclopédias; de imagens; de textos selecionados; de relatórios; entre outras. De forma específica, mencionam a utilização da literatura nas aulas de ciências e os benefícios dessa prática:

> **Incentivar a leitura de livros infanto-juvenis sobre assuntos relacionados às Ciências Naturais**, mesmo que não sejam sobre os temas tratados diretamente em sala de aula, é uma prática que amplia os repertórios de conhecimento da criança, **tendo reflexos em sua aprendizagem**. (IDEM, p. 81, grifos nossos)

A literatura possui conteúdo específico, que ajuda na compreensão do leitor sobre os fenômenos da natureza, numa abordagem direta ou indireta. (ANTLOGA e SLONGO, 2012) Também Linsingen (2008) destaca sua potencialidade no processo de conscientização ecológica ou ambiental. Além disso, a leitura traz outros benefícios a seus praticantes: tem valor formativo, tanto no âmbito pessoal quanto social; amplia o campo de experiências; também cumpre objetivos cognitivos, lúdicos, afetivos e sociais (MONTEIRO; MESQUITA, 2010; PAIVA, 2010; MIGUEL et al., 2012). Para Sabino (2008), a leitura é "um alicerce da sociedade de conhecimento dado que ela promove a libertação do pensamento e a prática do exercício da cidadania." (p.1)

A escola, por sua vez, é a responsável por desenvolver atividades que promovam a aprendizagem e aprimorem a capacidade leitora. Nesse sentido, Freire (2011) enfatiza que a criança ingressa na educação formal com a habilidade de ler o mundo a sua volta; porém, não consegue desenvolver suas aptidões devido ao processo de mediação, que engloba atividades meramente mecânicas e enfadonhas, sem "apreender a sua significação profunda". (IDEM, p. 26). Tal observação aparece também nos PCNs: Língua Portuguesa, que lembram "a excessiva escolarização das atividades de leitura" (BRASIL, 2000, p. 18) num enfoque tradicional.

Embora a escola tenha o compromisso de formar leitores, Frantz (2011) aponta que "ela não consegue introduzir o aluno no mundo da leitura, a partir da beleza, da magia, do prazer, da alegria que uma boa leitura pode proporcionar ao leitor." (p.17) Para a autora, o desinteresse do aluno deve-se à impossibilidade de perceber a leitura como uma atividade gratificante e significativa. A constituição de leitores competentes está relacionada com a qualidade do ensino, o exercício da cidadania, a competência de produção textual e a possibilidade de conhecer: "Ler é conhecer, mas também conhecer-se; é integrar-se em novos universos de sentidos; é abrir e ampliar perspectivas pessoais; é descobrir e atualizar potencialidades." (BORDINI, 1985, p.27)

O presente estudo, de natureza quanti-qualitativa, procurou compreender a influência que a leitura exerce na aprendizagem de ciências. Participaram da coleta de dados 3 escolas da rede pública: a escola 1 pertence à rede estadual; a escola 2, à rede municipal; ambas localizadas no município de Santa Maria, RS; e a escola 3 é da rede municipal de São Borja, RS. As escolas 1 e 3 diferenciam-se por fomentar a leitura e possuir projetos com esse fim; enquanto a escola 2 não desenvolve trabalho sistematizado para mediar a leitura. No total, foram avaliados 63 sujeitos: sendo 30 da escola 1; 17 da escola 2; e 16 da escola 3

Aplicou-se um instrumento de avaliação de desempenho, composto por 26 itens da prova de ciências da Avaliação do Desempenho Escolar do Paraná (AVA)[9], aplicado no ano de 2000 no âmbito das escolas da rede estadual paranaense. A utilização de itens da AVA deve-se à carência de instrumentos calibrados em avaliação de ciências na atualidade, visto que a maioria dos sistemas em larga escala avaliam apenas conhecimentos nas áreas de português e matemática.

Foram selecionados 13 itens desse instrumento para fins de análise por tratarem de conteúdos de ensino do 5° ano do ensino fundamental. As demais questões foram descartadas por não serem específicas ao nível de ensino dos sujeitos. A aplicação desse instrumento de avaliação foi realizada no final de novembro de 2012, quando os sujeitos estavam concluindo o 5° ano do ensino fundamental. Juntamente com esse instrumento, os sujeitos responderam a questões para definir aspectos sobre seu perfil leitor.

Após a aplicação, os instrumentos de avaliação de desempenho foram corrigidos, seus resultados foram tabulados e as análises estatísticas foram realizadas através do programa *Statistical Package for the Social Sciences* (SPSS), versão 17.0. Em relação ao instrumento sobre o perfil leitor dos sujeitos, foram observados e organizadas categorias para tabular seus resultados. Na sequência, foram realizadas análises de natureza estatística e qualitativa.

Os dados coletados mostram que os sujeitos oriundos de escolas que incentivam a leitura demonstram melhores resultados nos itens investigados, conforme mostra o Gráfico 1:

9 Avaliação do Rendimento Escolar (AVA) foi um sistema padronizado de avaliação dos estudantes de 4ª série/5° ano e 8ª série/9° ano do ensino fundamental, nas disciplinas de língua portuguesa, matemática e ciências, tendo a finalidade de mostrar como estava a aprendizagem no estado do Paraná. Esse sistema de avaliação foi utilizado entre 1995 e 2002, com o com o objetivo de complementar as informações globais fornecidas pelo Sistema Nacional de Avaliação da Educação Básica (SAEB). As aplicações foram anuais entre 1995 e 1998, quando passou a acontecer somente nos anos pares.

Gráfico 1: Desempenho em ciências - percentual de acertos das 3 escolas em cada item.

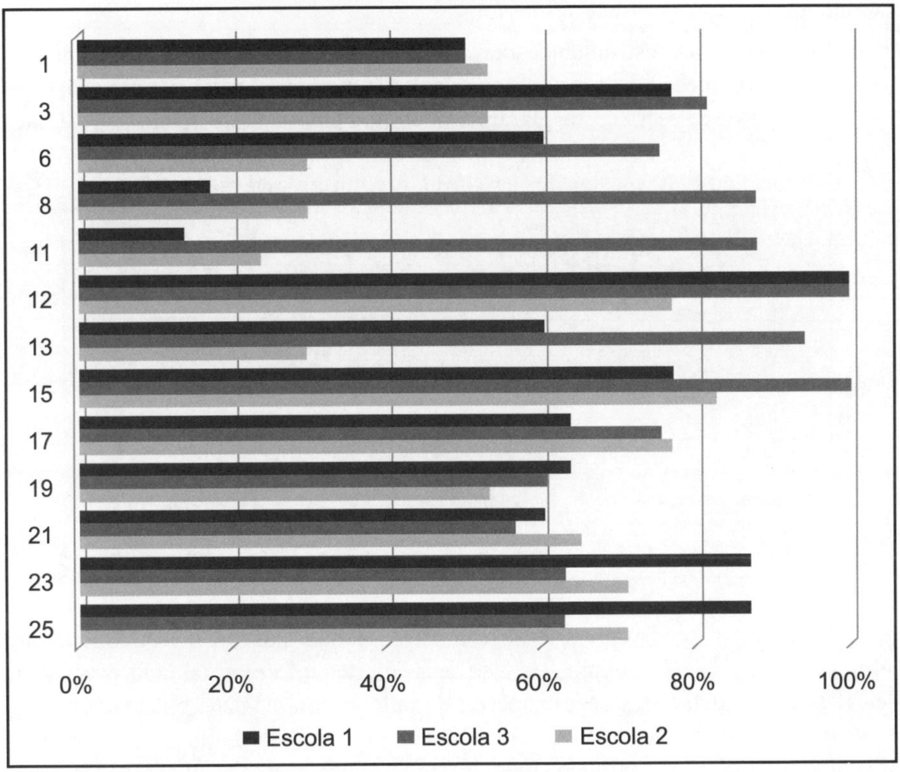

A apresentação desses dados permite observar que as escolas 1 e 3, que desenvolvem incentivo à leitura em seu processo de ensino, tem desempenho cognitivo superior em relação ao conhecimento de ciências. Os sujeitos da escola 2 obtiveram o menor índice de acertos: em 5 itens (equivalendo a 39% do total) acertaram menos que 50%. Tal faixa de acertos aparece apenas na escola 1 com 2 itens (equivalendo a 15% do total), percentual bem menor que escola 2.

Quando se considera o percentual de acertos entre 50 e 70%, o resultado mostrou que as escolas 1 e 3 destacaram-se com 6 e 5 itens, respectivamente contra 3 da escola 2. Na faixa entre 70 e 90%, a escola 2 somou 5 itens; a escola 1, 4 itens e a escola 3, 3 itens. Por fim, apenas as escolas 1 e 3 tiveram 100% de acertos: em 1 e 2 itens, respectivamente. Na maioria dos percentuais considerados, há um desempenho superior das escolas 1 e 3.

Como se viu, o desempenho das duas escolas incentivadoras da leitura e com projetos voltados para tal finalidade é superior à escola sem essa orientação. Portanto, pode-se relacionar a existência de melhor desempenho desses estudantes com o fato de praticar leitura em sua rotina escolar. Em suma, escolas mediadoras de leitura conseguem desenvolver sujeitos mais aptos a aprender e construir conhecimento científico como demonstrado pelo desempenho dos sujeitos avaliados. Nesse sentido, é necessário salientar que o tempo destinado a atividades de leitura revertem em aprendizagem.

Em relação ao instrumento sobre o perfil leitor dos sujeitos pertencentes às escolas 1 e 3, percebeu-se que a maioria declarou que gosta de ler (Gráfico 2). Contudo, os sujeitos da escola 3 revelaram um hábito bem mais acentuado pela leitura.

Gráfico 2: Respostas dos sujeitos à pergunta: Você gosta de ler?

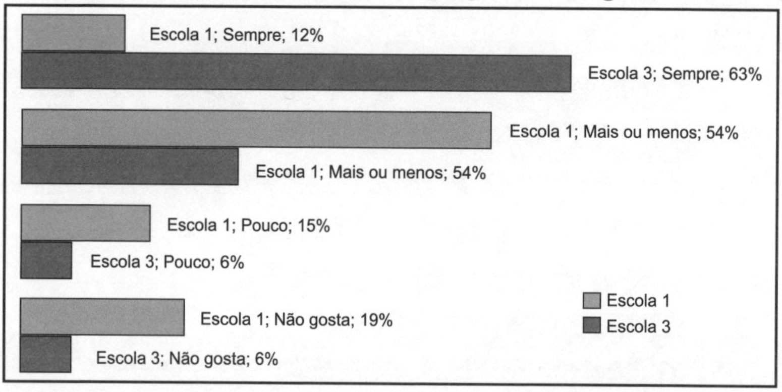

É intrigante observar em relação à escola 1 que, mesmo investindo em um projeto de mediação de leitura, 19% de seus sujeitos informou falta de vontade de ler. Esse percentual é três vezes superior da outra escola. Uma explicação possível é a grande rotatividade de alunos nessa escola em função de questões referentes à sua localização e do público. Dos 30 sujeitos dessa escola, apenas 12 sempre estudaram nessa instituição; 3, 4 anos; 2, 3 anos; 2, 2 anos, e 8, apenas 1 ano. Tais informações poderiam ter influência no gosto dos sujeitos, porque eles não tiveram o mesmo tempo de contato com a mediação implementada pelo projeto da escola. Provavelmente, seu gosto pela leitura teria se consolidado de forma mais acentuada, caso eles tivessem a mesma oportunidade dos demais.

3. Aplicação de práticas escolares inovadoras e resultados importantes

Por meio da descrição de nossas experiências, mostramos aos professores da educação básica os resultados dos nossos trabalhos e concluímos que as pesquisas realizadas sugerem novas metodologias de ensino para os anos iniciais relacionadas ao ensino de ciências. Também apontamos que a realização de projetos no âmbito das escolas pode promover benefícios significativos de forma ampla tanto para alunos como para professores: os primeiros são capazes de aprender com mais sucesso e os segundos conseguem planejar atividades de ensino, que repercutem em melhores resultados de aprendizagem.

Ao realizarmos o acompanhamento de sujeitos matriculados no 2º e 3º anos do EF, observamos que a relevância da aplicação do ensino de ciências, através de uma proposta interdisciplinar, contribui de forma importante para o desenvolvimento cognitivo dos alunos não somente em ciências, mas também em português e matemática. Tal conclusão reforça a necessidade de utilizar no planejamento e implementação do ensino uma metodologia, que inclua práticas interdisciplinares.

Para chegarmos a esses resultados, foi necessário investir na formação interdisciplinar do professor, que planejou atividades com o auxílio de uma equipe multidisciplinar. Nesse sentido, sugerimos que a prática interdisciplinar seja adotada desde a formação inicial de todos os professores, que repetem em sua prática de ensino a forma como foram ensinados e todas as lacunas presentes nesse processo podem ser refletidas no cotidiano escolar com seus alunos. Além disso, apontamos que cursos de formação continuada devem ser oportunizados para os professores que já estão em exercício para que eles tenham momentos de reflexão e possam encontrar resignificações para suas práticas.

Os resultados da segunda pesquisa corroboram a indicação feita nos PCNs: Ciências, que relacionam a leitura de obras infanto-juvenis (literárias) com a capacidade de aprender. Tal indicação também é referida pelas pesquisas acadêmicas, que traçam um paralelo entre leitura e aprendizagem. No caso da pesquisa realizada em três escolas, sendo duas que buscam promover projetos de leitura, enquanto uma não tem essa preocupação, percebeu-se, através da avaliação de aquisição de conhecimentos científicos que os alunos leitores conseguem aprender mais já que apresentaram percentuais de acerto mais significativos.

Em relação à influência da leitura na aprendizagem de ciências através da análise do desempenho dos sujeitos investigados, consideramos que ocorreu uma significativa superioridade nas escolas, que destinavam tempos e espaços escolares para a realização de atividades vinculadas à leitura. Sujeitos que leem precisam mobilizar processos cognitivos complexos, o que lhes possibilita um desenvolvimento mais sofisticado de suas capacidades de percepção de si, do outro e do contexto. Além disso, eles passam a interpretar de modo eficiente e, em consequência, irão demonstrar maior disposição a desbravar novos horizontes.

De forma mais específica para o ensino de ciências, a contribuição desse estudo é mostrar para os professores da educação básica através de uma pesquisa empírica envolvendo sujeitos leitores e não leitores, que a leitura contribui para a construção de conhecimentos científicos. A partir disso, deduzimos que ela deve ser incorporada como uma prática rotineira tanto na sala de aula como nos demais espaços escolares e incentivada também como tarefas extracurriculares. Dessa forma, a criança vai aprimorar aspectos cognitivos importantes de forma lúdica e adequada ao seu desenvolvimento intelectual.

É fundamental salientar em relação às duas pesquisas que o ponto de contato entre ambas é o ensino de ciências envolvendo a aquisição de habilidades desenvolvidas em português, de forma mais específica a leitura. Elas comprovam que, mesmo partindo de estratégias diferenciadas e áreas distintas, quando estão interconectadas, geram resultados benéficos na aprendizagem. Quer dizer, alunos que tiveram acesso a conhecimentos científicos apresentaram melhor desempenho cognitivo em português e matemática. Quando o processo de ensino começou a partir do fomento à leitura, também se verificou capacidades mais amplas em aprender ciências.

Dessa forma, sugerimos aos professores da educação básica que invistam em projetos temáticos com enfoque em Ciências propostas de trabalho que façam a integração com outras áreas de conhecimento promovendo um ensino que tenha significado para os alunos. Cabe ressaltarmos, que a "Ciência" é vista com certa dificuldade pelos alunos, que não conseguem relacioná-la com fatos de seus cotidianos. Para eles, seus conceitos estão desfocados da realidade em que vivem e, sendo assim, não há necessidade de seu aprendizado. Para que essa concepção mude e os alunos possam enxergar a Ciência e suas funcionalidades por outro ângulo, é necessária a intervenção do professor, que poderá integrar o ensino das ciências por meio de um trabalho interdisciplinar, fazendo assim com que os alunos percebam e compreendam que muitos conceitos estudados em ciências também são de extrema importância no estudo em outras áreas do conhecimento. À medida que o aluno conseguir compreende a integração de Ciências com outras áreas, muitos significados poderão ser produzidos e os resultados são verificados de maneira satisfatória em desempenho.

REFERÊNCIAS

ANTLOGA, Daiane Christ e SLONGO, Iône Inês Pinsson. Ensino de Ciências e Literatura Infantil: uma articulação possível. **IN: Anais IX ANPED SUL:** Seminário de Pesquisa da Região Sul Universidade de Caxias do Sul, 2012. Disponível em <http://www.ucs.br/etc/conferencias/index.php/anpedsul/9anpedsul/paper/viewFile/2943/263>, acesso em 11/7/2012.

BATISTA, R.G.S et al. A Interdisciplinaridade na Formação de Professores: O Caso de um Curso de Licenciatura em Física com ênfase ambiental. In: **III Simpósio Nacional de Ensino de Ciência e Tecnologia (2012).**

BORDINI, M. G. Literatura na escola de 1º e 2º graus: por um ensino não alienante. In: **Perspectiva** – Revista do CED. Florianópolis: UFSC, 1985.

BRASIL. Secretaria de Educação Fundamental. **Parâmetros curriculares nacionais**: ciências naturais. Brasília : MEC/SEF, 1997. CDU: 371.214

_________. **Parâmetros Curriculares Nacionais.** Língua Portuguesa. 2.ed. Brasília, DF: 2000.

DIAS, P.K.S; SILVA, F.G. Avalia BH – **Revista Pedagógica Ciências da Natureza** – 1º Ciclo, Juiz de Fora. v. 3, jan/dez. 2011. Disponível em: <http://www.avaliabh.caedufjf.net/repositorio/diagnosticabh/pdf/AVALIABH_BOLETIM_VOL_1_2011.pdf> Acesso: 29 de fev.de 2015.

FAZENDA, I.C. **A virtude da força nas práticas interdisciplinares**. Campinas, SP: Papirus, 1999.

___________. A Integração e interdisciplinaridade no ensino brasileiro: efetividade ou ideologia? São Paulo: Loyola, 1992.

FRANTZ, Maria Helena Zancan. **A Literatura nas séries iniciais**. Petrópolis: Vozes, 2011.

GIL, Antonio Carlos. **Como elaborar projetos de pesquisa**. 4.ed. São Paulo/BR: Atlas, 2008.

LINSINGEN. Luana Von. Alguns motivos para trazer a literatura infantil para a sala de ciências. In: **Ciência & Ensino**, vol. 2, n. 2, junho de 2008.

MIGUEL, Emilio Sánches et al. **Leitura na sala de aula**: como ajudar os professores a formas bons leitores. Trad. de Fátima Murad. Porto Alegre: Penso, 2012.

MONTEIRO, Ana Carolina Alves e MESQUITA, Edineide Jezini. A importância da leitura e escrita para a construção do hábito de ler. In: **Anais XII Encontro de Extensão** - Área 4: Educação - Trabalhos Completos. Universidade Federal da Paraíba, 2010. Disponível em <http://www.prac.ufpb.br/anais/XIIENEX_XIIIENID/ENID/Prolicen/completos_04.html>, acesso em 3/4/2013.

SABINO, Maria Manuela do Carmo de. Importância educacional da leitura e estratégias para a sua promoção. In: **Revista Iberoamericana de Educación**, n. 45/5,25 de março de 2008.

PAIVA, Aparecida (coord.). **Literatura**: Ensino Fundamental. Brasília: Ministério da Educação, Secretaria de Educação Básica, 2010.

PARANÁ, Governo do Estado do. Secretaria de Estado da Educação. **Caderno AVA 2000 Ciências**: uma análise pedagógica. Curitiba: 2001.

PCNs. Parâmetros Curriculares Nacionais. 10°. Ed. Brasília, Distrito Federal: Editora FTD, 2000.

PIETROCOLA, M.; PINHO ALVES, J. ; PINHEIRO, T. F. Prática interdisciplinar na formação disciplinar de professores de ciências. In: **Investigações em ensino de ciências**, vol.8, n.2, 2003.

REVISTA AVALIA BH. 2012. Disponível em: <http://gestaocompartilhada.pbh.gov.br/sites/gestaocompartilhada.pbh.gov.br/files/biblioteca/arquivos/revistaavalia-bh2012.pdf>. Acesso em: 28 de fev. de 2015.

ZANCAN, Glaci. **Educação científica**: uma prioridade nacional. São Paulo: Perspec, vol.14, no.3, jul-set 2000. Disponível em < http://www.scielo.br/scielo.php?script=sci_arttext&pid=S0102-88392000000300002>, acesso em 15/3/2013.

E AGORA? QUE LIVRO ESCOLHER?

Jaiane de Moraes Boton

A importância do Livro Didático e do PNLD

Ainda hoje, na maioria das escolas de educação básica das redes públicas de ensino do país, o livro didático é o principal instrumento de apoio do professor, sendo, muitas vezes, a sua única referência, assumindo o papel de currículo, definindo estratégias de ensino, interferindo diretamente nos processos de seleção, planejamento e desenvolvimento dos conteúdos em sala de aula (FRISON et al, 2009, p.07). Além disso, constitui uma importante fonte de estudo e pesquisa para os alunos (FRISON et al, 2009, p. 03).

O livro didático, por ser uma ferramenta de múltiplas utilidades, é pesquisado sob diversas perspectivas, tais como: produto cultural; mercadoria ligada ao mundo editorial e dentro da lógica de mercado capitalista; suporte de conhecimentos e de métodos de ensino de diversas disciplinas; além de ser veículo de valores, tanto ideológicos como culturais. Tal objeto tem uma grande importância econômica não só no que diz respeito ao setor ligado à produção de livro como também ao papel do Estado como consumidor dessa produção através do Programa Nacional do Livro Didático (PNLD) (BITTENCOURT, 2004, p. 01).

O PNLD é voltado à distribuição sistemática, regular e gratuita de obras didáticas a alunos de escolas públicas do país. O processo de avaliação, escolha e aquisição das obras se dá de forma periódica, garantindo ciclos regulares trienais alternados, intercalando o atendimento a todos os níveis de ensino: Anos Iniciais e Anos Finais Ensino Fundamental e do Ensino Médio, tanto para educação regular como para Educação de Jovens e Adultos (EJA) (BRASIL, 2013c).

O PNLD2013, que foi direcionado à distribuição integral de livros para os alunos de Anos Iniciais do Ensino Fundamental e à complementação das obras para os Anos Finais do Ensino Fundamental, atendeu 24.304.067 alunos, 47.056 escolas de Anos Iniciais, e o valor negociado com as editoras nas compras das obras foi de R$ 751.725.168,04 (BRASIL, 2013d).

Sabendo da abrangência e importância deste Programa para a Educação Básica no país, nos propomos a analisar o processo de escolha do livro didático de Ciências, pelos professores dos Anos Iniciais do Ensino Fundamental.

Como funciona o PNLD?

O PNLD é um programa executado pelo FNDE, autarquia responsável pela execução de políticas educacionais do Ministério da Educação (MEC), que tem como objetivo prover às escolas da rede pública de Educação Básica com obras didáticas de qualidade de maneira sistemática, regular e gratuita (BRASIL, 2013b).

Desde a década de 1930, a política para o livro didático sofreu inúmeras mudanças, passando por um longo processo de transformação e aperfeiçoamento, tanto em sua forma de execução, como em sua avaliação. No entanto, vale salientar que, conforme ressalta Freitag, Costa & Motta (1997), a política do livro didático no Brasil

> não passa de uma sequência de decretos, leis e medidas governamentais que se sucedem, a partir de 1930, de forma aparentemente desordenada, e sem a correção ou a crítica de outros setores da sociedade (FREITAG; COSTA; MOTTA, 1997, p. 11).

A partir da publicação, em 1994, do documento intitulado "Definição de Critérios para Avaliação dos Livros Didáticos", uma parceria entre Ministério da Educação (MEC), Fundação de Apoio ao Estudante (FAE) e Organização das Nações Unidas para a Educação, a Ciência e a Cultura (UNESCO), são definidos critérios para avaliação dos livros didáticos (BRASIL, 2013a).

O PNLD segue ações de execução estabelecidas, por edital, pelo FNDE. São várias ações realizadas por diferentes órgãos e responsáveis, que culminam na avaliação, escolha e distribuição dos livros para as Escolas de Educação Básica brasileiras. A seguir explicamos cada uma dessas etapas e seus responsáveis.

Primeiramente as escolas de educação básica da rede pública de ensino devem manifestar interesse em participar dos Programas de Materiais Didáticos por meio do termo de adesão. Após a divulgação dos editais que estabelecem as regras para a inscrição de livros, ocorre a Inscrição das editoras, composta de cadastramento dos titulares de direito autoral ou de edição, pré-inscrição das obras e entrega dos exemplares (BRASIL, 2013c).

Em seguida, as obras inscritas passam pela Triagem e Pré-análise, realizadas em caráter eliminatório, com o objetivo de examinar os aspectos físicos e atributos editoriais das obras inscritas, em conformidade com os requisitos estipulados no edital, efetuadas pelo Instituto de Pesquisas Tecnológicas do Estado de São Paulo (IPT). Os livros selecionados são encaminhados à Secretaria de Educação Básica (SEB), órgão responsável pela Avaliação Pedagógica, realizada por uma comissão de especialistas, a análise será realizada com base em critérios comuns e específicos para os diferentes componentes curriculares, as obras aprovadas irão compor o Guia de Livros Didáticos, disponibilizado no sítio do FNDE e enviado às escolas, com suas respectivas resenhas, a fim de auxiliar os professores no processo de escolha dos livros a serem adotados (BRASIL, 2013c).

As avaliações pedagógicas têm como objetivo garantir a qualidade do material a ser encaminhado à escola, incentivando a produção de materiais cada vez mais adequados às necessidades da educação básica da rede pública de ensino brasileira (BRASIL, 2012a, p. 8). Além dos critérios comuns a todas as disciplinas, existem critérios específicos para os diversos componentes curriculares.

Os professores, durante o processo de escolha do livro didático, foco desta pesquisa, seguem normas e etapas estabelecidas pelo MEC, tais como: atender ao cronograma do período de escolha, analisar o Guia de Livros Didáticos, organizar-se para analisar e definir as obras e preencher o formulário de escolha. No entanto, nada impede que cada professor ou grupo de professores possam desenvolver seus próprios critérios de escolha, análise, identificação e seleção dos conteúdos de ensino com base em suas experiências com os livros anteriormente utilizados e edições passadas do Programa e a realidade escolar em que está inserido.

No momento dessa escolha, existem dúvidas e crenças, as quais levam os professores a tomarem diferentes atitudes. Muitos professores não entendem porque o livro escolhido não é o mesmo enviado a escola pelo Programa, muitos chegam a acreditar que eles receberão somente a segunda opção, visto que no momento da escolha eles devem optar por duas coleções e a primeira opção muitas vezes não é a que chega à escola.

O desconhecimento tanto do funcionamento do Programa como do Guia de Livros Didáticos levam a essas dúvidas, nesses documentos há a explicação do porquê pode ocorrer de a segunda opção ser a enviada para a escola, e o fato é que existem casos em que não é possível ao FNDE a contratação da editora da primeira opção, sendo então distribuídos os livros escolhidos como segunda opção, além disso eles deixam claro que as coleções devem ser de diferentes editoras, para caso haja problema com a coleção de uma editora, a de outra possa ser enviada para a escola.

Como ocorre o processo de escolha dos Livros Didáticos?

Duas pesquisas foram realizadas, nos anos de 2001/2002 e 2012, ambas com o intuito de investigar o processo de escolha do livro didático de ciência por professores de Anos Iniciais do Ensino Fundamental através do PNLD. Os dados foram coletados através de entrevistas estruturadas realizadas em diferentes cidades de várias regiões do país.

Tais pesquisa ocorreram em duas etapas, primeiramente, entrevistamos o diretor e/ou coordenador pedagógico com questões relativas a informações gerais sobre a escola. Em um segundo momento, foi realizada entrevista com professores dos Anos Iniciais do Ensino Fundamental, onde buscamos informações sobre sua formação, atuação em sala de aula, escolha do livro didático e utilização do Guia de Livros Didáticos.

Questionamos os professores quanto aos critérios utilizados no momento da escolha do livro didático, e as principais respostas para tal indagação, tanto 10 anos atrás como agora, foram, em ordem de prioridade: os conteúdos, neste caso eles citam se eles condizem ao ano que será utilizado, e se esse conteúdo é acessível à idade dos alunos; a diagramação, ou seja, tamanho de letra, texto, organização geral da obra; as imagens e ilustrações; linguagem acessível; exercícios e conformidade com o Projeto Pedagógico.

A grande relevância dada aos conteúdos é porque este deve estar adequado ao ano, faixa etária e estar de acordo com o Projeto Pedagógico da escola e o currículo escolar. Sendo o livro um apoio para as atividades dos professores e fonte de pesquisa para os alunos, se espera que esse possua todos os conteúdos a serem desenvolvidos naquele ano e que apresente uma sequência adequada para facilitar o trabalho do professor em suas aulas. Diversos estudos (CASSAB; MARTINS, 2003; MEGID-NETO; FRACALANZA, 2003; NÚÑEZ et al., 2003; DE TONI; FICAGNA, 2005; TOLENTINO-NETO; BIZZO, 2006; LIMA; SILVA, 2010) revelam a importância atribuída aos conteúdos no processo de escolha do livro pelos professores.

Outro motivo para tal relevância está associado ao processo de ensino-aprendizagem, pois é a partir dos conteúdos contidos nos livros que ocorre a ampliação dos conhecimentos por parte dos alunos. Além disso, "este permite ampliar o conhecimento do aluno e ainda está associado a quase todos os outros critérios adotados, como utilização de imagens no sentido de fixar o conteúdo ou presença da bibliografia que permita a ampliação do conhecimento" (CASSAB; MARTINS, 2003, p. 03).

A esse critério também está associado a preocupação com a ausência de erros conceituais, pois os livros são utilizados não só como instrumento didático e para o planejamento das aulas, mas também como fonte de pesquisa pessoal, sendo assim responsável pela formação dos próprios professores.

Outro fator determinante é a linguagem adotada na obra, há uma preocupação de que ela seja clara e acessível. Conforme é ressaltado por Cassab & Martins (2003, p. 08) é necessária uma "linguagem que não constitua um ruído na mensagem dirigida do locutor ao receptor".

As ilustrações e imagens também são destacadas, pois, para os professores, são de grande importância para o entendimento dos conteúdos mais abstratos e também permitem ao aluno uma melhor visualização e comparação de sua realidade. Caso também afirmado por Tolentino-Neto e Bizzo (2006, p. 05) em que os professores afirmam que "as figuras são extremamente importantes para auxiliar no entendimento e na fixação de conceitos em Ciências. Livros com ilustrações bem acabadas, em escala, com títulos e legendas explicativos, coerentes e conectadas aos textos, são preferidos.". Além disso, trabalhos mostram que, em alguns casos, a qualidade gráfica das ilustrações prevalece ao conteúdo no momento da escolha (NUÑEZ et al., 2003).

Os exercícios também são mencionada pelos professores, pois são utilizados para tarefa de casa ou em sala de aula, também são utilizados para revisão conteúdo, a partir de sua correção em aula. As demais atividades propostas ao longo do livro também são importantes visto que o professor já projetará como às utilizará em sala, ou seja, em seu planejamento. Outro item importante, além da qualidade e quantidade de exercícios, é a presença de respostas completas nos Manuais do Professor, as quais auxiliam os professores em seu planejamento, na pesquisa realizada há 10 anos os professores já afirmavam que "verificam, se existem respostas aos exercícios no Manual do Professor. Livros com respostas mais completas e explicativas, que os auxiliem nas atividades de sala de aula são melhores". Podemos notar a importância dada ao Manual do Professor, e a ação formadora dos livros, pois se observa a atenção dada ao Manual pelos pareceristas, fato que se repete ao longo das edições do PNLD (SILVA, 2012, p. 807).

Com relação ao acesso ao Guia durante o processo de escolha dos livros, a maioria dos professores tiveram acesso ao Guia. No entanto, alguns afirmaram que não o utilizam, pois preferem a sua própria avaliação ao folhear o livro em si. E há também os que o utilizam somente para confirmar o código da obra na hora da solicitação junto ao MEC. Salientamos que o Guia chegou a tempo em todas as escolas, ou seja, antes de fechar o prazo de escolha do livro.

Percebemos que a maioria dos professores desconhece tanto as Resenhas quanto o Quadro Comparativo das Coleções contidos no Guia de Livros Didáticos. Houve casos em que os professores ao falarem sobre as Resenhas remetiam, na verdade, ao sumário do livro, mostrando não saber do que se tratava o assunto. Mostrando que há uma falta de informação quanto ao funcionamento do Programa parte tanto dos gestores como dos professores.

Vimos que os professores preferem analisar a própria obra, folhea-la, ver seus textos, imagens/ilustrações, exercícios propostos com os próprios olhos. De modo que, os professores não fazem o uso do Guia para a escolha, e não leem as resenhas neles contidas. Em muitos casos o Guia é utilizados somente para confirmar se o livro recebido pela editora foi aprovado e poderá ser solicitados junto ao MEC, fato também confirmado na pesquisa realizada há uma década atrás, em que "o professor, após ter escolhido o livro, apenas verifica no Guia se ele se encontra na categoria dos recomendados, ou seja, se pode efetivamente ser solicitado ao MEC". Sabendo que a maioria dos professores tiveram acesso ao Guia, e que certamente as obras recebidas das editoras chegaram com antecedência aos Guias, supomos que, realmente, os professores preferem analisar as obras e não ler as resenhas elaboradas pelos pareceristas contratados pelo MEC.

Itens como tamanho da letra, tamanho e disposição do texto, organização geral da obra, ou seja, a diagramação das obras são itens significativos no processo de escolha. Tal fato já foi apresentado em outros trabalhos onde afirmam que "o forte impacto visual decorrente das ilustrações, gráficos, paginação e encadernação influenciam diretamente na escolha do LD." (LIMA; SILVA, 2010, p. 134)

Percebemos que essa visão geral do livro é um fator de suma importância para o professor, pois manuseando a própria obra ele pode perceber sua qualidade técnica, ou seja, a capa, a qualidade das páginas, textos, figuras, disposição dos conteúdos e gráficos, o peso, o número de páginas, facilidade no manuseio, quantidade de exercícios. Essa preocupação com a diagramação nos remete a duas questões fundamentais no processo de escolha, (A) a não utilização do Guia de Livros Didáticos e (B) a influência das grandes editoras no processo de escolha.

Com relação às editoras, indagamos se essas têm influência na hora da escolha da coleção. A maioria dos professores responderam que não há influência, mas houve casos em foi afirmado que não escolhem livro de editoras desconhecidas. Cabe ressaltar que todas as escolas receberam livros de diferentes editoras para serem analisados/manipulados na hora da escolha.

O que acontece é que há uma preferência pelas grandes editoras as quais possuem capital suficiente para enviar às escolas coleções, brindes, oferecem palestras de grandes autores, caso esse revelado por coordenadores de escolas e apresentados em outros trabalhos (MEGID-NETO; FRACALANZA, 2003; TOLENTINO-NETO, 2003; TOLENTINO-NETO; BIZZO, 2006; TAGLIANI, 2009). Corroborando este fato, temos a afirmação feita por professores em que declararam não fazerem escolhas de editoras desconhecidas.

Estudos (SILVA, 2012, p. 810) já mostraram que o PNLD é, sem dúvida, um negócio rentável para as Editoras, pois sua obra estar contida no Guia é garantia de venda, sendo que o Governo sempre faz uma grande quantidade de pedido, o lucro é certo. Além disso, o mesmo autor lembra que "por ser um negócio promissor, tem-se registrado nos últimos anos a oligopolização do setor, bem como a entrada de grandes grupos estrangeiros no campo editorial brasileiro.".

Devemos lembrar que as pequenas editoras saem em desvantagem, pois não tem capital suficiente para concorrer com esses grandes grupos editorais. Com isso,

> as empresas mais bem estruturadas desfrutam de larga vantagem frente às editoras menores. Além disso, há uma monopolização do setor por algumas poucas empresas, como atestam crescentes fusões ocorridas desde o advento do programa (MIRANDA; LUCA, 2004, p. 128).

Algumas editoras oferecem benefícios às escolas caso seus livros sejam escolhidos, e consequentemente, a direção da escola pode acabar por pressionar os professores para obterem tais benefícios, visto que esta é, em muitos casos, carente de recursos (TAGLIANI, 2009, p. 311).

Ao interrogarmos os professores sobre o que eles consideram um bom livro didático eles afirmaram que um bom livro primeiramente deve estar de acordo com a realidade dos alunos e com o Projeto Pedagógico, possuir atividades práticas, conter boas imagens/ilustrações, e que o conteúdo, seja bem organizado, a linguagem deve ser clara e acessível, com textos e exercícios.

Ou seja, é aquele que além de possuir atividades práticas, contém boas imagens e ilustrações, conteúdo organizado e linguagem acessível, deve principalmente estar de acordo com a realidade dos alunos. Esse último é um descontentamento recorrente na fala dos entrevistados em que dizem que as obras utilizam exemplos somente de regiões do sudeste e sul do Brasil, não trazendo conteúdo relacionado à realidade do aluno para que ele se interesse e se aproprie dos conteúdos estudados.

Quanto à avaliação do livro de Ciências em geral alguns professores responderam genericamente que são bons, outros descreveram positivamente afirmando serem interessantes, bem estruturados, coloridos, atrativos e atualizados. Já outros criticaram os livros afirmando que poderiam ser mais completos, que não trabalham a essência dos conteúdos, que trazem elementos sem sentido, expandem demais ou são superficiais demais, e que os livros deveriam ser adequados à realidade cultural da região.

Essa última afirmação também foi observada na pesquisa realizada por Tolentino-Neto quando mostra que

> uma queixa constante em todos os relatos refere-se à falta de informações regionais, segmentadas. Assuntos como clima, estações do ano, exemplos de fauna e flora, são centrados na realidade da região sudeste do Brasil, onde se concentra a maioria das editoras e dos autores (TOLENTINO-NETO, 2003, p.73).

3. O que se esperamos que mude?

Pelo que se percebe, o livro está nas primeiras colocações no ranking de instrumentos utilizados pelo professor, ele é utilizado como de fonte de pesquisa, estudo pessoal e planejamento, daí a importância dada ao seu conteúdo. É necessário que os livros estejam livres de erros conceituais, sejam claros e de linguagem acessível (pontos em que avançamos, indubitavelmente, nos últimos anos). Além disso, para melhor auxiliar os professores em sala de aula é necessário que os conteúdos estejam numa sequência já executada pelos professores, para que ocorra uma otimização de seu trabalho com o auxílio deste instrumento, uma vez que os professores enfrentam situações adversas para realizar seu trabalho, tais como: ambiente em sala de aula diversificado, número excessivo de alunos, quantidade de turmas assumidas, falta de recursos, formação precária, má remuneração, entre outros.

Percebemos, com relação à escolha do livro, que há uma necessidade de ampliar as informações acerca do PNLD aos professores, para que eles entendam o seu funcionamento, compreendam como é feita a avaliação das obras e a elaboração do Guia, para que assim se apropriem deste material na hora da escolha. Faz-se necessário, também, entender os seus direitos e deveres perante esse Programa.

Quanto à afirmação de que um bom livro deve possuir mais informações regionais, devemos lembrar que o PNLD é um programa nacional e que o Brasil possui uma grande extensão territorial e uma diversidade cultural imensa. Sendo assim, seria impossível que uma obra abrangesse toda essa diversidade. Há sim, a possibilidade, e deixamos aqui uma sugestão aos autores e professores, de elaborar obras mais gerais, sem sobressair uma determinada região, ficando assim a cargo do professor, em sala de aula, trazer exemplos sobre a sua região e também compará-la com as demais existentes. Visto que o livro não deve ser utilizado como única fonte para o professor e sim como um subsídio a mais para ministrar e preparar suas aulas.

Por fim, acreditamos que para que ocorra um processo de escolha consciente e criterioso é fundamental que haja um maior conhecimento, por parte dos professores, do Programa, seu funcionamento, e principalmente, da avaliação realizada pelas instituições de ensino contratadas pelo MEC, além de suas contingências. Juntamente com uma formação inicial e continuada que dê suporte tanto na escolha como na utilização adequada dos livros pelo professor, pois será através dessa formação que o professor tornará o livro (in)eficiente em sua prática em sala de aula.

REFERÊNCIAS

BITTENCOURT, C. M. F.. Apresentação. **Educação e Pesquisa** [online]. vol.30, n.3, pp. 471-473, 2004. ISSN 1517-9702. Disponível em: <http://www.scielo.br/pdf/ep/v30n3/a07v30n3.pdf> Acesso: dez. 2013.

BOTON, J. M., **O processo de escolha do livro didático por professores:** a evolução do PNLD e seus efeitos no Ensino de Ciências. Dissertação (Mestrado em Educação em Ciências) – Universidade Federal de Santa Maria. Santa Maria. 2014.

BRASIL. Ministério da Educação. Fundo Nacional de Desenvolvimento da Educação (FNDE). **Programa Nacional do Livro Didático:** Histórico. 2013a. Disponível em: <http://www.fnde.gov.br/programas/livro-didatico/livro-didatico-historico> Acesso: dez. 2013.

BRASIL. Ministério da Educação. Fundo Nacional de Desenvolvimento da Educação (FNDE). **Programa Nacional do Livro Didático:** Sobre o Livro Didático. 2013b. Disponível em: <http://www.fnde.gov.br/programas/livro-didatico> Acesso: dez. 2013.

BRASIL. Ministério da Educação. Fundo Nacional de Desenvolvimento da Educação (FNDE). **Programa Nacional do Livro Didático:** Funcionamento. 2013c. Disponível em: <http://www.fnde.gov.br/programas/livro-didatico/livro-didatico-funcionamento> Acesso: dez. 2013.

BRASIL. Ministério da Educação. Fundo Nacional de Desenvolvimento da Educação (FNDE). **Programa Nacional do Livro Didático:** Dados Estatísticos. 2013d. Disponível em: <http://www.fnde.gov.br/programas/livro-didatico/livro-didatico-dados-estatisticos> Acesso: dez. 2013.

CASSAB, M.; MARTINS, I.. A Escolha do Livro Didático em Questão. In: Encontro Nacional de Pesquisa em Educação em Ciências, 4. Bauru/SP. **Anais**... Bauru: UNESP/BAURU, 2003.

DE TONI, M. P. de; FICAGNA, N. C.. Livro Didático: deve ser adotado? In: Encontro Ibero-Americano de Coletivos Escolares e Redes de Professores que Fazem Investigação na sua Escola, 2005. Lajeado. **Anais eletrônicos**... Lajeado: UNIVATES. 2005. Disponível em: <http://ensino.univates.br/~4iberoamericano/trabalhos/trabalho161.pdf> Acesso: dez. 2013.

FREITAG, B.; COSTA, W. F.; MOTTA, V. R.. **O Livro Didático em Questão**. São Paulo: Cortez, 3.ed., 1997. ISBN 85-249-0166-7.

FRISON, M. D.; VIANNA, J.; CHAVES, J. M.; BERNARDI, F. N.. Livro didático como instrumento de apoio para construção de propostas de ensino de Ciências Naturais. In: Encontro Nacional de Pesquisa em Ensino de Ciências, 7., 2009, Florianópolis. **Anais**... Florianópolis: ENPEC, 2009. ISSN 21766940. Disponível em: <http://posgrad.fae.ufmg.br/posgrad/viienpec/pdfs/425.pdf> Acesso: dez. 2013.

LIMA, M.; SILVA, P.. Critérios que professores de Química apontam como orientadores da escolha do Livro Didático. **Ensaio Pesquisa em Educação em Ciências**, Belo Horizonte: UFMG/FAE/CECIMIG, v.12, n.2, 2010 ISBN 1983-2117. 2010. Disponível em: <http://www.portal.fae.ufmg.br/seer/index.php/ensaio/article/view/446/441> Acesso: dez. 2013.

MEGID-NETO, J.; FRACALANZA, H.. O livro didático de ciências: problemas e soluções. **Ciência & Educação** (Bauru) [online]. vol.9, n.2, pp. 147-157, 2003. ISSN 1980-850X. Disponível em: <http://www.scielo.br/pdf/ciedu/v9n2/01.pdf> Acesso: dez. 2013.

NÚÑEZ, I. B.; RAMALHO, B. L.; SILVA, I. K. P.; CAMPOS, A. P. N.. A seleção dos livros didáticos: um saber necessário ao professor. O caso do ensino de Ciências. **Revista Iberoamericana de Educación**, p. 1-12. 2003. ISSN: 1681-5653. Disponível em: <http://www.rieoei.org/deloslectores/ 427Beltran.pdf> Acesso: dez. 2013.

SILVA, M. A.. A fetichização do livro didático no Brasil. **Educação & Realidade**. [online]. v.37, n.3, pp. 803-821. 2012. ISSN 2175-6236. Disponível em: <http://www.scielo.br/pdf/edreal/v37n3/06.pdf> Acesso: dez. 2013.

TAGLIANI, D. C.. O processo de escolha do livro didático de língua portuguesa. **Linguagem em (dis)curso** [online]. vol.9, n.2, pp. 303-320. 2009. ISSN 1518-7632. Disponível em: <http://www.scielo.br/pdf/ld/v9n2/05.pdf> Acesso: dez. 2013.

TOLENTINO-NETO, L. C. B.; BIZZO, N. M. V.. O Processo de Escolha do Livro Didático de Ciências por Professores de 1ª a 4ª séries. In: Seminário Internacional de Pesquisa e Estudos Qualitativos, 3; Encontro de Fenomenologia e Análises do Existir, 5, 2006, São Paulo. **Anais...** . São Paulo: SEPQ, São Bernardo do Campo: Universidade Metodista de São Paulo. 2006. ISBN 85-98623-02-4.

TOLENTINO-NETO, L. C. B.. **O Processo de Escolha do Livro Didático de Ciências por Professores de 1ª a 4ª séries**. Dissertação (Mestrado em Educação) - Faculdade de Educação, Universidade de São Paulo. 2003.

LIVRO DIDÁTICO OU SISTEMA APOSTILADO DE ENSINO: qual garante melhores resultados nas avaliações oficiais?

Karine Bueno do Nascimento

Muitos são os materiais didáticos que os docentes podem utilizar em suas aulas afim de assessorar na aprendizagem dos alunos. Entende-se aqui por material didático qualquer material que possa ser usado em sala de aula. No entanto, é comum observar em escolas públicas a dificuldade que os docentes enfrentam para ter acesso a outros tipos de materiais, que não seja o livro didático distribuído gratuitamente pelo Programa Nacional do Livro Didático (PNLD).

O PNLD foi criado em 1985, contudo, a história do livro didático (LD) no Brasil é anterior a esta data, e da década de 30 até os dias atuais, muitos foram os decretos, leis, normativas e portarias que fazem parte desta história. Todos estes atos legislativos, tinham como objetivo estruturar no Brasil uma política pública de material didático. No entanto, esta política era vista como assistencialismo aos estudantes carentes. É na Constituição Federal de 1988[10] (BRASIL, 1988) que esta política passa de "carácter assistencial, conjuntural, adquirem pelo preceito constitucional, caráter universalizante, obrigatório, destinados e garantidos a todos aqueles que tem, igualmente direito ao acesso à educação" (HÖFLINF, 2000, p. 160).

Deste de então o LD por intermédio do PNLD pode ser encontrado em todas as escolas públicas do país, os quais desde 1996 são avaliados pedagogicamente com a finalidade que os docentes e discentes tenham em mãos um material didático de qualidade. Esse procedimento de avaliação vem sendo aperfeiçoado até hoje, assim os livros que apresentam erros conceituais, indução a erros, preconceito ou discriminação de qualquer tipo são excluídos do programa.

Deste modo o LD pode ser considerado uma importante ferramenta pedagógica no cotidiano escolar. No entanto, só o LD não basta para assegurar que o sistema educacional brasileiro propicie uma educação de qualidade, equidade e eficácia, como almeja os documentos oficiais (Constituição Federal e Lei de Diretrizes e Bases da Educação -LDB).

Para garantir estes aspectos é preciso muito mais, contudo, o sistema educacional enfrenta dificuldades para proporcionar outros mecanismos para assegurar a tão sonhada educação de qualidade e equidade.

10 Constituição decreta no art. 208 o dever do Estado com a educação será efetivado mediante a garantia de diversos aspectos, dentre eles destacamos o inciso VII que estipula: "atendimento ao educando, em todas as etapas da educação básica, por meio de programas suplementares de material didáticoescolar [...]"

Isto ocorre por um simples mas complexo fato: falta de recursos financeiros públicos para aquisição de outros de materiais, bem como para construção ou manutenção de outros ambientes didáticos, como por exemplo, laboratórios, ginásios poliesportivos, sala de informática, ambientes lúdicos, entre tantos outros espaços que possam vir a contribuir no processo de ensino-aprendizagem. Nesta perspectiva, a educação pública brasileira está longe de oferecer aos estudantes materiais e infraestruturas didáticas que possam vir a propiciar uma educação de qualidade e equidade.

Assim, na tentativa de compreender os déficits da educação no Brasil, o Estado desde a década de 1990 vem implementando políticas públicas que têm como objetivo gerar indicadores educacionais que sirvam de base para formulação de políticas públicas educacionais visando a melhoria da educação. Uma destas políticas refere-se a aplicação de testes padronizados.

Estes testes, também chamados de avaliações externas ou em larga escala, são exames padronizados que servem para aferir o nível de proficiência dos alunos em determinadas disciplinas escolares, permitindo comparações no tempo (entre anos/edições dos testes) quanto entre instituições de ensino (entre escolas, entre municípios, entre estados).

Os testes surgiram no Brasil no início da década de 1990 com o Sistema de Avaliação da Educação Básica (SAEB), que tinha e tem como intuito avaliar a qualidade, a equidade e a eficiência do ensino, fornecendo subsídios para a (re)formulação e supressão de políticas públicas educacionais.

As reformulações que se referem a esta política podem ser sintetizadas em: de avaliação amostral para censitária do ensino fundamental com a criação da Prova Brasil em 2005 que passa a compor o SAEB, voltadas a alunos no final das etapas de escolarização; criação do Exame Nacional do Ensino Médio (ENEM) em 1998 que tinha como objetivo avaliar a qualidade de ensino deste nível de escolaridade, porém, a partir de 2009 passou a ser utilizado também como mecanismo de seleção para ingresso no ensino superior. Em 2008 criação da Avaliação da Alfabetização Infantil, mais conhecida como Provinha Brasil, voltada aos alunos matriculados no 2° ano do ensino fundamental das escolas públicas. E mais recentemente (2013), criação da Avaliação Nacional da Alfabetização para alunos do 3° ano do ensino fundamental.

Além disso, em 2007 houve a criação do Índice de Desenvolvimento da Educação Básica (IDEB) que tinha e tem como objetivo medir a qualidade do aprendizado nacional e estabelecer metas para melhoria do ensino. O IDEB é calculado a partir de dois componentes: taxa de rendimento escolar, ou seja, aprovação, e as médias do desempenho nos discentes na Prova Brasil para as escolas e municípios, e do SAEB para os estados. Sua nota simboliza a qualidade do ensino oferecido pelo sistema educacional público brasileiro.

Estas avaliações desencadearam no Brasil um processo de criação de diversas outras avaliações em larga escala pelos estados, a maioria com os mesmos moldes das avaliações nacionais, bem como criação de avaliações externas pelos municípios.

O que todas estas avaliações tem em comum é que a partir dos resultados obtidos pelos alunos nestas avaliações surgem alguns dos indicadores educacionais[11].

Todavia, o que há 25 anos atrás era considerada uma proposta de inovação para a educação brasileira, que visava sua melhoria, com o passar dos anos ganhou contornos diferentes. Ou seja, a política pública de avaliação externa, fruto de reformas educacionais embasadas em um lógica neoliberal inseriu nos âmbitos escolares aspectos mercadológicos, os quais, do ponto de vista pedagógico, não se pode considerar adequado para um ambiente educacional. Explico o porquê.

Com a implementação dos sistemas de avaliação em larga escala é introduzido na esfera pública mecanismos de *accountability*. Afonso (2005, p. 44) define esta prática pública como a "responsabilização pelos resultados escolares dos alunos, nos quais se julga de quem é a responsabilidade frente aos resultados". Deste modo, inicia-se uma corrida contra o tempo para que os alunos "aprendam" os conteúdos que serão cobrados nas avaliações em larga escala, uma vez que esta política prevê o fechamento de escolas, caso os alunos não alcancem as notas esperadas (FREITAS, 2013), isto nos Estados Unidos, país de origem deste movimento.

No entanto, no Brasil a *accountability* pode ser observada por meio da meritocracia. Deste modo, é instaurado de maneira generalizada, a partir dos resultados obtidos nestas avaliações, classificações ou rankings das escolas, os quais são considerados indicadores de qualidade de educação. Todavia, estes rankings nada tem a ver com qualidade educacional, uma vez que estas classificações equivocadas desencadeiam nos âmbitos escolares a competitividade e individualismo, os quais estão ligados a performance, e consequentemente ao mundo privado.

Para Afonso (2005) estes rankings funcionam apenas para fomentar a lógica do mercado, ao transformarem escolas bem colocadas em objetos de desejo do consumidor. Assim, a lógica do mundo privado, com na performance invadem o espaço público escolar. Freitas (2013) argumenta que nesta lógica há inúmeras empresas que se dispõem a "consertar" aquilo que foi encontrado na avaliação externa.

É nesta perspectiva que os Sistemas Apostilados de Ensino (SAE) surgem na educação pública. Bego (2013, p. 29) caracteriza os SAE como,

11 Sistemas de avaliações criados pelos estados nos últimos 25 anos: SPAECE: Sistema Permanente de Avaliação da Educação Básica do Ceará; SARESP: Sistema de Avaliação de Rendimento Escolar do Estado de São Paulo; AVA: Programa de Avaliação do Rendimento Escolar do Paraná; PAEDBA: Projeto de Avaliação Externa de Desempenho da Bahia; PAEBES: Programa de Avaliação da Educação Básica do Espírito Santo; SIMAVE – PROEB: Sistema Mineiro de Avaliação da Educação – Programa de Avaliação da Rede Pública da Educação Básica; PNE: Programa Nova Escola; SAEPE: Sistema de Avaliação Educacional de Pernambuco; SAVEAL: Sistema de Avaliação Educacional de Alagoas; EXAEB- SE: Exame de Avaliação da Educação Básica do Estado de Sergipe; SIMAVE – PROALFA: Sistema Mineiro de Avaliação da Educação – Programa de Avaliação da Alfabetização; SAERS: Sistema de Avaliação do Rendimento Escolar do Rio Grande do Sul; SIMAVE – PAAE: Sistema Mineiro de Avaliação da Educação – Programa de Avaliação de Aprendizagem Escolar; SABE ENSINO MÉDIO: Sistema de Avaliação Baiano de Educação; SADEAM: Sistema de Avaliação de Desempenho Educacional do Amazonas; SIADE: Sistema de Avaliação de Desempenho das Instituições do Distrito Federal; PROVA PIAUI; PAEBES ALFA: Programa de Avaliação da Educação Básica do Espírito Santo de Alfabetização; SAERJ: Sistema de Avaliação da Educação do Estado do Rio de Janeiro; SAEMS: Sistema de Avaliação da Educação Básica do Mato Grosso do Sul; SEAPE: Sistema Estadual de Avaliação de Aprendizagem Escolar; SALTO: Sistema de Avaliação do Tocantins; SAEPI: Sistema de Avaliação Educacional do Piauí; SAEGO: Sistema de Avaliação Educacional do Estado de Goiás; SAERO: Sistema de Avaliação Educacional de Rondônia; Avaliando IDEPB; SAEP: Sistema de Avaliação da Educação Básica do Paraná; SISPAE: Sistema Paraense de Avaliação Educacional; AEP: Avaliação Estadual da Escola Pública – Maranhão.

> empresas privadas com fins lucrativos que se consolidaram no cenário educacional brasileiro na contemporaneidade. Empresas que vendem seus materiais didátic os e assessoria didático-pedagógica por meio do modelo de franquias com estabelecimentos escolares privados e firmando parcerias com redes escolares públicas.

De origem nos cursos pré-vestibulares, em que sua eficiência era medida pelo número de candidatos que obtinham sucesso com o ingresso na universidade, esta mesma lógica foi difundida na educação pública. Ou seja, para garantir que sua escola ou município conseguirá atingir notas desejadas nas avaliações externas (leia-se Prova Brasil), muitos gestores municipais, (prefeitos e/ou secretários da educação) há alguns anos, principalmente no estado de São Paulo, começaram utilizar nas redes municipais de ensino os SAE ao invés dos LDs, por acreditarem que assim estão proporcionando uma educação de qualidade a seus estudantes.

No entanto, são raros os estudos que buscam analisar se existe realmente diferença entre as notas obtidas pelos alunos nas avaliações em larga escala, se comparado escolas/municípios que adotam os SAE com escolas/municípios que utilizam o LD, pois somente com estudos que abordassem esse tipo de comparação é que seria possível aprofundar as problematizações sobre as diferenças entre os materiais, suas implicações no ambiente escolar, bem como os investimentos públicos realizados.

Ciente deste cenário, surgiu a seguinte questão problematizadora: **"O fato de adotar Sistemas Apostilados de Ensino ao invés de Livros Didáticos propicia melhores resultados na Prova Brasil?"**

Para responder esta questão, este estudo tem como objetivo analisar uma geração escolar do ensino fundamental a partir dos resultados obtidos na Prova Brasil, comparando escolas que adotaram SAE com escolas que utilizaram LDs. Para que isto seja possível, o intervalo de tempo adotado como referência é de 2004 a 2011. Ou seja, os alunos que ingressaram em 2004 na 1ª série[12] realizaram a Prova Brasil em 2007 quando estavam na 4ª série. No ano seguinte, estes alunos ingressaram na 5ª série e realizaram novamente a Prova Brasil em 2011 quando estavam na 8ª série.

Isto se trata de uma projeção, visto que não podemos assegurar que os alunos que realizaram a Prova Brasil em 2007 na 4ª série, foram os mesmos que realizaram a avaliação em 2011 na 8ª série. É importante frisar que não buscou-se atribuir ao material didático o papel exclusivo ou único pelo desempenho dos alunos/escolas nos testes padronizados, pois há outros aspectos que interferem na performance dos discentes, o qual podemos estruturar em quatro grandes eixos: sociedade, escola, família e aluno.

No entanto, mesmo o material didático não sendo o único responsável pelos resultados dos alunos nas avaliações externas, estamos o considerando como um componente importante neste processo, que devido à grande escala que nos propomos a realizar neste estudo será possível traçar conexões robustas sobre o impacto dos diferentes materiais didáticos nos resultados dos discentes na Prova Brasil.

12 Na época a nomenclatura oficial era "série" para designar as etapas de escolarização. Atualmente a denominação utilizada é "anos", mudança ocorrida após ampliação do ensino fundamental para nove anos.

1. Delineamento Metodológico[13]

Este estudo está fundamentando nos pressupostos de uma pesquisa descritiva e exploratória, de natureza quantitativa. Com relação aos métodos utilizados para a coleta dos dados, caracteriza-se como documental, uma vez que utilizou-se dados provenientes do INEP, Ministério da Saúde, PNUD e documentos disponíveis nos sites das prefeituras municipais envolvidas na investigação.

Para localização do conjunto de municípios do estado de São Paulo (SP) que adotam aos SAE, bem aos que aderem ao livro didático (LD) fornecido pelo PNLD, foram adotados critérios, os quais funcionariam como filtros subsequentes, caracterizados aqui, como etapas.

2. Desenvolvimento das Etapas

Para definição da amostra dos municípios que aderem ao SAE, foram estipulados cinco critérios, que são:

Primeira etapa: até o ano de 2010 o FNDE distribuía os LD para todas as escolas cadastradas no Censo Escolar. Após este ano foi exigido que os estados e municípios assinassem um termo de adesão ao PNLD. Deste modo, a primeira etapa teve como objetivo investigar quais municípios do estado de SP não assinaram este termo de adesão ou que no decorrer dos anos (após 2010) suspenderão ou excluíram sua participação no programa após terem o aderido. A pesquisa das situações dos municípios de SP com relação ao PNLD ocorreu através do Sistema de Adesão ao PNLD (BRASIL, 2011), o qual disponibiliza para consultas públicas on-line, todos os termos de adesão, suspensão e exclusão enviados ao FNDE pelas escolas federais e redes de ensino estaduais, municipais e do Distrito Federal.

A **segunda etapa** teve como objetivo analisar se os municípios que não aderiram, suspenderam e/ou excluíram sua participação no PNLD ofertavam o ensino fundamental pela rede municipal de ensino no mínimo desde de 2004. Para esta etapa, utilizaram-se dados provenientes do INEP, através do Sistema de Consulta de Matrícula do Censo Escolar (BRASIL, [200-]).

A **terceira etapa** objetivou verificar se os municípios que não aderiram, suspenderam e/ou excluíram sua participação no PNLD e que ofertavam pela rede municipal de ensino o ensino fundamental tinham resultados na Prova Brasil para os anos de 2007 e 2011. Sendo que em 2007 resultados para o 5° ano (4ª série) e em 2011 para 9° ano (8ª série). Para realizar esta etapa, foram utilizados dados provenientes dos Microdados da Prova Brasil disponível pelo Portal do INEP (BRASIL, 2011).

A **quarta etapa** consistiu em analisar para quais anos do ensino fundamental os municípios não recebiam material do FNDE, tendo como objetivo localizar os

13 O detalhamento desta metodologia encontra-se na dissertação de mestrado intitulada: Livro didático e Sistemas Apostilados do Ensino: um diálogo mediado pelas evidências da Prova Brasil, defendida no Programa de Pós-Graduação em Educação em Ciências pela Universidade Federal de Santa Maria.

municípios que não recebem os LD para todo o ensino fundamental. Isto torna-se pertinente ao passo que é possível suspender ou excluir a participação do programa somente para os anos finais e continuar recebendo LD para os anos iniciais, ou vice-versa. A análise desta etapa também teve como base o Sistema de Adesão ao PNLD (BRASIL, 2011).

A **quinta etapa** é caracterizada pelo contato direto municipal, ou seja, telefonemas aos municípios para verificar se utilizam SAE. Os telefonemas para estes municípios foram realizados da Universidade Federal de Santa Maria (UFSM), no Laboratório de Metodologia de Ensino (LAMEN). Nas ligações era solicitado conversar com o Secretário(a) da Educação ou responsável pelo Departamento Pedagógico do município.

Ao final destas etapas, dos 645 municípios do estado de SP, 20 atenderam a todos os critérios citados acima, deste modo eles passaram a compor o conjunto de municípios que não utilizam LD para o ensino fundamental, ofertam ensino fundamental desde 2004, tem resultados na Prova Brasil nas edições de 2007 e 2011 e utilizam SAE a mais de 11 anos.

Estabelecido o conjunto do SAE, a segunda parte desta pesquisa teve como objetivo localizar os municípios que aderem ao PNLD. No entanto, diversos estudos apontam que alunos de diferentes níveis socioeconômicos, apresentam resultados diferenciados em avaliações em larga escala, deste modo buscou-se analisar alguns índices socioeconômicos, para que assim seja possível analisar os dois conjuntos (Sistema Apostilado de Ensino e Livros Didáticos) como equivalentes.

Deste modo, para estruturar o conjunto de municípios que utiliza LD, foi necessário a criação de sete etapas, a saber:

Primeira etapa: exclusão de todos os municípios do estado de SP que não aderiram ao PNLD em 2010. Esta exclusão foi realizada com base nos dados da primeira etapa dos SAE.

A **segunda etapa** teve como objetivo analisar os 20 municípios que utilizam SAE, por meio do Atlas de Desenvolvimento Humano no Brasil (ATLAS PNUD, 2013) com base nos dados o Censo Demográfico de 2010. Constatou-se que todos os municípios se encontram na faixa de Índice de Desenvolvimento Humano Municipal Alto (IDHM-A). Neste sentido, optou-se em excluir todas as cidades que não se encontravam na faixa de IDHM-A.

A **terceira etapa** é caracterizada pela utilização do índice de Renda Domiciliar *Per Capita* Municipal. Ao analisar a renda domiciliar *per capita* municipal das cidades que aderem aos SAE, constatou-se que os valores variavam de R$ 523, 27 a R$ 916, 63. Para fins de exclusão, foi considerado o valor do salário mínimo do ano de 2010 que era de R$ 510,00, ou seja, as cidades que apresentassem renda média domiciliar *per capita* abaixo a um salário mínimo (R$510,00) ou acima de dois salários (R$ 1.020,00) foram excluídas. Para esta etapa foi utilizado dados a nível municipal, calculados com base nos dados do Censo Demográfico de 2010, disponível on-line para consultas através do site do Ministério da Saúde (BRASIL, 2010).

A **quarta etapa** é caracterizada pela utilização do Índice de Gini da Renda Domicilar *Per Capita* Municipal, pois uma das limitações quando se usa um indicar de renda é não considerar a desigualdade entre os habitantes do município. Isto por que, um município pode apresentar elevada renda, mas, ao mesmo tempo, pode ter uma grande parcela de sua população vivendo na pobreza. Assim, após analisar o Índice de Gini da renda domiciliar *per capita* municipal das cidades que adotam os SAE, através do site do Ministério da Saúde (BRASIL, 2010), calculado com base nos dados do Censo Demográfico de 2010, constatou-se que somente três ultrapassavam o valor de 0,500 para seus Índices de Gini.

Para fins de classificação do Índice de Gini, utilizou-se o proposto por Noce *et al.* (2005) e adaptado para este estudo, os quais consideram que um índice de Gini entre 0,251 a 0,500 representa de fraca a média desigualdade de distribuição de renda. Nesta perspectiva, optou-se por excluir todos os municípios que não se encontrassem nesta faixa de classificação.

A **quinta etapa** consistiu em excluir os municípios que não ofertavam o ensino fundamental pela rede municipal de ensino. Para esta etapa utilizaram-se dados provenientes do INEP, através do Sistema de Consulta de Matrícula do Censo Escolar (BRASIL, [200-]).

A **sexta etapa** consistiu em analisar se os municípios que haviam chegado até esta etapa tinham resultados da Prova Brasil para os municípios em 2007 para o 5° ano (4ª série) e em 2011 para 9° ano (8ª série). Os municípios que não tinham dados destas edições para estes anos/séries foram excluídos. Para realizar esta etapa, foram utilizados dados provenientes dos Microdados da Prova Brasil disponível pelo Portal do INEP (BRASIL, 2011).

A **sétima etapa** tinha como objetivo investigar, por meio de contato indireto municipal, se realmente estes municípios utilizam LD ao invés dos SAE. Para isto realizou-se uma investigação por meio da ferramenta de Busca nos sites das prefeituras, e as palavras-chave utilizadas foram: apostila(s), sistema de ensino, sistema de apostilado, apostilado, educação, ensino fundamental, bem como os nomes das empresas responsáveis pelos SAE. Foram analisados também os históricos de notícias, processos de licitações concluídos ou em andamento, contratos e contas públicas por meio da Lei de Acesso a Informação. Nos municípios que foram constatados a adesão de SAE para a educação infantil ou ensino fundamental no período deste estudo (2004 - 2011) foram excluídos.

Ao final destas etapas, 21 municípios atenderam a todos os critérios citados acima, deste modo eles passam a compor o conjunto de municípios que utilizam LD para o ensino fundamental.

3. Amostra

Ao fim de todas as etapas citadas acima, chegou-se a uma amostra composta por dois conjuntos: municípios que aderem aos SAE e os que aderem ao PNLD. A amostra total é composta por 41 cidades, com resultados na Prova Brasil de 211 escolas.

Quando separado por conjunto, para o SAE, têm-se o total de 20 municípios, com resultados na Prova Brasil de 113 escolas. Com relação ao número de alunos que realizaram a Prova Brasil em 2007 no 5° ano nestas escolas, foi de 6.769 alunos. Para o ano de 2011, realizaram a Prova Brasil no 9° ano nestas escolas 4.559 alunos.

Para o conjunto do LD, têm-se o total de 21 municípios, com resultados na Prova Brasil de 98 escolas. Com relação ao número de alunos que realizaram a Prova Brasil em 2007 no 5° ano nestas escolas, foi de 6.654 alunos. Para o ano de 2011, realizaram a Prova Brasil no 9° ano nestas escolas 2.790 alunos.

Todas estas informações estão baseadas nos bancos de dados da Prova Brasil de 2007 e 2011 disponíveis para download no site do INEP. Vale destacar ainda que nem todas as escolas apresentam resultados na Prova Brasil para anos iniciais e finais, algumas tem somente resultados para anos iniciais ou finais do ensino fundamental.

4. Análise dos dados

Para fins de análise, teve-se como preocupação somente o tipo de material didático utilizado, ou seja, não foi levado em consideração qual LD ou SAE as escolas e/ou municípios utilizaram entre os anos de 2004 a 2011.

Com relação à análise estatística, primeiramente, realizou-se uma análise descritiva por tipo de material. Após realizou-se o teste de Shapiro-Wilk para a verificação da normalidade dos dados, como os mesmos não são normais realizou-se os testes não paramétricos U de Mann-Whitney, para comparar os tipos de material. O nível de significância adotado, em todos os testes, foi de 5% (alfa = 0,05). Ademais, outra forma utilizada para a interpretação dos resultados obtidos pelas escolas municipais na Prova Brasil nos anos de 2007 e 2011, para 5° ano e 9° ano, respectivamente, utilizou-se a classificação qualitativa proposta por Soares (2009). De acordo com o autor, os alunos podem ser classificados em quatro níveis de acordo com seus resultados obtidos na avaliação externa:

> Os alunos **abaixo do básico** mostram domínio rudimentar da competência medida. [...] O **nível básico** congrega os alunos que demonstram domínio apenas parcial da competência. [...] O aluno classificado **proficiente** demonstra dominar os conteúdos e habilidade esperados para o estágio curricular. [..] Os do nível **avançado** dominam a competência de forma especialmente completa, ultrapassando a esperado para o estágio curricular (SOARES, 2009, p. 33, grifo nosso).

Para este estudo utilizaremos esta categorização para classificar qualitativamente os resultados obtidos pelas escolas na Prova Brasil.

5. Compreendendo a essência escolar a partir dos resultados na Prova Brasil

Para a apresentação dos resultados, inicia-se com a análise descritiva por tipo de material. Assim, abaixo segue a tabela 1 que expõe os resultados do conjunto do SAE, seguido pela tabela 2 que retrata o conjunto do LD.

Tabela 1: resultados da análise descritiva dos SAE

Variável	Estatística Descritiva - SAE						
	N	Média	Soma	Mínimo	Máximo	Variança	Desvio Padrão
Mat4ª/5°-07	82	209.5684	17184.61	161.9900	251.5300	402.7870	20.06955
LP 4ª/5°- 07	82	189.2248	15516.43	143.6500	222.5400	270.9345	16.46009
Mat8ª/9°-11	57	260.7226	14861.19	228.8000	295.3800	267.4764	16.35470
LP 8ª/9°- 11	57	251.2268	14319.93	212.1200	280.1100	224.5570	14.98523

Legenda: Mat. 4ª/5º - 07 - notas de Matemática para 4ª série - atual 5º ano - na Prova Brasil 2007;
LP. 4ª/5º - 07 - notas de Língua Portuguesa para para 4ª série - atual 5º ano - na Prova Brasil 2007.
O mesmo segue para os resultados de 2011, porém para a 8° série - atual 9° ano - na Prova Brasil de 2011.

Tabela 2: resultado da análise descritiva dos LD

Variáveis	Estatística Descritiva - LD						
	N	Média	Soma	Mínimo	Máximo	Variança	Desvio Padrão
Mat4ª/5°-07	86	205.6080	17682.29	166.8100	250.0400	331.7721	18.21461
LP 4ª/5°- 07	86	186.3855	16029.15	151.9000	238.8500	255.5727	15.98664
Mat8ª/9°-11	32	251.1934	8038.19	218.8100	293.5100	330.4642	18.17867
LP 8ª/9°- 11	32	245.8094	7865.90	217.2200	284.1700	262.6631	16.20688

Conforme as tabelas 1 e 2 percebe-se que não existe uma grande diferença nos resultados entre SAE e LD quando comparadas as médias, notas mínimas e máximas, principalmente nos resultados para os anos iniciais do ensino fundamental na Prova Brasil em 2007.

No entanto, quando realizou-se os testes estatísticos não paramétricos, para comparar os tipos de material, este apresentou diferença.

Tabela 3: resultados do teste U de Mann-Whitney

Variáveis	Categoria Soma SAE	Categoria Soma LD	U	Z	p-value	Z adjusted	p-value
Mat4ª/5°-07	7382.500	6813.500	3072.500	1.437439	0.150594	1.437440	0.150594
LP4ª/5°- 07	7423.500	6772.500	3031.500	1.567538	0.116990	1.567544	0.116989
Mat8ª/9°-11	2872.000	1133.000	605.000	**2.620520**	**0.008780**	**2.620520**	**0.008780**
LP8ª/9°- 11	2786.500	1218.500	690.500	1.889510	0.058824	1.889518	0.058823

A partir destes resultados evidencia-se que para os anos iniciais do ensino fundamental não existem diferenças nos resultados na Prova Brasil das escolas que utilizam SAE para aquelas que utilizam LD, tanto em matemática quanto em língua portuguesa. Porém, para os anos finais do ensino fundamental, a disciplina de matemática apresentou diferença estatística significativa, com os SAE obtendo resultados melhores.

No entanto, isto não significa que os SAE são capazes de proporcionar uma educação de mais qualidade se comparada com escolas que utilizam LD, uma vez que ao analisar qualitativamente estes dados a partir da classificação proposta por Soares (2009) a maioria destas escolas encontra-se nos mesmos níveis.

Isto é, a maioria das escolas, independente de utilizar SAE ou LD encontram-se no nível "Básico". Conforme Soares (2009), isto significa que os alunos, aqui escolas, demonstram domínio apenas parcial da competência. Para o autor, quando aplicado os níveis nos resultados da Prova Brasil, "permite dar às medidas das proficiências dos alunos uma utilidade pedagógica e não apenas gerencial" (p. 33). Deste modo, as atividades adequadas aos alunos do nível Básico "exigem análise mais detalhada de sua situação que considere o nível de ensino" (p. 34).

Algumas escolas ainda encontram-se no nível "Abaixo do Básico", o que demonstra que estas escolas mostram domínio rudimentar da competência medida. A intervenção neste caso deve ser imediata para que a seja possível reverter a situação, aspectos como dificuldades e distúrbios de aprendizagem deve-se levar em consideração ao realizar uma análise pedagógica destes resultados, assim como no nível básico.

É importante salientar que poucas escolas estão no nível "Adequado/Proficiente" com relação aos resultados na Prova Brasil nos anos de 2007 e 2011, seja em matemática ou língua portuguesa em ambos os conjuntos de SAE e LD. Ou seja, poucas escolas conseguem fazer com que seus alunos dominem os conteúdos e habilidades de forma completa, o que resulta no esperado para o seu estágio escolar. Nenhum escola foi classificada no nível "Avançado", o que significa que na amostra deste estudo inexistem escolas que sejam capazes de proporcionar que a maioria dos alunos dominem os conteúdos, neste caso em matemática e língua portuguesa, de forma completa, ultrapassando o esperado para o seu estágio escolar.

6. Reflexões frente ao cenário desvelado

Com base nos resultados deste estudo, foi possível observar que escolas que utilizam SAE quando comparadas com escolas que utilizam LD não apresentam diferença nos resultados da Prova Brasil, a não ser em matemática nos anos finais. No entanto, este resultado não se sustenta quando analisamos qualitativamente. Ou seja, a maioria das escolas, independentemente do tipo de material que utilizam, não conseguem atingir níveis satisfatórios na Prova Brasil com relação a proficiência dos alunos em matemática e língua portuguesa.

Respondendo ao questionamento que se apresenta como título deste estudo: **livro didático ou sistema apostilado de ensino: qual garante melhores resultados nas avaliações oficiais?** Respondo que nenhum dos materiais didáticos pode garantir melhores resultados nas avaliações oficiais, neste caso a Prova Brasil, como evidenciado pelo estudo.

No entanto, se me questionarem: **qual dos materiais didáticos escolheria para as escolas públicas brasileiras utilizarem?** Responderia que entre estas duas opções, escolheria LD. Explico o porquê desta escolha baseada nos resultados desta pesquisa e em três pontos essenciais.

O primeiro dele refere-se a qualidade pedagógica dos materiais didáticos aqui apresentados. Isto é, o LD distribuído por intermédio do PNLD para todas as escolas públicas do país desde 1996 passa por uma criteriosa avaliação pedagógica. De acordo com decreto n° 7.084, de 27 de janeiro de 2010 (BRASIL, 2010), que dispõe sobre os programas de material didático, regulamenta que avaliação pedagógica das obras que se inscreveram no PNLD será realizada por instituições de educação superior pública, com equipes formadas por professores do seu quadro funcional e professores convidados de outras instituições de ensino superior. Esta avaliação ocorre com base em critérios comuns e específicos para os diversos componentes curriculares, tais como:

> Art. 19 [...] I - o respeito à legislação, às diretrizes e normas gerais da educação; II - a observância de princípios éticos necessários à construção da cidadania e ao convívio social republicano; III - a coerência e adequação da abordagem teórico-metodológica; IV - a correção e atualização de conceitos, informações e procedimentos; V - a adequação e a pertinência das orientações prestadas ao professor; e VI - a adequação da estrutura editorial e do projeto gráfico (BRASIL, 2010).

Quanto aos SAE não há registros que evidenciem que estes passam por uma avaliação pedagógica antes de serem utilizados em sala de aula.

O segundo ponto refere-se a autonomia docente. Enquanto o LD é escolhido pelos docentes de cada escola a partir das necessidades da comunidade escolar e em consonância com o projeto político pedagógico, os SAE são escolhidos pelos gestores municipais sem a participação dos professores neste processo. Uma vez escolhido o SAE que o município irá adotar, ele passa a ser utilizado em toda rede municipal de ensino da cidade, sem levar em consideração as especificidades de cada comunidade escolar.

Ainda com relação a autonomia docente, o LD enquanto material didático de apoio da práxis educativa não propõe uma rotina escolar, nem elabora os planos de aulas pelos docentes. Já os SAE ditam a rotina escolar pedagógica, sendo o professor um mero reprodutor de conteúdos, visto que o planejamento das aulas são elaborados por outrem.

O terceiro ponto está relacionado com investimento de recursos públicos. Enquanto o LD é distribuído "gratuitamente" para todas as escolas públicas do país. Este "gratuitamente", significa que é o Estado paga pelos livros, sendo que o valor estimado de cada LD para o ensino fundamental é de aproximadamente R$ 6,50. Deste modo, a administração pública municipal não precisa investir seus recursos financeiros para ter acesso a estes materiais, os quais chegam sem ônus para as prefeituras.

Já para ter acesso aos SAE é necessário que a prefeitura municipal que deseje usufruir deste material desembolse o valor de aproximadamente R$ 180,00 por aluno ao ano e os recursos para financiar sua aquisição são geralmente oriundos do Fundo de Manutenção e Desenvolvimento da Educação Básica e de Valorização dos Profissionais da Educação[14].

Nesta perspectiva, considero que frente a este dilema pedagógico de LD ou SAE, a escolha pelo LD é a mais coerente a ser feita. Cabe destacar que considero isto um dilema pedagógico visto que as alternativas que se apresentam atualmente para o contexto escolar, no que se refere a material didático, não são opções satisfatórias para a atender as demandas educacionais brasileiras, principalmente quando se trata de qualidade, equidade e eficácia da educação básica.

Deste modo, os recursos que hoje são destinados a compra dos SAE poderiam ser utilizados para outros fins, tais como: aquisição de outros materiais didáticos visando propiciar experiências diversificadas aos educandos, assim como na construção e manutenção de instalações e equipamentos necessários ao ensino e/ou investimento em melhor remuneração e aperfeiçoamento dos docentes. Pois, é preciso muito mais do que disponibilizar LD aos professores e alunos.

14 Fundo de Manutenção e Desenvolvimento da Educação Básica e de Valorização dos Profissionais da Educação - Fundeb, foi criado pela Emenda Constitucional nº 53/2006 e regulamentado pela Lei nº 11.494/2007 e pelo Decreto nº 6.253/2007, em substituição ao Fundo de Manutenção e Desenvolvimento do Ensino Fundamental e de Valorização do Magistério - Fundef, que vigorou de 1998 a 2006.

REFERÊNCIAS

AFONSO, A. J. **Avaliação educacional:** regulação e emancipação. São Paulo: Cortez, 2005.

ATLAS PNUD. **Atlas do Desenvolvimento Humano no Brasil 2013.** 2013. Disponível em:< http://www.atlasbrasil.org.br/2013/>. Acesso em: 18 jun. 2014.

BEGO, A. M. **Sistemas Apostilados de Ensino e trabalho docente:** estudo de caso com professores de ciências e gestores de uma rede escolar pública municipal. 2013. 334 f. Tese (Doutorado em Educação) - Faculdade de Ciências, Universidade Estadual Paulista, Bauru- São Paulo.

BRASIL. Constituição da República dos Estados Unidos do Brasil. **Diário Oficial [da] República Federativa do Brasil**, Brasília, DF, 16 jul. 1934. Disponível em:< http://www.planalto.gov.br/ccivil_03/constituicao/constituicao34.htm>. Acesso em: 22 mai. 2014.

BRASIL. Ministério da Educação. Fundo Nacional de Desenvolvimento da Educação (FNDE). **Sistema de Adesão ao PNLD.** 2011. Disponível em: <https://www.fnde.gov.br/simad/consultaTermosEntregues.do>. Acesso em: 03 mar. 2014.

BRASIL. Ministério da Educação. Fundo Nacional de Desenvolvimento da Educação (FNDE). **Sistema de Consulta a Matrícula do Censo Escolar.** [200-]. Disponível em: < http://portal.inep.gov.br/basica-censo-escolar-matricula>. Acesso em: 12 abr. 2014.

BRASIL. Ministério da Educação. Fundo Nacional de Desenvolvimento da Educação (FNDE). **Microdados para Download.** 2011. Disponível em:< http://portal.inep.gov.br/basica-levantamentos-acessar>. Acesso em: 18 fev. 2014.

BRASIL. Ministério da Saúde. DATASUS. **Indicadores Demográficos e Socioeconômicos.** 2010. Disponível em:< http://www2.datasus.gov.br/DATASUS/index.php?area=0206&VObj=http://tabnet.datasus.gov.br/cgi/deftohtm.exe?ibge/censo/cnv/renda>. Acesso em: 10 abr. 2014.

BRASIL. Decreto n°7.084, de 27 de janeiro de 2010. Dispõe sobre os programas de material e dá outras providências. **Diário Oficial [da] República Federativa do Brasil**, Brasília, DF, 27 jan. 2010. Disponível em: <http://www.planalto.gov.br/ccivil_03/_Ato2007-2010/2010/Decreto/D7084.htm>. Acesso em: 13 ago. 2014.

FREITAS, L. C. de. Políticas de responsabilização: entre a falta de evidência e a ética. **Cadernos e Pesquisa**, São Paulo, v. 43, n. 148, 2013.

HÖFLING, E. de M. Notas para discussão quanto à implementação de programas de governo: em foco o Programa Nacional do Livro Didático. **Educação & Sociedade**, ano XXI, n.70, p.159-170. 2000.

QUANDO A SALA DE AULA ENCONTRA OS DADOS OFICIAIS: repercussões na educação em ciências

Luiz Caldeira Brant de Tolentino-Neto

Aproximar os dados oficiais de educação ao trabalho do professor do ensino básico foi o grande desafio proposto por um grupo de pesquisadores na criação do grupo Interinstitucional Desempenho Escolar e Inclusão Acadêmica, IDEIA. A distância entre tais dados e o cotidiano docente, recorrente no discurso de todos os envolvidos, pôde ser encurtada, facilitando a compreensão das implicações de importantes ações de políticas públicas como PNLD (Programa Nacional do Livro Didático), Prova Brasil e ENEM (Exame Nacional do Ensino Médio).

A posição brasileira no cenário mundial vem se alterando, o país busca um lugar mais central na economia mundial, passando a figurar como plataforma de investimento produtivo direto, que tem nas políticas educacionais uma importante alavanca (Freitas, 2012). Bancos e empresas transnacionais observam atentamente os movimentos da educação brasileira para decidir sobre seus investimentos no país. Em muitos casos, chegam a interferir na sua condução por meio de filiais no Brasil, criação ou auxilio à fundações e organizações não governamentais, lobbies e financiamento de campanhas.

A integração de políticas públicas com vistas à educação é um fenômeno – se não recente - crescente no Brasil. Políticas de enfoque avaliativo como SAEB, ENEM, PNLD (o Programa além de avaliar as obras também as compra e distribui) e ENADE (Exame Nacional de Cursos) passam a funcionar de modo mais integrado entre si e também com políticas de cunho social, como o Bolsa Família, PROUNI, PRONATEC e FIES, trazendo um grande espectro de efeitos nas salas de aula da educação básica e na formação profissional docente.

A conexão entre políticas públicas de educação tem exposto questões que requerem amplitude de análise, entre as quais aquelas relacionadas ao currículo escolar. São visíveis seus impactos na construção das Diretrizes Curriculares Nacionais (DCNs) e do Plano Nacional de Educação (PNE). Se por um lado no ambiente acadêmico ainda há debate em torno das implicações de um currículo único (ou mínimo, ou comum), os materiais didáticos e, mais recentemente, as avaliações externas padronizadas já o decretaram.

A uniformidade nas sequências e nos conteúdos dos livros didáticos oferecidos no PNLD é evidente e a sensação dos professores é de que, dentro da mesma disciplina e ano escolar, as obras são todas muito parecidas. Os critérios utilizados para a avaliação dos livros tornaram-se mais rígidos e refinados, a dinâmica do Programa também caminha para uma maior transparência e eficiência, mas os critérios dos professores para a escolha permanecem os mesmos há pelo menos 10 anos: acesso a um exemplar do livro; adequação ao contexto da escola e à rotina docente – cada vez mais extenuante; funcionalidade das atividades propostas, e qualidade das imagens, segundo o trabalho exposto no capítulo de autoria de Jaiane de Moraes Boton.

Outro material cada vez mais frequente nas mochilas escolares em escolas públicas são as apostilas. Produzidas, em sua maioria, por empresas de origem - ou ainda vinculadas - nas redes privadas de ensino (básico, superior e pré-vestibulares), as apostilas vem ganhando espaço nos orçamentos de secretarias de educação de muitos municípios. Além do material do aluno a empresa vende também um ′pacote de assessoria didático-pedagógica′ com sistemas informatizados e de acesso a um portal *on-line*, cursos de formação continuada aos professores entre outros itens.

Algumas cidades abrem mão de receber os livros didáticos via PNLD para comprar, com orçamento do município, sistemas apostilados de ensino. A expectativa difundida pelas empresas é de que a rede escolar terá melhores resultados nas avaliações externas o que, em algum momento, se traduzirá em benefícios econômico-sociais. Além da promessa de maiores aprovações em Universidades, o crescimento das notas da Prova Brasil (e consequentemente no IDEB – Índice de Desenvolvimento da Educação Básica) implica, em alguns estados e municípios brasileiros, em bonificação aos professores e gestores, em uma política chamada *accountability*.

Os resultados na Prova Brasil das escolas que utilizam as apostilas não são maiores do que aqueles de escolas que adotam os livros vindos do PNLD, como aponta Karine Bueno do Nascimento em seu capítulo. Os sistemas apostilados não passam por avaliações oficiais de qualidade física e de conteúdo. Disputam, nos orçamentos municipais para a educação, recursos com merenda e transporte escolar.

Além dos materiais didáticos, as avalições externas padronizadas também exercem grande influência nas decisões curriculares. A questão mais profunda que se apresenta nesse momento é a respeito da abrangência e da importância dada às avaliações externas.

As avaliações externas de larga escala - aquelas elaboradas e executadas por entidades externas à escola, aplicadas a um grande número de pessoas - surgem no Brasil na década de 1990 e de lá pra cá, sofrem grandes alterações, sempre a caminho de uma posição central nas políticas públicas de educação. Refiro-me a provas feitas ou implementadas pelo Ministério da Educação e suas autarquias com o objetivo de monitorar o desempenho dos estudantes, comparar redes de ensino ao longo do tempo, verificar efeitos de políticas públicas adjacentes, prever movimentos ao longo do tempo e traçar tendências e estratégias de ação.

São indispensáveis ao gestor contemporâneo, parte de um arsenal essencial na fundamentação para a tomada de decisões em escalas para além dos muros de uma instituição escolar. Já sua relevância para o professor, para o diretor e coordenador pedagógico da escola básica é eclipsada pela falta de aproximação, orientação e apoio das entidades envolvidas (MEC, Universidades, sindicatos etc.) e pelos desvios de foco dados pela imprensa.

Os testes padronizados são instrumentos necessários, mas insuficientes para a melhoria da qualidade da educação, que não pode ser confundida ou limitada ao desempenho estudantil. Educação vai além de aprendizagem e, ainda assim, nem toda aprendizagem pode ser mensurada em testes padronizados. Vianna (2000) e Bizzo (2011) contribuem nessa discussão:

> A medida da qualidade em educação, entretanto, não pode ficar restrita apenas ao desempenho escolar. Necessita, também, verificar outras variáveis que se associam e condicionam o rendimento escolar. O que as crianças fazem na escola, o que os professores procuram transmitir aos seus alunos e o que os livros didáticos apresentam refletem expectativas culturais e educacionais da sociedade, bem como seus valores e seus objetivos sociais e econômicos. Assim, é impositivo verificar em que medida a interação dessas variáveis contribui para a qualidade da educação." (VIANNA, 2000, p. 190)

> "a melhoria da qualidade da educação depende da existência, da aplicação eficiente e do uso adequado de mecanismos sensíveis de monitoramento, que incluam – mas não se limitem a – o acompanhamento do desempenho escolar, algo que carecemos no Brasil (BIZZO, 2011, p. 256).

As críticas ao SAEB, por exemplo, concentram-se nas suas consequências – ou na falta delas: o sistema não acompanha os alunos de um ano para o outro; não existem medidas de valor agregado e a escola não tem acesso aos resultados de seus alunos individualmente; correlações entre desempenho e outros importantes fatores, como interesse dos alunos, condições socioeconômicas, livro didático e capacitação docente, são escassas nas publicações oficiais e nas pesquisas acadêmicas brasileiras.

Pesquisas em contextos com maior experiência em avaliações de larga escala e com políticas de responsabilização já estabelecidas (não necessariamente de maneira consensual...) são fundamentais para desenharmos prognósticos para o Brasil.

Com potencial de complementar informações vindas de provas de desempenho como o SAEB, ENEM e PISA (Programa Internacional de Avaliação Estudantil), o projeto internacional ROSE (Relevância do Ensino de Ciências) foi aplicado de forma representativa no Brasil, com jovens da faixa dos 15 anos em 2010. Seus resultados abrem um leque de possibilidades tanto de análise quanto de uso cotidiano na escola. É possível, por exemplo, listar os temas de maior e menor interesse dos estudantes em Ciências, estimar suas percepções sobre o ensino de Ciências e questões emergentes como as relacionadas ao meio ambiente e a evolução das espécies. Tudo isso com a possibilidade - sempre muito cuidadosa - de comparações com outros países.

Dois anos mais tarde, em 2012, um novo instrumento intitulado Barômetro (descrito em detalhes no capítulo de Ana Maria Santos Gouw e colaboradores) reforça, de forma mais condizente com a realidade da escola brasileira, a intenção de ′[...] investigar as formas pelas quais as variedades culturais são incorporadas pela escola em geral e, em particular, como o ensino de Ciências e Tecnologia pode se tornar relevante em diferentes contextos socioculturais.′, nas palavras dos autores.

Com estes dados em mãos, o estudo dos currículos escolares - sobretudo aqueles das Ciências da Natureza - torna-se mais amplo uma vez que passa a considerar os interesses e valores dos estudantes, bem como seus contextos sociais. Quando os dados do ROSE são colocados lado a lado com os livros didáticos e com a Matriz de Referência do ENEM - como em uma tripla acareação entre a "voz do estudante", o material didático e o teste de desempenho - os resultados revelam uma assintonia preocupante.

No estudo exposto por Micheli Bordoli Amestoy, os temas de maior interesse dos alunos aparecem timidamente nos livros didáticos. São poucas as linhas, nas coleções de Biologia mais presentes no ensino médio público, sobre drogas e primeiros socorros. São obras, neste aspecto, com seleção de conteúdos e abordagens distantes dos desejos dos jovens brasileiros. Longe da ideia de se deva ensinar apenas o que os jovens dizem querer aprender, também não se pode lecionar de costas para tais desejos e expectativas. Já a Matriz de Referência do ENEM traz mais pontos de contato com o universo do estudante de 15 anos, o que não significa necessariamente que a prova os contemple com a mesma proximidade.

Faz-se necessário frisar que o ENEM é o único exame padronizado em larga escala que, neste ano de 2015, monitora a expressão dos conhecimentos em Ciências da Natureza. O SAEB deixou de avaliar a aprendizagem em Ciências em 1999 (voltou a ser avaliada em 2013, de forma experimental e parcial com uma pequena parcela dos estudantes de 9º ano) o que contribuiu para reforçar a ideia de que o relevante na escolarização é a alfabetização, o letramento e os cálculos básicos.

Nesse sentido, ao monitorar apenas o desempenho em alguns tópicos de Língua Portuguesa e Matemática, as políticas públicas de avaliação da educação básica expressam, como efeito colateral, o desestímulo ao ensino (e, por que não, aprendizagem) de outras áreas do conhecimento. A mais comum interpretação desta política - voltemos a lembrar dos impactos, inclusive financeiros, que as avaliações exercem - é a de que "se não é cobrado no SAEB não precisa ser ensinado".

No sentido de valorizar o ensino das Ciências como parte das "aprendizagens básicas", e dos "saberes essenciais" (como descrito no documento básico de "Inclusão de Ciências no SAEB" - INEP, 2013) o Grupo IDEIA se propôs a criar e testar formas de avaliação deste componente curricular. Como premissa consideramos, entre outros aspectos não menos importantes, a abrangência e pertinência dos conteúdos, os alunos com dificuldades de aprendizagem e as possibilidades de aplicação dos testes em computador, como relatado em diversos capítulos desta coleção.

A formação do pedagogo, profissional da educação dos Anos Iniciais, e sua atuação na escola frente a muitas questões aqui expostas foi tema de muito estudo, como se lê nos textos de Natália Possebon, Janaína Carlesso e Neusa Hennig.

O intuito foi mergulhar no universo da sala de aula dos anos iniciais, conhecer seus receios e anseios. Vivenciamos, por exemplo, que a soma de uma formação deficiente em Ciências com a falta de incentivo (tanto da escola, quanto dos pais, alunos e dos próprios professores) traz como resultado poucas aulas de Ciências nessa faixa de escolarização. As ações de pesquisa, sempre com olhos à repercussão na sala de aula, voltaram-se a tentar explicar e reverter este triste saldo.

Investiu-se nos estudos comparativos do desempenho entre alunos de escolas com diferentes graus de incentivos à leitura. Os resultados são animadores, mostram que nas instituições em que a leitura é valorizada e incentivada, os alunos apresentam melhor desempenho em... Ciências. A separação artificial que as escolas promovem ao delimitar o "horário para se aprender Ciências, para se aprender Matemática, Português", se dissolve no intelecto do estudante que, lendo, se expressa melhor inclusive em Ciências.

O argumento construído a favor do ensino centrado, exclusivamente, na leitura e na escrita, ganha uma nova leitura quando se depara com uma pesquisa que inverte a questão: o investimento no ensino de Ciências gera ganho de desempenho em Português e Matemática? E a resposta positiva traz esperança aos Anos Iniciais.

A contribuição de uma equipe multidisciplinar na formação permanente de uma professora polivalente mostrou-se definitiva. A visão interdisciplinar e a integração quase orgânica das áreas de conhecimento, foi acompanhada de propostas inovadoras de ensino-aprendizagem e de avaliação. A aproximação entre a experiente e predisposta professora e o grupo de pesquisadores com origens multidisciplinares (psicologia, letras, biologia, matemática, pedagogia) trouxe ganho a todos (apesar da aparente ineficiência do processo que, para visões mais limitadas e economicistas, "realizou muitos esforços para formar apenas um profissional. E professor dos Anos Iniciais."). A turma da professora teve desempenho em Ciências, Língua Portuguesa e Matemática significativamente superiores àqueles da turma-espelho em que uma professora seguia separando a rotina diária em disciplinas estanques, isoladas.

Conclusão das pesquisas: a expressão da aprendizagem em Ciências e em leitura e cálculos estão íntima e reciprocamente associadas. Ao investir no estudo das Ciências, a escola também receberá dividendos em Português e Matemática.

A aproximação entre as esferas envolvidas com a educação básica brasileira é tão complexa quanto urgente. Decisões sacramentadas em Brasília ou nos gabinetes de governadores e prefeitos chegam repletas de ruídos às escolas que, por sua vez, também as repercutem para a comunidade escolar, num processo de acúmulo progressivo de desencontros. A comunidade acadêmica e outras expressões organizadas da sociedade intervêm nas discussões de forma quase sempre muito enviesada.

Este relato, de parte dos achados provenientes de pesquisas financiadas com verbas públicas, contribui para a convergência não de ideias, mas de elementos para a discussão em torno das avaliações e do currículo escolar.

REFERÊNCIAS

BIZZO, N. Exames de desempenho de estudantes e qualidade da educação no Brasil. In:**Brasil do século XXI**. Coordenador Antonio Delfim Netto. São Paulo: Saraiva, 2011.

FREITAS, L.C. Apresentação. **Educação & Sociedade**,v.33, n.119, pp. 345-351, 2012.

INEP. **Inclusão de Ciências no Saeb**: documento básico. – Brasília : Instituto Nacional de Estudos e Pesquisas Educacionais Anísio Teixeira, 2013.

TOLENTINO-NETO, L. C. B.; BIZZO, N. M. V.. O Processo de Escolha do Livro Didático de Ciências por Professores de 1ª a 4ª séries. In: Seminário Internacional de Pesquisa e Estudos Qualitativos, 3; Encontro de Fenomenologia e Análises do Existir, 5, 2006, São Paulo. **Anais...** . São Paulo: SEPQ, São Bernardo do Campo: Universidade Metodista de São Paulo. 2006.

TOLENTINO-NETO, L. C. B. ; POSSEBON, N. B. . **Ciências nos Anos Iniciais -** Contexto Brasileiro e Possibilidades. Enseñanza de las Ciencias, v. EXTRA, p. X, 2013.

VIANNA, H. M. **Avaliação Educacional**: teoria, planejamento, modelos. São Paulo: Ibrasa, 2000.

AVALIAÇÕES EM LARGA ESCALA: breve panorama e perspectivas

Nelio Bizzo

1. Introdução

Neste capítulo focalizaremos a avaliação, procurando dar um panorama geral das possibilidades existentes e das práticas implementadas em nosso país, desde a intimidade da sala de aula até as avaliações em larga escala. Será discutida a proximidade das estratégias de avaliação adotadas em função do modelo pedagógico e a necessidade de buscar formas inovadoras de avaliação para experiências pedagógicas que se valem de arquiteturas curriculares igualmente inovadoras.

2. A Natureza da Avaliação na Escola e modelos pedagógicos

As atividades de avaliação no ambiente escolar são tradicionalmente revestidas de uma aura negativa, como parte de um ritual que teria como grande objetivo vigiar e punir os estudantes. Essa conotação da avaliação não pode ser separada das práticas pedagógicas com as quais está imbricada.

Segundo um conhecido educador brasileiro as práticas pedagógicas em nosso país estão ligadas a três tradições hegemônicas. Uma delas, que ele denomina "tradicional" caracteriza-se pela crença na eficiência da transmissão de conteúdos, que localiza o centro de gravidade das atividades de ensino no professor e determina ao aluno uma posição passiva, de "receptor" de informação. A segunda tradição ele denomina "escolanovista" ou "pedagogia nova", que se caracteriza por dar relevo aos sentimentos e individualidades dos alunos, deslocando o centro de gravidade das atividades de ensino para o aluno, que se torna a principal referência do ato educativo. A terceira ele denomina "tecnicista", que valoriza princípios de racionalidade, eficiência e produtividade, deslocando o centro de gravidade para o objeto de aprendizagem, os saberes escolares (SAVIANI, 2008). Para o mesmo autor, haveria ainda uma tradição "contra-hegemônica", representada pelas propostas do educador brasileiro Paulo Freire (1921-1997), que propõe uma educação como prática emancipadora, contrapondo-se a práticas domesticadoras. Assim, dentro desse quadro de hegemonia *versus* contra-hegemonia, seria necessário distinguir duas formas distintas de avaliação na escola. Já foi proposta uma distinção entre a "verificação da aprendizagem", que seria uma amostragem descomprometida daquilo que os estudantes conseguem apresentar como resultado das atividades de ensino. Essa avaliação legitima a exclusão, o ranqueamento e a classificação dos estudantes.

A outra seria a "avaliação" propriamente dita, na qual o avaliador se compromete com o que está sendo avaliado (LUCKESI, 2011), e se alinharia com a perspectiva contra-hegemônica, colocando-se ao lado do educando.

Assim, mesmo sem pretender adotar uma terminologia muito particular, pode-se perceber que há uma visão da avaliação como uma amostragem descomprometida da aprendizagem, que apostaria no fracasso do educando, e, de outro lado, outra visão da avaliação como algo que pode ser realizado tendo em vista alcançar objetivos educacionais comprometidos com o sucesso do educando. Mesmo sendo uma concepção algo maniqueísta, na qual o bem se contrapõe ao mal, há que se admitir que o pensamento educacional brasileiro toma a avaliação como atividade positiva quando ela se compromete com o sucesso do educando, mesmo que para isso deva renunciar a pretensões ranqueadoras e classificatórias.

3. Avaliação: uma tipologia consensual

Os educadores reconhecem que as atividades de avaliação obedecem diferentes finalidades e podem se organizar de diferentes formas, dependendo da perspectiva que adotem.

Uma perspectiva se refere à posição da figura do avaliador em ralação a o que há a avaliar. Nesse sentido, ela é dita avaliação interna se um ou mais dos próprios envolvidos na atividade a avaliar participam como árbitros. Esse caso é indicado para processos nos quais um grupo busca aperfeiçoar processos e identificar as melhores práticas por meio de resultados iniciais ou mesmo de seus indícios. A é dita avaliação externa quando um ou mais avaliadores são designados justamente por não pertencerem ao grupo envolvido na atividade a avaliar. Esse tipo de avaliação confere legitimidade ao resultado final e tem sido utilizado em rituais institucionais, nos quais se pretende aquilatar em que medida uma instituição alcança as metas pré-definidas em sua missão.

Uma outra perspectiva se refere à regularidade, pois a avaliação pode ser de processo ou se referir a determinado momento, sendo assim denominada contínua ou pontual. A avaliação contínua é especialmente indicada para grupos de alunos que estão trabalhando de maneira colaborativa, realizando diferentes tipos de tarefas, enquanto a avaliação pontual acaba por priorizar algum parâmetro particular. Ela é indicada em situações nas quais existe pequena interação entre avaliador e avaliado e este precisa de algum elemento que possa servir de indício da eficiência do tipo de trabalho pedagógico desenvolvido.

Outra perspectiva se refere à escala adotada, sendo que a avaliação pode ser normativa ou criterial. Neste último caso, tem-se já conhecida uma escala de possibilidades, tidas como indicadores de mérito a alcançar. Essa escala pode ser negociada com o grupo ao longo da atividade educativa e sendo parte de um acordo, se legitima frente ao grupo. De qualquer forma, uma vez definida e conhecida pelo grupo, a avaliação aquilatará a hierarquia máxima alcançada por cada um de seus membros, ou seja, será uma medida do sucesso individual. A avaliação normativa, por outro lado, parte do estabelecimento de padrões conhecidos explícita ou implicitamente e compartilhados pelos membros de uma comunidade de aprendizes. Ela se propõe a verificar o desempenho relativo de cada membro do grupo, de acordo com uma distribuição normal. Assim, o desempenho médio do grupo passa a ser um critério objetivo, e cada membro é classificado de acordo com ela, podendo posicionar-se em termos relativos. Assim, a classificação é um dos objetivos primordiais da avaliação normativa enquanto que a avaliação criterial tem por objetivo primordial verificar em que medida objetivos predefinidos foram efetivamente alcançados. A figura 1 traz dois gráficos que exemplificam os resultados esperados da avaliação normativa (esquerda) e criterial (direita) em situações bem-sucedidas de ensino.

Na perspectiva da aprendizagem, a avaliação pode ser diagnóstica, somativa ou formativa. No primeiro caso, ela se dispõe a recolher um conjunto de indicadores que possam criar uma base para aclarar uma dada situação. Como regra, a avaliação diagnóstica tende a ser pontual, uma vez que é amostral e rápida, tendo coo um de seus objetivos embasar a tomada de decisões em relação ao planejamento de ações educacionais, em especial com grupos pouco conhecidos, cuja posível homogeneidade não é plenamente conhecida.

Figura 1. *Na avaliação normativa (esquerda) espera-se que as notas dos alunos siga uma distribuição normal, com metade dos alunos acima da média, indicada pela linha vermelha, que pode não ser necessariamente o mínimo a ser alcançado pelo grupo paa fins de aprovação, por exemplo. Na avaliação criterial, espera-se que a curva esteja fortemente deslocada para o lado do maior sucesso dos alunos, acima do limite definido previamente como mínimo (linha vermelha)*

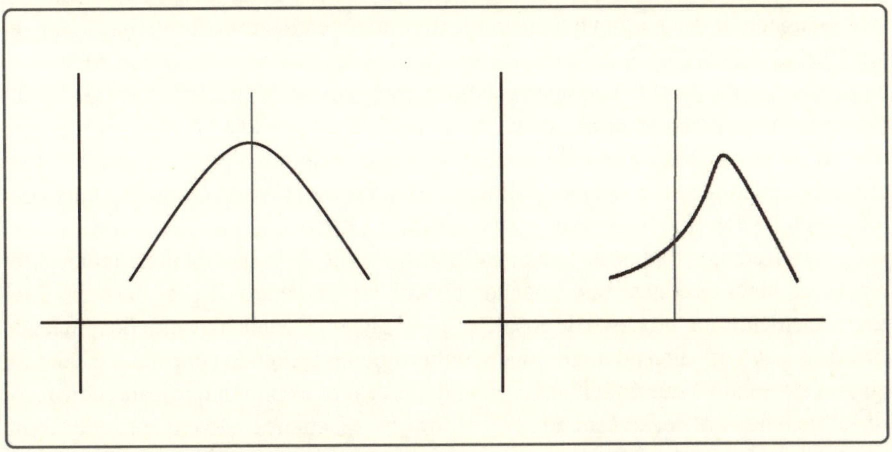

Da mesma forma, a avaliação somativa tende a ser pontual, pois pretende recolher um conjunto mais extenso e cumulativo de evidências do grau de sucesso dos estudantes em uma etapa ou conjunto de etapas de atividades educativas. Na avaliação formativa pretende-se também recolher evidências sobre o desenvolvimento do processo ensino-aprendizagem, mas entendendo-o como processo contínuo, que inclui os próprios rituais de avaliação, oferecendo a oportunidade do aluno consolidar suas conquistas no processo. Esse tipo de avaliação não tem uma finalidade classificatória e tende a oferecer oportunidades diversificadas para que os alunos demonstrem o resultado de seu aprendizado em contextos específicos. Entre suas principais funções estão a de inventariar conquistas, harmonizar o aprendizado, tranquilizar, apoiar e orientar o estudante e sua família em relação à consecução dos objetivos esperados, além de eventualmente corrigir concepções inadequadas que tenham vindo a desenvolver inadvertidamente.

4. Tradições pedagógicas, arquiteturas curriculares e avaliação

As tradições pedagógicas elegem formas mais convenientes ou adequadas de avaliação. Assim, a orientação tradicional e a tecnicista têm na avaliação pontual, somativa e normativa formas perspectivas muito coerentes, uma vez que elas premitem classificar e ranquear com facilidade, e excluir por consequência. Já a tradição escolanovista tem na avaliação contínua um de seus mais conhecidos baluartes, buscando valorizar a dimensão pessoal e processual do aprendizado.

Na perspectiva "contra-hegemônica" de Paulo Freire, a ideia e avaliação tem uma conotação muito diversa, uma vez que ela deve se harmonizar com a perspectiva emancipadora, que tende a ser "desviante", contrariando expectativas. Assim, ela tende a se opor ao modelo tradicional, no qual deve-se "transmitir – verificar – registrar", adotando uma postura de mediação, nitidamente oposta a uma escala predefinida e estática que deve ser alcançada. Por esse motivo, essa avaliação tem sido chamada de mediadora ou, em contexto um pouco distinto, de avaliação emancipatória. Embora diferindo quanto à terminologia, trata-se de uma perspectiva de avaliação comprometida não apenas com o processo de ensino-aprendizagem, mas também com a transformação social, entendendo a educação como um instrumento não só de colocação de trabalhadores no mercado de trabalho, mas sua inclusão efetiva na complexidade social, política, econômica e cultural, comprometida com a construção de um mundo mais justo, solidário e ético

As diferentes tradições pedagógicas, hegemônicas ou não, podem adotar diferentes arquiteturas educativas, tendendo a localizar seu centro de gravidade em diferentes elementos do processo de ensino-aprendizagem. Quando o centro de gravidade está deslocado em direção ao professor, ou mesmo no conteúdo conceitual, é comum que seja avaliado o que é fácil de ser medido, e, assim, é comum que a aprendizagem seja objeto de verificação centrada em informações factuais e não em conceitos e sua aplicação em contexto. No entanto, os testes padronizados de escala nacional baseados no conhecimento de fatos não podem medir os processos e as habilidades que nossos alunos precisam desenvolver para participar do mundo atual e sua transformação. Esses instrumentos também não permitem avaliar de que maneira os estudantes sabem aplicar o que aprenderam para melhorar suas próprias vidas e as de suas comunidades.

Isso não significa, no entanto, que os testes padronizados sejam inúteis e não cumpram a sua finalidade, em especial no ensino médio, quando eles podem sinalizar o provável sucesso (ou não) dos alunos como calouros em instituições de ensino superior. No entanto, eles não são suficientes para sinalizar o progresso dos alunos em uma dimensão mais ampla. Para que se possa desenvolver instrumentos autênticos e precisos para avaliar atividades educativas nas quais os alunos se envolvem ativamente, realizando pesquisas, elaborando novas ideias e hipóteses, é necessário confiar a tarefa aos professores que os conduzem dentro das salas de aula. Essa afirmação provém de uma das maiores autoridades no ensino de ciências da atualidade e se contrapõe à tendência generalizada de supor que apenas avaliações externas e de larga escala possam adequadamente aquilatar a qualidade da educação:

> Apenas na educação nossa sociedade assume que o julgamento dos profissionais diretamente envolvidos em suas atividades ("front-line professionals") deva obrigatoriamente ser validado por uma terceira parte – neste caso por elaboradores de testes em grandes quantidades. Aprendizagem autêntica pode ser aquilatada de maneira precisa apenas pelos professores que trabalham diretamente cm os alunos a serem avaliados (THIER; DAVISS, 2001, p. 115).

Quando o centro de gravidade da atividade educacional está deslocado em favor do problema a ser investigado, demandando ações de elaboração e teste de hipóteses, em especial nos chamados "projetos de ensino", nos quais os alunos trabalham intensamente diante de problemas concretos, realizando trabalhos práticos, a avaliação e a atividade instrucional devem caminhar juntas. Trata-se, portanto de uma avaliação inevitavelmente processual, que deve estar "embutida" no próprio processo educacional. As boas práticas avaliativas, definidas em um documento estadunidense, deveriam começar por definir de maneira operacional o que é realmente importante aprender e os métodos utilizados para que os professores possam quantificar aquilo que o aluno deve aprender. Por exemplo, ao definir que os alunos devem saber planejar uma investigação

As atividades planejadas para servir de instrumentos de avaliação devem se parecer o mais possível com as atividades cotidianas dos estudantes, evitando-se assim a necessidade de desenvolver habilidades referentes a destreza de responder a testes padronizados, o que verdadeiramente interrompe o aprendizado verdadeiro. Essa observação, novamente retirada de uma importante referência bibliográfica (THIER; DAVISS, 2001, p. 115), nos permite perceber um erro muito comum nas experiências de inovação curricular. Como veremos adiante, testes padronizados têm sido apontados erroneamente como indicadores objetivos e isentos de sucesso no desempenho acadêmico, e não faz sentido adotar novas arquiteturas educativas e manter velhas estruturas de avaliação para monitorar seu possível sucesso. Os testes padronizados em grande escala demadam treinamento específico, destrezas mecânicas incompatíveis com propostas educacionais mais profundas e consistentes.

5. Instrumentos de Avaliação em Larga Escala

A partir da década de 1990 o Brasil passou a monitorar a qualidade da educação a partir de instrumentos de avaliação em larga escala (ALE), aplicados a milhares de estudantes em curto espaço de tempo. Em outros países, como os Estados Unidos, tais avaliações já eram utilizadas de há muito e isso explica a contundência da crítica da referência bibliográfica estadunidense citada na seção anterior. Para compreendê-la, no entanto, é necessário compreender a organização básica das ALE.

Aplicar uma prova simultaneamente a sete milhões de estudantes, como é o caso do ENEM, exige o recurso a questões de resposta objetiva, que tenham sido selecionados de acordo com as finalidades da avaliação. Entre 1998 e 2008 o ENEM esteve baseado na chamada Teoria Clássica de Testes (TCT), referida por alguns autores como Teoria Clássica da Medida (TCM). Trata-se de uma prova pontual e criterial, que permite classificar os estudantes de acordo com critérios previamente estabelecidos. No entanto, por suas características, a prova não permite comparações de um ano a outro, como no caso dos vestibulares. Se a média dos alunos aumenta de um ano para o outro, duas hipóteses são igualmente válidas: a primeira diz que os alunos se apresentaram com maior capacidade de responder as questões; a segunda diz que as questões ficaram mais fáceis. Apenas com os resultados do exame, é impossível testar qualquer uma das duas hipóteses e qualquer afirmação sobre a melhora da qualidade da educação (ou facilitação do exame) deverá ser vista com grande reserva.

Uma das vantagens das ALE baseadas na TCT é a de sua legitimidade. Os alunos podem conferir suas respostas e fiscalizar as consequências do ranqueamento, como a distribuição de vagas em universidades públicas, a distribuição de bolsas de estudo, etc. Uma das desvantagens de tais provas é justamente o fato de ser impossível comparar resultados de diferentes aplicações da prova. Os vestibulares brasileiros e diversos testes aplicados em outros países, como WAIS e Raven (testes para determinação do Quociente de Inteligência) se valem de testes desse tipo.

A partir da década de 1960 uma nova possibilidade concreta se abriu com a disponibilidade de recursos computacionais, a partir da Teoria de Resposta ao Item (TRI). Segundo ela, é possível diferenciar candidatos que acertaram o mesmo número de questões, se o grau de dificuldade delas for conhecido e diferente. ALE baseadas na TRI permitem, adicionalmente, comparação entre aplicações em momentos diferentes, uma vez que o grau de dificuldade média do exame pode ser calibrado. Essa é uma das vantagens desse tipo de teste. Dentre suas desvantagens, figura o fato de as questões passarem por uma pré-testagem, ou seja, são aplicadas em uma população o mais semelhante possível com a que deve ser testada. Isso implica que nenhuma questão é rigorosamente inédita, tendo já ocorrido caso de as questões pré-testadas terem sido copiadas pela escola

Outra desvantagem dos exames baseados na TRI refere-se a sua legitimidade. O fato de o aluno anotar suas respostas não significa que possa monitorar seu desempenho relativo, uma vez que os resultados são normalizados, segundo critérios estatísticos, inclusive anulando acertos considerados não indicadores da aptidão do estudante, mas apenas do acaso. Os chamados "chutes" podem ser identificados quando se conhece bem o grau de dificuldade da questão e a medida de aptidão do estudante.

O Sistema de Avaliação da Educação Básica (SAEB) se utiliza de testes desse tipo desde a década de 1990, o que permite monitorar a variação das médias de desempenho acadêmico dos estudantes ao longo do tempo.

A crítica de Herbert Thier à "avaliação feita por máquinas", em sua defesa da necessidade de se ouvir os professores que trabalham com os estudantes em sua avaliação, se refere a uma outra modalidade de ALE, chamada Avaliação Adaptativa Computadorizada ("CAT", na sigla em inglês). Trata-se de um instrumento baseado na TRI, na qual cada avaliação pode ser diferente para cada aluno, a depender de seu nível de proficiência.

A figura 2 procura mostrar a ideia central da avaliação adaptativa, que supõe que a maioria dos estudantes tem um nível médio de proficiência, como reflexo de sua aptidão. Assim, supondo-se que o nível médio seja de 100 pontos, serão apresentadas questões com nivel médio de dificuldade. O acerto tenderá a fazer com que sejam apresentadas questões mais difíceis, mas o erro irá fazer com que questões mais fáceis sejam apresentadas até que haja estabilidade dos acertos, em certo nível de dificuldade de questões. O erro estimado (linha vermelha) associado é em geral muito grande.

A partir da primeira resposta o computador seleciona a questão seguinte baseado na suposição de que um acerto indica potencial de proficiência superior ao médio, ao passo que um erro indica potencial de proficiência inferior ao médio. A seleção depende de um algoritmo, que deve se basear em teorias estatísticas, que pressupõem que o desempenho do estudante se estabiliza no teste, o que faz diminuir o erro da medida com o aumeto do número de questões corretamente respondidas em um mesmo nível de proficiência. Assim, ao contrário dos exames tradicionais, os exames CAT têm número de questões variável, a depender do desempenho do estudante e do objetivo do exame.

Os exames computadorizados têm sido alvo de discussão intensa. Eles, de maneira geral, permitem eliminar algumas fontes de risco, por exemplo, de sigilo. Na prova do ENEM de 2009 o furto de um único caderno de questões implicou a anulação da prova, causando um prejuízo estimado em R$ 34 milhões, em valores da época. Com a TRI, as provas podem ser realizadas assincronamente, bastando para isso que o banco de questões seja suficientemente amplo, tanto maior quanto maior for o universo de interessados, e adequadamente pretestado. A grande vantagem da avaliação adaptativa é a permitir uma medida de aptidão com o mesmo erro para todas as faixas de proficiência, ao passo que as avaliações padronizadas têm menor erro para a faixa de desempenho médio, sendo maior para os extremos à direita e à esquerda da curva normal.

Figura 2 – Variação e estabilização do desempenho de um estudante em uma avaliação adaptativa computadorizada (CAT). O eixo x representa a quantidade de questões resolvidas e o eixo y o nível de proficiência.

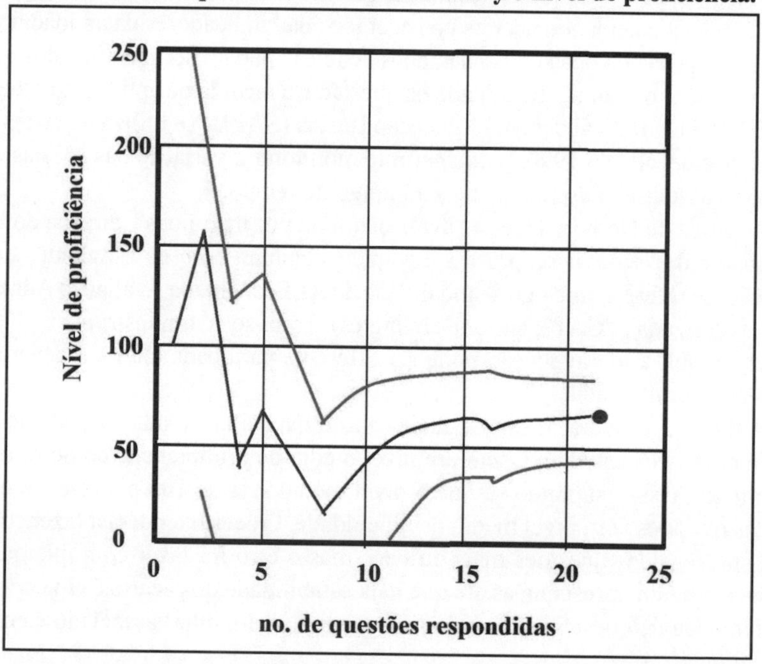

As desvantagens das avaliações adaptativas se referem principalmente à calibragem das questões. Do ponto de vista ideal, os itens a calibrar devem se administrados em meio a outros itens que não serão utilizados na montagem do exame, o que requer um razoável esforço logístico e, mesmo assim, a margem de erro da calibragem dependerá, ela mesma, de parâmetros a serem considerados, entre o grupo alvo da pretestagem e o grupo de estudantes a ser examinado. Grupos heterogêneos, como é comum em exames nacionais, sobretudo em um país como o Brasil, implica erro maior na calibragem.

Outra desvantagem se refere ao fato de que os itens de dificuldade maior ou menor devem ter uso monitorado, pois a probabilidade de utilização múltipla é maior, o que traz problemas para exames em larga escala, pois se tornam conhecidos, o que invalida a calibragem inicial e introduz questões éticas e de segurança.

Diante desses problemas, outra desvantagem aparece, expondo a sofisticação dos recursos exigidos, sobretudo pela CAT. É necessária pretestagem rigorosa, de grande envergadura e constante, acompanhando as variações de aptidão média do grupo que procura a avaliação, um banco de questões muito grande e diversificado, e infraestrutura sofisticada, incluindo software com algoritmo ajustado para seleção de itens, de modo a evitar superexposição de itens distante da média, e hardware adequado à demanda.

6. Avaliação de Desempenho e o Estatuto Escolar do Erro

Hoje em dia reconhece-se a importância de se entender o erro como possível expressão de concepções que os estudantes constroem ativamente e que cabe à escola modificar. Isso valoriza uma pluralidade de concepções e abre novas perspectivas para as atividades de avaliação.

A partir do estudo das chamadas concepções prévias dos estudantes é possível planejar estratégias de avaliação nas quais as diferentes possibilidades de expressão dos estudantes estejam presentes, permitindo ao professor estimar em que medida as atividades escolares contribuíram para sua possível modificação. Isso significa que é necessário conhecer as concepções dos estudantes antes do início da sequência didática planejada, o que implica conhecer a bibliografia da área de pesquisa de ensino da temática em questão.

Ao mesmo tempo, é importante assegurar que a diversidade de concepções esteja presente nas possibilidades apresentadas pelos instrumentos de avaliação. Por exemplo, pode-se apresentar uma ilustração que apresenta o desenho de um jato de água emergindo de um furo em uma garrafa cheia d'água, ou uma explicação para a respiração das plantas e sua relação com a atividade fotossintética. Assim, em lugar de apresentar opções absurdas ou mesmo pouco factíveis como alternativas, até mesmo em questões de múltipla escolha, é possível fazer da avaliação uma parte "embutida" das atividades didáticas de uma ampla variedade de situações, inclusive de cunho prático.

Concluindo

1. A concepção de avaliação está intimamente associada ao modelo pedagógico adotado, expressando um conjunto de valores em relação à educação e à sociedade;
2. As avaliações podem ser de diferentes tipos, em função da perspectiva que se adote em relação ao momento de sua aplicação, escala de referência etc;
3. Modelos pedagógicos próximos de práticas tradicionais valorizam estratégias de avaliação pontual, somativa e normativa;
4. Modelos pedagógicos contra-hegemônicos se valem da avaliação dita mediadora ou emancipatória, na qual se valorizam variáveis que tendem a promover o aprendizado, valorizando estratégias processuais e formativas;
5. Arquiteturas pedagógicas inovadoras devem ter estratégias de avaliação igualmente inovadoras e não devem ser avaliadas por instrumentos tradicionais, tais como testes padronizados;
6. As avaliaões em larga escala se valem de diferentes metodologias e estão baseadas em diferentes teorias estatísticas, como a Teoria Clássica dos Testes e a Teoria de resposta ao Item.

REFERÊNCIAS

BIZZO, N. **Metodologia de Ensino de Biologia e Estágio Supervisionado**. São Paulo: Ática Educadores, (2013).

FERNANDES, P.G.M. **Sistema computadorizado de avaliação adaptativa em larga escala (SCAALE)**. Monografia, Departamento de Ciência da Computação, Brasília: UnB (mímeo, 2009).

HOFFMANN. Jussara. **Avaliação mediadora**: uma prática em construção da pré -escola à universidade. Porto Alegre: Mediação, (2001).

LUCKESI, Cipriano Carlos. **Avaliação da aprendizagem escolar**: estudos e proposições. São Paulo: Cortez, (2011).

SAUL, Ana Maria. **Avaliação emancipatória:** desafios à teoria e à prática de avaliação e reformulação de currículo. São Paulo: Cortez, 2000.

SAVIANI, Dermeval. **História das ideias pedagógicas no Brasil.** Campinas: Autores Associados, 2008.

THIER, H. D. AND B. DAVISS. **Developing Inquiry-Based Science Materials**: a guide to educators. New York: Teacher College Press, (2001).

SOBRE OS AUTORES

Acácio Alexandre Pagan

Licenciado em Ciências Biológicas, Doutor em Educação pela USP, Docente da Universidade Federal de Sergipe (UFS) no Departamento de Biologia e no Programa de Pós-Graduação em Ensino de Ciências e Matemática.

E-mail: apagan.ufs@gmail.com

Ana Flávia Silva de Assis

Graduada em Ciências Biológicas pela Universidade Federal de Mato Grosso e Professora da Educação Básica.

E-mail: anaflavia.bio@gmail.com

Ana Maria Santos-Gouw

Possui graduação em Ciências Biológicas pela Universidade de São Paulo - Bacharelado e Licenciatura, doutorado em Educação pela Faculdade de Educação da Universidade de São Paulo. Atualmente é Professora Adjunta da Universidade Federal de São Paulo (Unifesp) - Campus Diadema.

Ana Paula Vieira dos Santos

Graduada em Ciências Biológicas – Licenciatura, pela Universidade Federal de Sergipe, foi bolsista de Iniciação Científica da CAPES pelo OBEDUC. Atualmente é professora na Educação Básica.

E-mail: anapaulavsantos@yahoo.com.br

Debora Dutra Pinheiro

Mestre em Ensino de Ciências Naturais pela Universidade Federal de Mato Grosso (UFMT), formada em Licenciatura Plena em Ciências Biológicas pela UFMT. Atualmente é professora de Biologia em escolas particulares, na EJA do SESI-FIEMT, e colégio Cândido Portinari.

E-mail: dutrapinheiro@gmail.com

Fabio Theoto Rocha

Possui graduação em Linguística pelo Instituto de Estudos da Linguagem da UNICAMP e Doutorado em Ciências pelo Departamento de Patologia da Faculdade de Medicina da USP. Foi bolsista (2010-2013) da FAPITEC/CNPq em um programa DCR, pelo IPTI - Instituto de Pesquisa em Tecnologia e Inovação. Atualmente é bolsista Capes em um pós-doc pela Engenharia Elétrica da FEI.

Giuseppe Pellegrini

Doutor em Sociologia e professor da Universidade de Pádua (Itália), onde ministra aulas de Comunicação e Participação Pública. É presidente do instituto Observa Science in Society (Vicenza, Itália). É sócio fundador da Societá Italiana di Studi Sociali di Scienza e Tecnologia, membro da European Association for the Study of Science and Technology (EASST) e da Society for Social Studies of Science (4S).

Email: giuseppe.pellegrini@unipd.it

Graciela da Silva Oliveira

Professora do Instituto de Biociências, Departamento de Biologia e Zoologia da Universidade Federal de Mato Grosso (UFMT). Possui Bacharelado e Licenciatura Em Ciências Biológicas pela Universidade do Estado de Mato Grosso (UNEMAT). Doutorado em Educação, linha de pesquisa - Ensino de Ciências e Matemática - pela Universidade de São Paulo (USP).

E-mail: graciela.ufmt@gmail.com

Hélio Magno Nascimento dos santos

Mestre pela Universidade Federal de Sergipe no Programa de Pós-graduação em Ensino de Ciências Naturais e Matemática - PPGECIMA. Possui Especialização Latu Sensu em Metodologias de Ensino para Educação Básica pela Universidade Federal de Sergipe (2009). Graduado em Química Licenciatura pela mesma universidade.

E-mail: helioufs@hotmail.com

Jaqueline Pinafo

Graduada em Pedagogia pela Universidade do Estado de Mato Grosso e Licenciatura em Química pelo IFMT (Instituto Federal de Mato Grosso), mestre em Educação Escolar pela (UNESP) Universidade Estadual Paulista Júlio de Mesquita Filho. Cursando Doutorado na USP em Educação na área de Ensino de Ciências e Matemática. Atualmente é professora efetiva da Educação Básica das redes Estadual e Municipal em Curvelandia, MT.

E-mail: jaquelinepinafo@bol.com.br

Janaína Pereira Pretto Carlesso

Graduada em Psicologia UNIFRA, Especialista em Educação Especial: Altas Habilidades/Superdotação UFSM, Mestre em Distúrbios da Comunicação Humana UFSM e Doutora em Educação em Ciências: Química da Vida e Saúde UFSM.

E-mail: janapsi3@gmail.com

Jaiane de Moraes Boton

Licenciada em Ciências Biológicas pela UFSM, Mestre em Educação em Ciências pelo, PPGECQV/UFSM, Aluna de Doutorado do PPGECQV/UFSM, Professora de Ciências e Biologia da Rede Particular em Santa Maria, RS.

E-mail: jaiambbio@gmail.com

Juliana Batista Pereira dos Santos

Licenciada em Matemática (UFPel), Especialista em Educação Matemática (UFSM), Mestre em Educação em Ciências (UFSM) e Professora da Rede Estadual de Educação do Rio Grande do Sul.

E-mail: juhbpereira@gmail.com

Karine Bueno do Nascimento

Licenciada em Educação Física pela Universidade de Cruz Alta (UNICRUZ). Mestre em Educação em Ciências pela Universidade Federal de Santa Maria (UFSM).

E-mail: karinebueno20@gmail.com

Luiz Caldeira Brant de Tolentino-Neto

Biólogo, doutor em Educação pela FE-USP, Professor do Departamento de Metodologia do Ensino e do Programa de Pós-graduação Educação em Ciências, Universidade Federal de Santa Maria (UFSM).

E-mail: lcaldeira@smail..ufsm.br

Marcela Santos de Almeida

Graduada em Ciências Biológicas-Licenciatura, pela Universidade Federal de Sergipe, onde, também se tornou mestra em Ensino de Ciências e Matemática. É docente nas Faculdades Integradas de Sergipe (FISE), em Tobias Barreto/SE, além de ser coordenadora pedagógica em uma instituição de ensino privado em Itabaiana/SE.

E-mail: cecelabioalmeida@hotmail.com

Micaela Oliveira de Menezes

Mestra em Ensino de Ciências e Matemática pela Universidade Federal de Sergipe (bolsista Fapitec/SE). Possui graduação em Ciências Biológicas/Licenciatura, pela Universidade Federal de Sergipe. Atuou como professora em escola da rede particular de Ensino bem como na Universidade Tiradentes, nos cursos técnicos de Enfermagem, Agente Comunitário de Saúde e Vigilância em Saúde do Programa Nacional de Acesso ao Ensino Técnico e Emprego (PRONATEC).

E-mail: micaela.ufs@gmail.com

Micheli Bordoli Amestoy

Bióloga – Bacharel e Licenciada pela Universidade Federal de Santa Maria (UFSM), Mestre em Educação em Ciências (UFSM) e Doutoranda em Educação em Ciências pelo Programa de Pós-Graduação em Educação em Ciências Química da Vida e Saúde (PPGECQV- UFSM).

E-mail: micheliamestoy@gmail.com

Natália Borba Possebon

Licenciada em Pedagogia pela Universidade Federal de Santa Maria (UFSM), Mestre em Educação em Ciências (UFSM) e Professora dos Anos Iniciais da Rede Particular em Santa Maria, RS.

E-mail: natypossebon@gmail.com

Nelio Bizzo

Possui graduação em Ciências Biológicas pela Universidade de São Paulo e doutorado em Educação pela Universidade de São Paulo. É professor titular (MS6) de Metodologia de Ensino de Ciências Biológicas da Faculdade de Educação da Universidade de São Paulo. É coordenador científico do Núcleo de Pesquisa em Educação, Divulgação e Epistemologia da Evolução (EDEVO-Darwin), da Pró -Reitoria de Pesquisa da USP. Eleito Fellow da Royal Society of Biology, (Londres), e perito do Painel Internacional de Políticas para Biodiversidade e Serviços de Ecossistemas (Intergovernmental Science-Policy Platform on Biodiversity and Ecosystems Services - IPBES), órgão ligado à ONU. Mantém Bolsa de Produtividade em Pesquisa do CNPq, desde 1994, na categoria 1A.

E-mail: bizzo@usp.br

Neusa Elisabete Carvalho Hennig

Graduada em Letras: Português e Inglês e suas respectivas literaturas pela Universidade Federal de Santa Maria (UFSM), Especialista em PROEJA (UFRGS/ UFSM), Especialista em Mídias da Educação (UFSM), Mestre em Letras, área de Estudos Literários (UFSM) e Professora efetiva da Educação Básica das redes municipal e estadual em Santa Maria, RS.

E-mail: neusa_henning@yahoo.com.br

Taciana de Lisboa Faria

Possui graduação em Ciências Biológicas/Licenciatura, bem como mestrado em Ensino de Ciências e Matemática pela Universidade Federal de Sergipe, com bolsa da CAPES pelo OBEDUC. Atualmente é prestadora de serviço da Faculdade de Educação Teológica de Aracaju e coordenadora pedagógica no Colégio Adventista desta cidade.

E-mail: Taciana_lisboa@hotmail.com

Tiago dos Santos de Jesus

Graduado em Ciências Biológicas - Licenciatura e Mestre em Ensino de Ciências e Matemática pela Universidade Federal de Sergipe (UFS), com bolsa da CAPES pelo OBEDUC.

E-mail: tiagosantosdejesus2009@gmail.com

SOBRE O LIVRO
Tiragem: 500
Formato: 16 x 23 cm
Mancha: 12 X 19 cm
Tipologia: Times New Roman 10,5/12/16/18
Arial 7,5/8/9
Papel: Pólen 80 g (miolo)
Royal Supremo 250 g (capa)